Le Poche | *Pratique > Complet > Actuel*

3ds max 6

www.microapp.com

1re Edition - Février 2004

Auteur Jérôme LESAGE

Avertissement aux utilisateurs

"Les informations contenues dans ce produit sont données à titre indicatif et n'ont aucun caractère exhaustif voire certain. A titre d'exemple non limitatif, ce produit peut vous proposer une ou plusieurs adresses de sites Web qui ne seront plus d'actualité ou dont le contenu aura changé au moment où vous en prendrez connaissance.
Aussi, ces informations ne sauraient engager la responsabilité de l'Editeur. La société MICRO APPLICATION ne pourra être tenue responsable de toute omission, erreur ou lacune qui aurait pu se glisser dans ce produit ainsi que des conséquences, quelles qu'elles soient, qui résulteraient des informations et indications fournies ainsi que de leur utilisation".

ISBN : 2-7429-3338-7

MICRO APPLICATION
20-22, rue des Petits-Hôtels
75010 PARIS
Tél. : 01 53 34 20 20 - Fax : 01 53 24 20 00
http://www.microapp.com

Support technique :
Fax : 01 53 34 20 00
Également disponible sur le site www.microapp.com

Avant-propos

Cette collection fournit des connaissances essentielles sur un sujet donné sans jamais s'éloigner de leur application pratique. Les volumes de la collection sont basés sur une structure identique :

- Les puces introduisent une énumération ou des solutions alternatives.

1. La numération accompagne chaque étape d'une technique.

REMARQUE

Propose conseils et trucs pratiques.

ASTUCE

Il s'agit d'informations supplémentaires relatives au sujet traité.

ATTENTION

Met l'accent sur un point important, souvent d'ordre technique, qu'il ne faut négliger à aucun prix.

Conventions typographiques

Afin de faciliter la compréhension des techniques décrites, nous avons adopté les conventions typographiques suivantes :

- **Gras** : menu, commande, boîte de dialogue, bouton, onglet.
- *Italique* : zone de texte, liste déroulante, case à cocher, bouton radio.
- `Police bâton` : touche, instruction, listing, texte à saisir.
- ✂ : indique un retour ligne volontaire dû aux contraintes de la mise en page.

Sommaire

Chapitre 1 > **Introduction** **11**

1.1 Introduction à l'image de synthèse 13

1.2 Vocabulaire 14

1.3 Présentation de 3ds max 15

1.4 Installation de 3ds max 16

1.5 Mises à jour de 3ds max 16

1.6 Plug-ins 17

L'installation des plug-ins 17

Mises à jour des plug-ins 18

1.7 Configuration requise 19

1.8 Conseils de paramétrage de l'ordinateur 21

Paramétrage de la mémoire virtuelle sous Windows XP Pro . 22

1.9 Conseils lors de la création des scènes 3D 25

Chapitre 2 > **Nouveautés de la version 6** **31**

2.1 Interface 34

Nouveautés de l'interface principale 35

2.2 Les principales nouveautés de 3ds max 6 38

Modélisation 38

Matériaux 41

Animation 43

Rendu 43

2.3 Rappel des nouveautés apportées par 3ds max 5 44

Gestion des "Layers" (calques) 45

Lightscape 45

Environnement (Environment) 46

Matériaux 47

Les nouveaux modificateurs (Modifiers) 48

Animation 50

Lumières 53

2.4 Rappel des nouveautés apportées par 3ds max 4 55

Les manipulateurs (Manipulator Helpers) 55

Les wirings et les sliders 55

Les Quad menus 56

Subdivision hiérarchique des surfaces (Hierarchical SubDivision Surfaces) 57

Modélisation polygonale 60

Accès Internet intégré 62

Chapitre 3 > **Complémentarités avec les autres logiciels** **65**
3.1 Adobe Photoshop 67
3.2 Discreet Combustion 68
Rendu RLA et RPF 68
3.3 Adobe After Effects Production Bundle 75
3.4 Adobe Illustrator 78
3.5 Autodesk Autocad 79

Chapitre 4 > **Présentation de l'interface** **83**
4.1 Les menus 85
Le menu "File" 85
Le menu "Edit" 86
Le menu "Tools" 87
Le menu "Group" 89
Le menu "Views" 90
Le menu "Create" 92
Le menu "Modifiers" 93
Le menu "Character" 95
Le menu "Reactor" 95
Le menu "Animation" 96
Le menu Graph Editors 97
Le menu Rendering 98
Le menu Customize 100
Le menu MAXScript 101
Le menu Help 101
4.2 Les barres d'outils 102
La barre d'outils principale 103
Le panneau de commande 105
Les icônes de commandes de lecture 110
Les icônes de contrôle de navigation des fenêtres de vues . 112
Les icônes en bas de l'interface 114
4.3 Personnalisation de l'interface 115
Personnalisation de l'interface avec le menu Customize ... 116
Personnalisation de l'interface avec la souris 119

Chapitre 5 > **Modélisation** **123**
5.1 Méthode de création d'un objet 125
5.2 Les manipulateurs de déplacement, rotation,
redimensionnement des objets 127
Manipulateur "move" pour les déplacements 128
Manipulateur "rotate" pour les rotations 130
Manipulateur "scale" pour les changements d'échelle 132

5.3 Création d'objets géométriques 3D ... 133
Standard Primitives ... 133
Extended Primitives ... 137
Compound Objects ... 137
Particle systems ... 140
Patch Grids ... 142
Nurbs Surfaces ... 143
AEC Extended ... 144
Dynamics Objects ... 145
Stairs ... 146
Doors ... 146
Windows ... 146
5.4 Les Shapes ... 147
Splines ... 147
Nurbs Curves ... 148
5.5 Le panneau de modifications (Modify) ... 149
Changer les paramètres d'un objet basique ... 150
La pile des modificateurs Modifiers stack ... 150
La Modifier List ... 154
5.6 Conseils avant de partir vers la modélisation d'une scène complète ... 165
5.7 Les différentes techniques de modélisation ... 165
Édition du mesh des objets primitifs ... 165
Modélisation en technique Low Polygon ... 168
Loft et extrusion de formes ... 172
Les Surface Tools ... 176
Les booléennes ... 182
Boîte à outils du mode d'édition des Nurbs ... 186

Chapitre 6 > **Matériaux (Textures) ... 193**
6.1 Le Material Editor (éditeur de matériaux) ... 195
Les icônes du Material Editor ... 196
La boîte de dialogue Material/Map Browser ... 198
6.2 Les six principaux groupes de paramètres de l'éditeur de matériaux ... 201
Shader Basic Parameters (paramètres basiques d'ombrage) ... 201
Blinn Basic Parameters ... 201
Extended Parameters (paramètres étendus) ... 205
SuperSampling (super-échantillonnage) ... 206
Maps ... 206
Dynamics Properties (propriétés dynamiques) ... 209

DirectX Manager ... 210
mental ray Connection ... 210
6.3 Les coordonnées de mapping ... 211
Les paramètres de mapping ... 211
6.4 Les plug-ins ... 216
6.5 Les règles à suivre ... 216
6.6 Textures procédurales ... 217
6.7 Exemples de création de textures ... 219
Exemple d'application de coordonnées de mapping sur un objet ... 219
Texture simple (normale) ... 222
Texture Multi/Sub-Object ... 228
Texture métallique ... 233
Texture verre ... 235

Chapitre 7 > **Les différents éléments acteurs dans une scène ... 239**

7.1 Les Lights (lumières) ... 241
Quelques règles à suivre ... 241
Les différents types de lumières ... 242
7.2 Les caméras ... 246
7.3 Les Helpers (assistants) ... 248
Standard ... 249
Atmospheric Apparatus ... 250
Camera Match ... 251
Manipulators ... 251
VRML97 ... 252
Reactor ... 252
Assembly Heads ... 253
Particle Flow ... 253
7.4 Les Space Warps (déformations spatiales) ... 253
Forces ... 254
Deflectors (déflecteurs) ... 255
Geometric/Deformable ... 256
Modifier-Based (basé sur modificateur) ... 257
Reactor ... 258
Particles & Dynamics ... 258
7.5 Les Systems (systèmes) ... 259
7.6 L'onglet Display (affichage) du panneau de commande ... 259
7.7 L'onglet Utilities (utilitaires) du panneau de commande ... 262

Chapitre 8 > **Animation** **265**
8.1 Les règles de l'animation 3D 267
8.2 Les clés d'animation 267
L'onglet Motion dans le panneau de commande 268
La Track View (vue piste) 270
Exemple d'animation simple 271
8.3 Les bones (squelette) 273
8.4 La Cinématique inverse (Inverse Kinematic : IK) 274
Interface 275
Exercice 278
8.5 Character Studio 279
Biped 281
Le modificateur Physique 285
Application d'une animation de marche prédéfinie 287

Chapitre 9 > **Rendu** **291**
9.1 Description de la boîte de dialogue Render Scene 293
Le panneau déroulant Common Parameters 295
Le panneau déroulant Render Elements 302
Le panneau déroulant Current Renderers (moteur de rendu actuel) 305
Le panneau déroulant Email Notification 305
Le panneau déroulant MAX Defaut Scanline A-Buffer 306
9.2 Exemple de rendu 312
9.3 Les effets de postproduction intégrés 315
Les effets de rendu (Rendering effects) 316
Les effets d'environnement 317
Le Video Post (banc de montage) 318

Chapitre 10 > **Internet** **321**
10.1 La 3D temps réel en ligne 323
Les plug-ins d'export aux formats compatibles avec Internet . 324

Chapitre 11 > **Les plug-ins** **341**
11.1 L'installation des plug-ins 343
11.2 Les incontournables 345
Les incontournables payants 345
Les incontournables gratuits 347
11.3 Où trouver les plug-ins sur Internet ? 348
Les versions de démonstration des plug-ins commerciaux . 348
Liste de plug-ins commerciaux 348

Les plug-ins gratuits 352
Les plug-ins pour la 3D temps réel sur Internet 353

Chapitre 12 > **Les sites Internet intéressants** **355**
12.1 Les sites sur 3ds max 357
12.2 Les sites parlant de la 3D en général 358
12.3 Les 3D Rings 359
12.4 Les sites présentant des films réalisés avec 3ds max 360
12.5 Les écoles pour apprendre la 3D 361
12.6 Les festivals 362
12.7 Les grands de la 3D 363

Chapitre 13 > **Raccourcis clavier par défaut** **365**
13.1 Interface utilisateur principale (User Interface) 370
13.2 Vue piste (Track View) 375
13.3 Editeur de matériaux (Material Editor) 377
13.4 Vue schématique (Schematic View) 378
13.5 Banc de montage (Video Post) 378
13.6 Nurbs 379
13.7 Déformations de formes libres (FFD) 380
13.8 Contrôleur Reactor (Reactor Contrôleur) 381
13.9 Unwrap UVW 381
13.10 ActiveShade 383
13.11 Edit Mesh 383
13.12 Edit Normals 384

Chapitre 14 > **Glossaire** **387**

Chapitre 15 > **Index** **413**

Chapitre > 1

Introduction

1.1 Introduction à l'image de synthèse 13

1.2 Vocabulaire 14

1.3 Présentation de 3ds max 15

1.4 Installation de 3ds max 16

1.5 Mises à jour de 3ds max 16

1.6 Plug-ins 17

1.7 Configuration requise 19

1.8 Conseils de paramétrage de l'ordinateur 21

1.9 Conseils lors de la création des scènes 3D 25

Bienvenue dans le monde merveilleux de 3ds max !

Les débutants dans l'aventure de l'animation 3D, autant que ceux qui ont déjà exploré le logiciel, trouveront dans ce manuel un bon guide. Il leur dévoilera les étapes indispensables à la création d'une scène 3D complexe, ainsi que les diverses astuces et techniques qui permettront de donner vie à leurs modélisations 3D.

▲ Fig. 1.1 : *Démarrage de 3ds max 6*

Pour bien assimiler la philosophie du logiciel 3ds max 6, nous allons commencer par nous familiariser avec son interface, avant de passer à l'apprentissage des multiples techniques de modélisation d'objets en 3D, puis aux étapes d'application des textures. Après cela, nous pourrons voir comment produire une ambiance dans une scène 3D, en travaillant les éclairages et les atmosphères. Les deux dernières étapes seront l'animation et le rendu de ces scènes.

1.1 Introduction à l'image de synthèse

L'image de synthèse est une image créée par ordinateur. Elle est générée par des algorithmes de calcul, qui simulent de façon précise la 3ème dimension, c'est-à-dire la profondeur.

Au début de la 3D en images de synthèses, il fallait fournir à l'ordinateur des formules mathématiques, qu'il traduisait en images, après un certain temps de calcul.

Actuellement, un logiciel de 3D permet de préparer visuellement ces images en utilisant divers points de vues de la scène à créer. Une fois cette scène prête, l'ordinateur la traite et l'interprète en image, toujours après un temps de calcul plus ou moins long. Le logiciel permet également d'animer les composants de ces images, en interprétant automatiquement les phases intermédiaires entre deux points clés à deux instants différents.

1.2 Vocabulaire

Ce livre est destiné à des personnes connaissant bien l'anglais.

Le vocabulaire technique employé dans le milieu de l'imagerie de synthèse est constitué d'une foison de termes anglais, qui sont difficilement traduisibles en français. Dans la pratique, un infographiste 3D français parle un jargon composé d'un savant mélange d'expressions techniques anglaises et françaises, souvent incompréhensible pour les néophytes.

Le milieu professionnel utilise en majeure partie les logiciels 3D en version anglaise. Le retard de 2 ou 3 mois accusé chaque fois par la version française des principaux logiciels de 3D, après la sortie officielle des nouvelles versions anglaises, joue en faveur de ces dernières. Le même constat vaut pour la correction des bogues.

Par exemple pour 3ds max 4, la version française n'était pas encore disponible alors que le deuxième "service pack" de correction de bogues de la version anglaise était déjà disponible sur Internet. 3ds max 6 ne déroge pas à la règle : au moment d'écrire ce livre, la version française n'était pas encore disponible.

Pour faciliter la tâche des utilisateurs de la version française de 3ds max 6, nous nous sommes efforcés de traduire la plupart des commandes. Cela permet par la même occasion de mieux comprendre leurs fonctionnalités respectives.

Cette traduction s'attache à respecter au mieux les traductions des noms de commandes préconisées dans la version française de 3ds max, même si celles-ci sont parfois déroutantes. Ce permettra aux utilisateurs de la version française d'évoluer en milieu relativement familier.

REMARQUE

Les plug-ins

Dans le cas de 3ds max, un des atouts réside dans la multitude des plug-ins (modules ajoutant des fonctionnalités complémentaires au logiciel) qui lui sont dédiés. La plupart de ces plug-ins sont en anglais.

1.3 Présentation de 3ds max

3ds max compte parmi les logiciels de génération d'images de synthèse les plus utilisés par les professionnels. Que ce soit pour les effets spéciaux numériques, les films tout en 3D, les jeux vidéo, etc.

3ds max est un logiciel de Discreet™ (anciennement Discreet Logic), une filiale d'Autodesk™. Jusqu'à la version 3.1, 3D Studio Max était distribué sous la marque Kinetix™.

3ds max fait partie d'une suite de logiciels adaptés aux effets spéciaux numériques vidéo. Cela fait qu'il est très facile de l'utiliser en harmonie avec des solutions professionnelles de "compositing", telles que Flame et Combustion, ou de montage, comme Edit.

L'appartenance de 3ds max au milieu PC est également un énorme atout pour la création de personnages et de décors 3D pour les jeux vidéo. Une des nouveautés de 3ds max 6 est de pouvoir prévisualiser les scènes en utilisant DirectX, pour avoir un rendu identique à celui des moteurs de rendu 3D temps réel de jeux tels que Quake III.

Avec 3ds max, vous pouvez créer des décors en 3D, ainsi que des personnages et des objets de n'importe quelle forme. La seule limite qui vous est imposée est celle de votre imagination. Vous pouvez donner à vos décors l'ambiance que vous désirez. Donnez vie et animez vos personnages comme bon vous semble, en les faisant marcher, courir, danser, combattre, parler, etc. Tout cela vaut d'ailleurs aussi bien pour les films que pour les jeux vidéo.

REMARQUE

3d studio max et 3ds max

Il est à noter que l'on ne dit plus 3D Studio Max, mais plutôt 3ds max. De même que ce n'est plus Kinetix(TM) l'éditeur de 3ds max, mais Discreet(TM).

1.4 Installation de 3ds max

Pour installer 3ds max 6, il suffit de suivre les instructions de la notice qui l'accompagne, en ayant pris le soin de préparer les numéros de séries nécessaires à son enregistrement.

Il est conseillé d'installer 3ds max 6 dans la racine d'un disque dur, pour simplifier l'ajout des éventuels plug-ins, comme le propose la procédure d'installation (*C:\3DSMAX6*).

N'oubliez pas d'installer "Character Studio" ! Ce module permet d'animer plus facilement les personnages sous 3ds max. C'est une version de démonstration limitée qu'il faut débrider avec un numéro de série. Pour plus d'informations sur "Character Studio", consultez le site : `http://www.discreet.com`.

Maintenant, vous pouvez installer les éventuels plug-ins que vous avez en votre possession.

1.5 Mises à jour de 3ds max

Une fois l'installation achevée, vous pouvez vérifier si un patch ou service pack de mise à jour de 3ds max est disponible sur le site Internet de Discreet.

Mise à jour de 3ds max 6.0 :

`http://www.discreet.com/support/max/download/download.php3`

ou encore :

`http://www.discreet.com/support/max/index.html`

ou directement sur le site FTP discreet :

ftp://ftp1.discreet.com/web/support/3dstudio/

Vous y trouverez également les mises à jour de Character Studio et autres plug-ins Discreet, tel Mental Ray.

1.6 Plug-ins

Les plug-ins sont des modules d'extension de 3ds max. Ils apportent de nouvelles fonctionnalités qui ne sont pas prises en charge par 3ds max lui-même. Ils agissent comme un programme indépendant, qu'on utilise à l'intérieur de 3ds max…

Comme vous le savez sans doute, 3ds max a la réputation d'avoir la plus grosse base de données de plug-ins, qui lui est uniquement dédiée. Il y a les plug-ins commerciaux, et donc payants, et il y a également une multitude de petits plug-ins gratuits. On les trouve tous facilement sur Internet, que ce soit les versions de démonstration des plug-ins commerciaux ou les petits freewares (logiciels gratuits).

L'installation des plug-ins

Pour l'installation des plug-ins commerciaux, il n'y a pas de problèmes particuliers. Pour l'installation des variantes gratuites, il en va tout autrement. En effet, la plupart sont fournis sans documentation, constitués de l'unique fichier du plug-in.

Lorsque vous installez un plug-in commercial, l'installation s'effectue via une interface d'installation. Tout se fait donc facilement. De manière générale, lors de cette installation, les différents fichiers du plug-in sont installés automatiquement dans 3 dossiers :

- Le dossier *Plugins*, pour les fichiers du plug-in à proprement parler.
- Le dossier *Help*, pour les fichiers d'aide en ligne du plug-in.
- Le dossier *Scenes*, pour les scènes d'exemples.
- Eventuellement, un 4ème dossier spécifique au plug-in, contenant des tutoriaux, des exemples et des aides.

REMARQUE

Compatibilité de 3ds max 6 avec les plug-ins de 3ds max 5 et 4

3ds max 6 est annoncé comme non compatible avec les plug-ins compilé pour 3ds max 5 et 4. Comme c'était le cas pour la version 4 par rapport à la version 3. Il faudra donc d'attendre que votre plug-in préféré soit recompilé pour 3ds max 6 pour pouvoir l'utiliser comme vous le faisiez avec 3ds max 5 !

RENVOI

Reportez-vous au chapitre **Les plug-ins** pour avoir des conseils sur l'installation des plug-ins de 3ds max 6.

Mises à jour des plug-ins

Pour les mises à jour des plug-ins, vous pouvez consulter le site Internet MAX Plugins.de, à l'adresse suivante : http://www.maxplugins.de/max4.shtml.

Ce site recense toutes les sorties et mises à jour successives de plug-ins pour 3ds max.

REMARQUE

Les mises à jours de 3ds max sont très fréquentes

Par exemple pour 3ds max 4, nous nous en sommes arrêté à la version 4.2.6. Il y a eu d'autres versions (v4.01, v4.02, v4.2) avant cette dernière. La version 4.2 était une mise à jour majeure par rapport aux précédentes. Cela impliquait certains problèmes de compatibilité avec les plug-ins parus antérieurement. Il fallait donc également mettre à jour certains plug-ins qui avaient été installés sous 3ds max 4.0X. Il se peut que cela soit la même chose avec certains plug-ins compilés pour 3ds max 6.0. Ce problème n'est pas apparu avec 3ds max 5 dont la dernière version était la version 5.1SP1.

1.7 Configuration requise

Matériel

Pour la production d'images de synthèse, il faut forcément disposer d'un ordinateur le plus puissant possible.

En effet, le calcul d'une animation peut prendre plusieurs jours. Si, par exemple, un rendu prend 5 jours avec un ordinateur à performances moyennes, il pourra prendre jusqu'à 2 fois moins de temps avec un ordinateur plus performant. On voit dans ce cas, de façon évidente, l'intérêt d'avoir un ordinateur puissant.

Deux points sont particulièrement importants :

- La puissance du processeur (Pentium III ou Athlon minimum).

  Il n'y a plus de problèmes majeurs de compatibilité avec les processeurs AMD Athlon XP et Duron. Vous pouvez donc utiliser sans craintes ces processeurs, caractérisés par un très bon rapport puissance/prix, comparé aux équivalents Intel.

- La quantité de mémoire vive (128 Mo strict au minimum, 512 Mo recommandés).

  Compte tenu du prix actuel de la mémoire SDRAM, installer 768 Mo (3x256 Mo) voire 1536Mo (3x512Mo) de mémoire devient abordable. Ce n'est pas de trop, étant donné les besoins énormes en mémoire vive des logiciels ayant rapport avec la 3D, la vidéo, le montage et le graphisme.

À cela, il faut ajouter :

- Un disque dur rapide, voire plusieurs, et de grande capacité.

  Les modèles ultra-ATA100 à 7200t/min suffisent. Une taille de 80Go est correcte pour commencer.

- Une carte vidéo performante avec accélération 3D,

  Les célèbres cartes vidéo de jeux NVIDIA Geforce 4 et autre ATI Radeon 9700 peuvent convenir parfaitement. L'utilisation d'une 2ème carte vidéo PCI, accompagnée d'un second moniteur, permettra l'exploitation très avantageuse d'un système double écran (dual screen).

Pour un maniement plus confortable, il est très pratique de disposer d'un système d'affichage sur 2 moniteurs. Cela permettra d'affecter, par exemple, le moniteur de gauche pour les 4 fenêtres de vue pour la modélisation, et celui de droite pour le Panneau de commande (Command panel) et la fenêtre de Vue piste (Curve Editor). Les cartes vidéo haut de gamme Geforce et Radeon, comportent maintenant souvent deux sortie vidéo. Ce qui permet d'éviter d'acheter une seconde carte graphique PCI.
Ce système de double écran (dual screen) est souvent utilisé en montage vidéo et en compositing.

- Un écran de grande taille, acceptant l'affichage 1280x1024 en million de couleurs.

  L'interface de 3ds max nécessite cette dimension d'affichage, mais il est tout de même possible d'afficher toute l'interface en 1024x768, en allant dans les paramètres de 3ds max.
  Un moniteur haut de gamme, permettant un taux de rafraîchissement de l'affichage supérieur à 75 Hz en résolution 1280x1024x32bits, augmentera le confort d'utilisation intensive de l'ordinateur. (85 Hz étant un bon compromis)
- Un graveur de CD-RW ou de DVD+RW (ou DVD-RW) pour les sauvegardes et la distribution des animations.

Logiciels

Système d'exploitation :

3ds max 6 fonctionne sous les environnements suivants :

- Windows Millennium ;
- Windows XP Home et XP Pro ;
- Windows NT 4 (avec le dernier service pack) ;
- Windows 2000 (avec le dernier service pack) ;
- à vérifier avec Windows 95, 98 et 98SE.

3ds max sera plus stable et efficace sous les environnements Windows 2000 et XP Pro qui sont mieux adaptés aux logiciels nécessiteux en ressources système.

N'hésitez pas à mettre à jour votre environnement Windows avec les derniers Services packs. Par exemple, pour Windows 2000 Pro, il y a un

"Service Pack 3" de correction de bogues, disponible sur le site de Microsoft™. C'est un fichier de 100 Mo environ, à télécharger via Internet. Idem pour Windows XP Pro avec le très attendu "Service Pack 1".

1.8 Conseils de paramétrage de l'ordinateur

Ces conseils sont destinés aux utilisateurs avertis, poussant 3ds max et leur ordinateur au maximum de leurs possibilités.

En effet, pour les rendus de grosses scènes, 3ds max mobilise énormément de mémoire, que ce soit la mémoire vive ou la mémoire virtuelle. S'il n'y en a pas assez, 3ds max risque de devenir instable et de se bloquer en plein rendu.

On sait déjà qu'il faut le plus de mémoire vive possible. À cela, il faut associer une gestion de cette mémoire la meilleure qui soit. Il faut donc également paramétrer au mieux la mémoire virtuelle de votre configuration.

La mémoire virtuelle est un gros fichier de mémoire tampon, stocké sur le disque dur, qui permet de soulager la mémoire vive des données non nécessaires immédiatement. Étant donné que le disque dur est beaucoup moins rapide que la mémoire vive, il faut que ce fichier soit géré le mieux possible, pour éviter de trop ralentir le système en cas d'échanges de volumes conséquents de données.

Avant de procéder à cette optimisation de la mémoire virtuelle, il faut veiller à ce que le disque dur soit bien défragmenté. Pour cela, lancez le défragmenteur de disque de Windows, ou un logiciel spécialisé tel que Speed Disk de Norton Utilities, de la suite Norton SystemWorks de Symantec.

Vous pouvez avoir plus d'informations sur ce logiciel à l'adresse suivante :

http://www.symantec.com/region/fr/product/nsw/edition_pro.html.

Il est fortement conseillé d'utiliser une partition du disque dur, voire un disque dur uniquement destiné à ce fichier de mémoire virtuelle. Pour scinder votre disque dur en plusieurs partitions, c'est-à-dire en simulant plusieurs disques durs, vous pouvez utiliser le logiciel Partition Magic de Powerquest.

Vous pouvez avoir plus d'informations sur ce logiciel à l'adresse suivante :

http://www.powerquest.com/products/desktop.html.

Paramétrage de la mémoire virtuelle sous Windows XP Pro

Il faut aller dans les paramètres système de Windows, et attribuer une quantité fixe de mémoire virtuelle équivalente au moins au double de quantité de mémoire vive installée dans l'ordinateur.

Sous Windows XP Pro, il faut sélectionner :

1. **Démarrer** > **Paramètres** > **Panneau de configuration** > **Système**.

▲ Fig. 1.2 : *Système*

2. Dans la fenêtre **Propriétés système**, choisissez l'onglet **Avancé**.

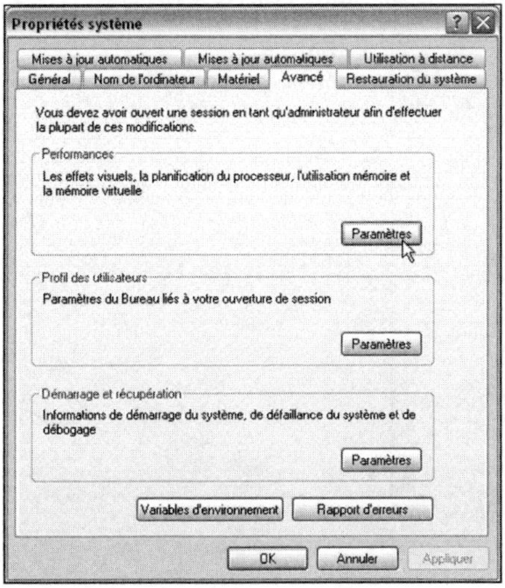

▲ Fig. 1.3 : *Propriétés système*

3. Sous la rubrique *Performances*, cliquez sur le bouton **Paramètres**. La boîte de dialogue suivante s'affiche :

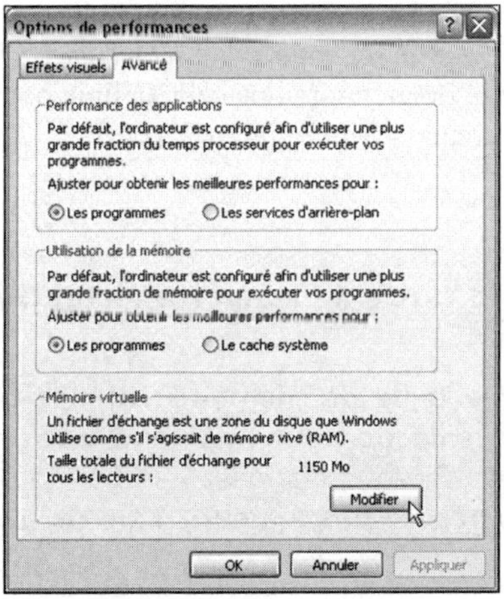

◄ Fig. 1.4 : *Options de performances*

4. Dans le groupe d'options *Mémoire virtuelle*, cliquez sur le bouton **Modifier**. La boîte de dialogue suivante s'ouvre.

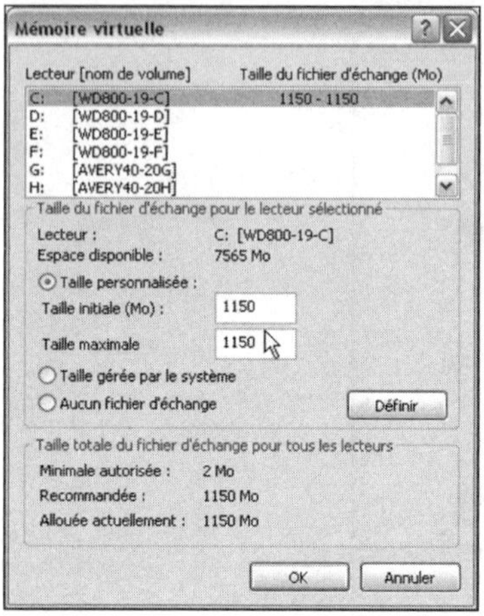

◄ Fig. 1.5 : *Mémoire virtuelle*

5. Pour éviter que la mémoire virtuelle ne se fragmente, devenant par la même occasion moins efficace, vous devez lui allouer une taille fixe. Pour cela, il faut que la taille initiale et la taille maximale soient identiques. Sélectionnez donc le lecteur (disque dur ou partition) dans lequel vous voulez que soit stockée la mémoire virtuelle. Puis, dans le groupe d'options *Taille du fichier d'échange pour le lecteur sélectionné*, allouez la même quantité de mémoire que celle définie pour la mémoire virtuelle dans les champs *Taille initiale (Mo)* et *Taille maximale (Mo)*.

Conseil

Estimation de la taille de mémoire virtuelle à allouer

Définissez comme taille de mémoire virtuelle au moins 2 fois la taille de votre mémoire vive et, idéalement, 3 fois. Si vous disposez de 384 Mo de mémoire vive, n'hésitez pas à mettre 1 Go de mémoire virtuelle.

6. Vous pouvez maintenant cliquer sur le bouton **OK**.

Il vous sera alors demandé de redémarrer l'ordinateur. Une fois cela accompli, il faudra défragmenter le disque dur (ou la partition) dans lequel vous avez localisé la mémoire virtuelle, pour être sûr que celle-ci soit en un bloc solidaire.

Pour accéder au défragmenteur, il faut sélectionner **Démarrer** > **Tous les Programmes** > **Accessoires** > **Outils système** > **Défragmenteur de disque**.

Puis il faut sélectionner le disque dur dans lequel est située la mémoire virtuelle et activer **Action/Défragmenter**.

Vous pouvez choisir un défragmenteur différent, et plus performant, que celui implémenté dans Windows XP Pro, tel que "Norton Speed Disk", "Diskeeper" ou "O&O Defrag".

1.9 Conseils lors de la création des scènes 3D

Voici quelques conseils à suivre lors de la création de vos scènes 3D.

Croquis

Avant de passer à la modélisation d'un objet ou d'un personnage, il faut savoir exactement ce que l'on veut faire, pour éviter de tomber dans les excès dus aux possibilités phénoménales du logiciel. Il faut donc avoir devant soi l'objet en lui-même, ou alors un croquis. Cela permet de choisir plus efficacement la technique de modélisation la plus adaptée à la création de l'objet ou du personnage. Et cela permet d'éviter de commettre des erreurs graves de proportions.

Proportions

Faites attention aux proportions ; n'hésitez pas à créer un cube parfait, pour lequel vous considèrerez qu'il ait une taille bien définie (comme 1m sur 1m), pour vous servir de référence par rapport à la aux autres objets et à la réalité.

Nommez tous les objets créés

Pour cela, il suffit de sélectionner le nom par défaut de l'objet, dans le panneau déroulant *Name and Color*, et de le remplacer par celui de votre choix. Essayez de garder une nomenclature claire. Par exemple, pour la création d'un objet complexe, composé de plusieurs objets, il est préférable de définir le même début de nom, et de les différencier par un second mot de description.

Cela permettra de les trouver plus facilement dans une liste, pour sélectionner, cacher ou figer vos objets selon les noms.

Vous pouvez également modifier la couleur d'affichage de l'objet en cliquant sur le sélecteur de couleur, en choisissant une nouvelle teinte dans la boîte de dialogue **Object Color** (Couleur objet).

Création des objets

Il est préférable (mais non obligatoire) de créer les objets à partir de la fenêtre vue **Top** (dessus). En effet, lorsque l'on crée un objet dans 3ds max, il lui donne les valeurs de hauteur, de largeur et de profondeur en fonction de l'axe de la fenêtre de vue. En conséquence, lorsque vous créez un objet dans une autre fenêtre de vue, comme **Left**, **Front** ou autres, les notions de hauteur, de largeur et de profondeur sont faussées par rapport aux axes x, y, z de la scène.

Détails des objets

Optimisez au mieux la définition des objets créés en nombre de faces, de façon à ne pas alourdir inutilement la scène. Donc lorsque vous créez vos objets en fonction d'objets élémentaires comme les sphères et les boîtes, ne définissez pas un nombre de faces top élevé. Procédez plutôt en fonction de la position de l'objet par rapport à la caméra. Plus l'objet en sera proche, plus il faudra une définition élevée.

Inversement, si vous affectez des modificateurs qui agissent sur la forme d'objets n'ayant pas assez de faces, vous n'obtiendrez pas un bon résultat.

Il faut donc trouver pour tous vos objets le meilleur rapport qualité nécessaire/nombre de faces.

Organisation

Soyez organisé sur la gestion de vos fichiers. Il est plus que judicieux de créer un dossier spécifique à votre projet avant de le commencer. Dans ce dossier vous placerez vos fichiers .max.

- Vous y ajouterez un dossier "Maps" dans lequel vous placerez toutes les maps utilisées dans ce projet.
- Créez aussi un autre dossier dans lequel vous placerez les fichiers sources de vos fichier préparatoires multicouches Photoshop de création de vos maps..
- Créez un dossier "Rendu" dans lequel vous enregistrer les images et/ou vidéo de vos rendus.
- Et tout autres dossiers pouvant aider au classement de vos fichiers.

Sauvegardes

Procédez à des sauvegardes souvent. Et n'hésitez pas à en faire des "backups" sur CD. Vous pouvez également paramétrer 3ds max pour qu'il réalise des enregistrements de la scène en cours sous des noms de fichiers incrémentés. Cela permet de pouvoir revenir en arrière plus facilement si besoin est.

De plus, il arrive fréquemment qu'un blocage occasionné par un bogue de 3ds max ou d'un plug-in altère votre fichier *.max* de façon irrémédiable.

3ds max 6 est un logiciel puissant et extrêmement complexe. Il ne déroge pas à la règle informatique de bogues. Il est assez fréquent d'avoir à faire à un bogue qui engendre soit un blocage du logiciel, soit des défauts de rendus et d'affichage. Dans le 1er cas, les programmeurs du logiciel ont trouvé une parade très pratique et salvatrice, qui propose au moment du dysfonctionnement une sauvegarde inopinée du fichier sur lequel vous travaillez. Malheureusement, ce système n'est pas infaillible et il est fortement conseillé de réaliser des sauvegardes régulières, ainsi que des doubles de vos fichiers, afin de pouvoir revenir pas trop loin en arrière dans l'avancement de votre scène, si besoin est.

Écrasement des piles de modificateurs

Une fois votre scène terminée en modélisation, vous pouvez l'alléger en écrasant les piles de modificateurs, de façon à soulager le processeur de votre ordinateur. Il est vivement conseillé, avant d'écraser la pile des modificateurs, de faire une sauvegarde de la scène sous un autre nom.

Cela permet dans certains cas d'accélérer grandement les temps de rendu de votre scène.

Cadrage

Pensez au cadrage pour éviter de modéliser des objets ou des parties d'objets qui ne seraient pas dans le cadre.

Mises à jour

Lorsque vous mettez à jour votre version de 3ds max, il est très judicieux de prendre quelques précautions, si vous êtes en cours de création d'une scène ou même en pleine production. En effet, il arrive que les mises à jour modifient légèrement la gestion de paramètres, telle que celle des modificateurs (Modifiers). Cela implique donc des interprétations différentes des fichiers *.max* de vos scènes. Pour contourner ce problème, il suffit de faire des copies de vos scènes, en prenant soin d'écraser les piles de modificateurs (Modifier Stacks) des objets quand elles sont conséquentes.

Pour cela :

1. Allez dans l'onglet **Modify** de la liste des modificateurs (*Modifier List*), et cliquez du bouton droit dans la zone de la pile (*Modifier Stack*). Un menu contextuel s'affiche (voir fig. 1.6).
2. Choisissez l'option *Collapse All*. La boîte de dialogue **Warning** de confirmation s'ouvre alors.

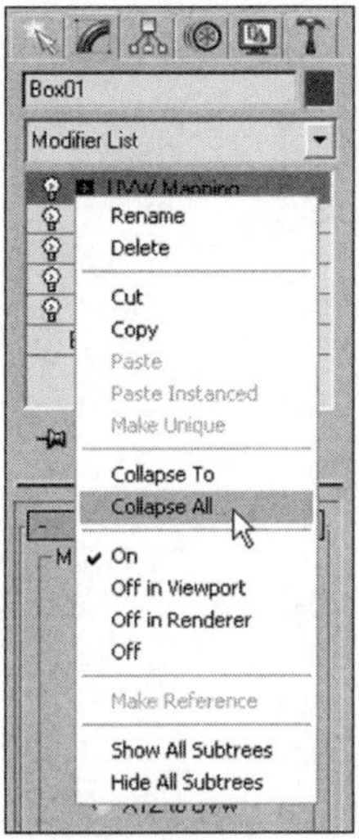

◄ Fig. 1.6 : *Menu contextuel de la pile des modificateurs*

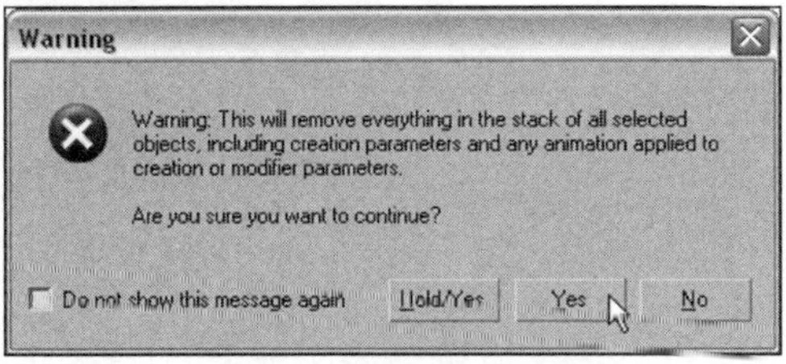

▲ Fig. 1.7 : *Boîte de dialogue Warning*

3. Cliquez sur **Yes**, pour confirmer l'opération.

REMARQUE

Boîte de dialogue de confirmation

Pour certaines fonctions souvent irréversibles de 3ds max, comme l'écrasement de la pile de modificateurs, ou encore une modification de la taille d'un objet, la boîte de dialogue précédente s'affiche. Il est possible de ne plus voir cette boîte de dialogue si vous cochez la case *do not show this message again*, qui se situe en bas à gauche de celle-ci.

Chapitre > 2

Nouveautés de la version 6

2.1 Interface 34

2.2 Les principales nouveautés de 3ds max 6 38

2.3 Rappel des nouveautés apportées par 3ds max 5 ... 44

2.4 Rappel des nouveautés apportées par 3ds max 4 ... 55

À première vue, 3ds max n'a pas trop changé depuis les versions 4 et 5, comme on peut le voir au premier démarrage du logiciel. Par rapport à 3ds max 4, la barre d'outils *Tab Panel* est masquée pour alléger l'interface déjà fort compliquée. Par rapport à 3ds max 5, la barre d'outil Reactor située sur la gauche marque l'intégration de ce plug-in dans la version standard de 3ds max 6.

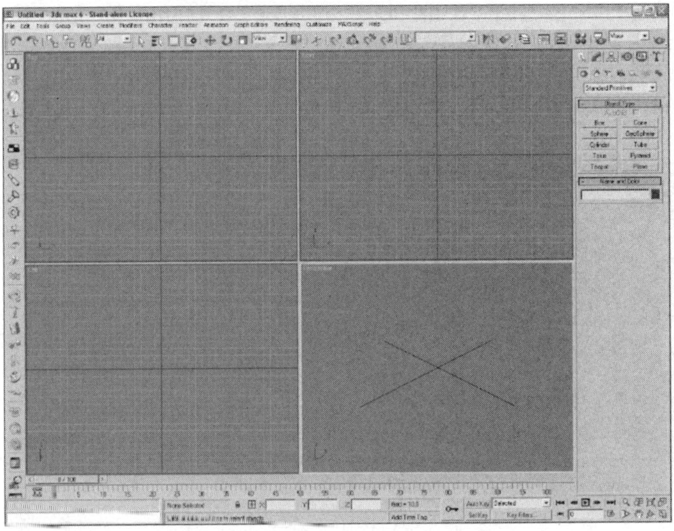

▲ Fig. 2.1 : *Interface de 3ds max 6*

ASTUCE

Résolution d'affichage optimale pour l'interface

On remarquera que l'interface est optimisée pour un affichage en 1280x1024 pour afficher toutes les icônes de la barre de menu principale. Il est possible de diminuer la taille de ces icônes de façon à pouvoir toutes les voir sur un écran affichant du 1024x768. Pour cela, il suffit d'aller dans le menu **Customize** > **Preferences** et dans l'onglet **General** > zone *UI Display*, décochez la case *Use Large Toolbar Buttons.*

2.1 Interface

Dès le démarrage de 3ds max 6, nous remarquons que l'habituel message d'accueil de 3ds max est suivit d'un petit rappel aléatoire des raccourcis claviers. C'est une manière originale de la part de Discreet de souligner une des nouveautés apparue avec 3ds max 5 : une nouvelle gestion plus intuitive des raccourcis claviers pour permettre une productivité plus efficace. Malheureusement pour nous, celle-ci est optimisée pour les claviers anglophones (QWERTY au lieu de AZERTY). Il faudra donc soit adapter 3ds max au clavier français, soit passer en mode clavier anglais via les paramètres Windows, ou encore posséder un clavier QWERTY.

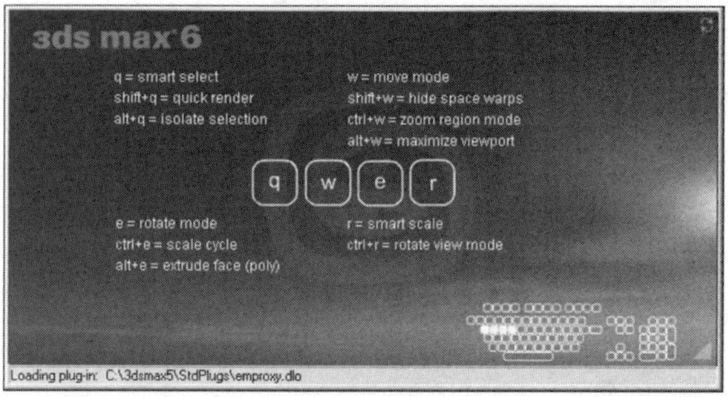

▲ Fig. 2.2 : *Raccourcis clavier au démarrage de 3ds max 6.*

Pour afficher tous les raccourcis, il vous suffira d'aller dans le menu **Help** > **HotKey Map**... pour accéder à la liste interactive des raccourcis.

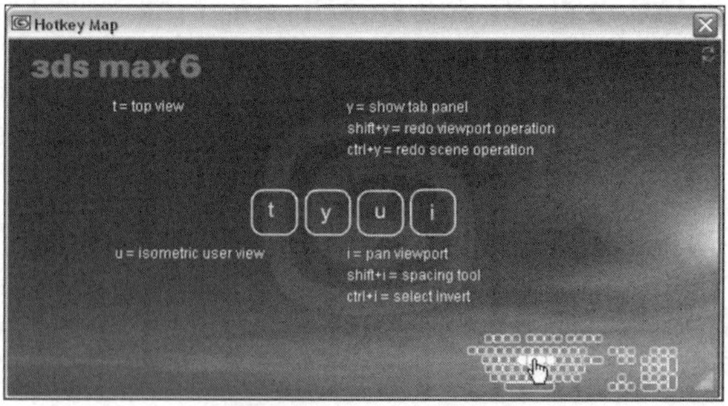

▲ Fig. 2.3 : *Liste interactive des raccourcis clavier de 3ds max 6.*

Nouveautés de l'interface principale

Les nouveautés au niveau de l'interface sont mineures par rapport à 3ds max 5.

Les nouveautés 3ds max 6

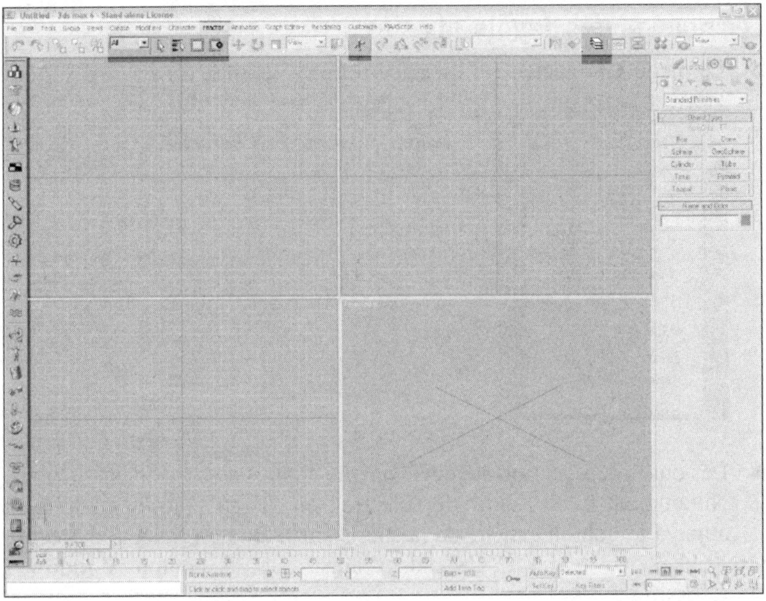

▲ Fig. 2.4 : *Nouveautés au niveau de l'interface (en plus sombre).*

Les changements au niveau de l'interface sont les suivants :

- Le menu **Reactor** apparaît ;

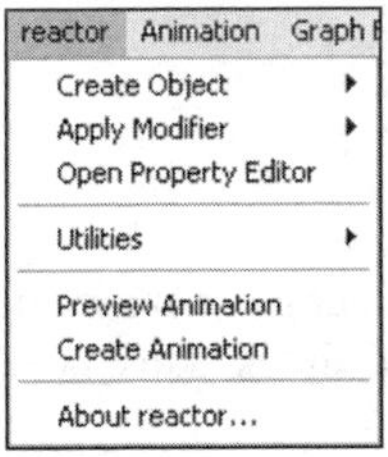

◄ Fig. 2.5 : *Nouvelles fonctions "Reactor".*

- La barre d'outils **Reactor** située à gauche de l'interface. C'est la nouveautés la plus flagrante mais elle est plutôt inutile car elle ne fait pas partie des fonctions les plus utilisées de 3ds max. Il est d'ailleurs judicieux de la masquer.
- Le bouton **Layer Manager** apparaît dans la barre d'outils principale. Il permet d'afficher la boîte d'outils de gestion des couches.

Les nouveautés depuis 3ds max 5

- Le menu **Character** qui est apparu avec 3ds max 5 ;

◄ Fig. 2.6 : *Nouvelles fonctions "Character".*

- Les outils de sélection auxquels ont été ajoutés de nouvelles fonctions. Notamment avec l'outil de sélection au "lasso" (accès en laissant appuyé le bouton gauche de la souris sur le bouton **Selection Region** pendant au moins 2 secondes) ainsi que le bouton **Window / Crossing** ;

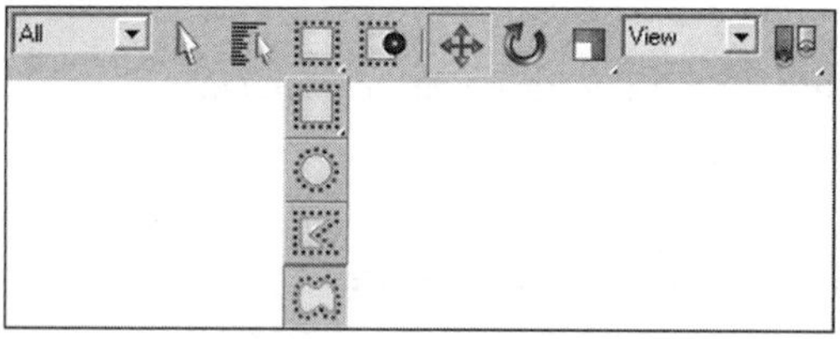

▲ Fig. 2.7 : *Nouvel outil de sélection "Lasso".*

- La position des boutons de "snap" (accrochage) gérant le magnétisme des angles et de la grille qui sont maintenant situés dans la barre d'outils principale en haut de l'interface ;

- La gestion des clés d'animation ;
- La "track view" qui change de nom s'appelle maintenant : "Curve Editor" et qui est accessible aussi par un nouveau bouton en bas à gauche de l'interface. Ce bouton permet d'afficher les pistes d'animation et de gérer les clés d'animation par un système de courbes représentant de manière plus intuitive (visuellement) les paramètres de l'animation ;

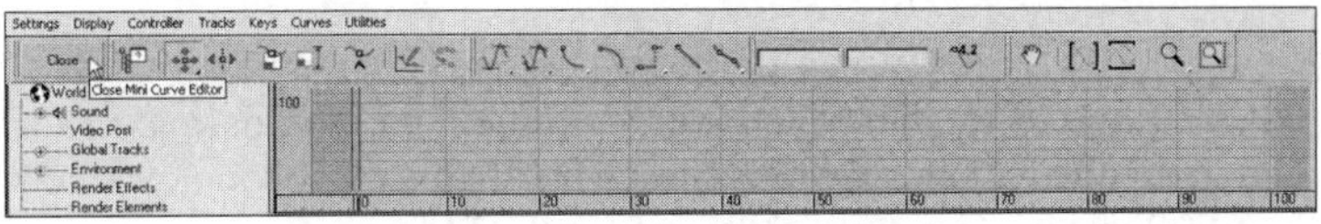

▲ Fig. 2.8 : *Accès rapide au "Curve Editor".*

- La grille de repère des axes "x" et "y" en vue perspective a été simplifiée et copiée sur le modèle du logiciel de 3D concurrent "Alias Maya". La grille a une taille unique et sa taille dépend donc du cadrage et de la distance du point de vue perspective. Cela permet de mieux se rendre compte de la taille de la scène et des objets par rapport aux unités de mesure de 3dsmax. En effet, de gros problèmes surviennent dans 3ds max lorsqu'on modélise des objets trop petits ou trop gros. Cette grille permet donc déterminer en un clin d'œil si la scène est correctement proportionnée.

REMARQUE

Grille en vue perspective

Pour ne pas avoir de problèmes liés aux dimensions de la scène, il convient de considérer que la grille fait en surface au minimum 40 cm^2 et au maximum 4 m^2.

- Une nouvelle gestion de groupe d'objets : **Named Selection Set** ;

Elle permet de gérer de façon plus efficace les groupes d'objets. Cette fonction était très limitée et peu conviviale dans 3ds max 4.

Ce qui a été enlevé depuis 3ds max 5

- La fonction : **Keyboard Shortcut Override Toggle**.

Elle permet d'activer/désactiver l'utilisation de raccourcis clavier personnalisés en plus des raccourcis de l'interface principale.

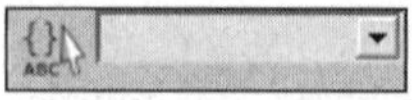

◄ Fig. 2.9 :
Fonctions Keyboard Shortcut Override Toggle et Named Selection Set.

2.2 Les principales nouveautés de 3ds max 6

Dans 3ds max 6, il y a peu de nouveautés par rapport à 3ds max 5. En effet, 3ds max 6 est plutôt une version améliorée de 3ds max 5 qu'une toute nouvelle version de 3ds max. D'ailleurs, si on enlève la barre d'outils Reactor, on retrouve l'interface de 3ds max 5.

Modélisation

Splines et patchs grids

Les nouveaux paramètres de modifications des splines et des patchs permettent d'éviter une utilisation excessive de la pile des modificateurs.

Editable poly

L'**editable poly** a été amélioré avec l'intégration du **Meshsmooth**

Un nouveau mode d'affichage **Isoline** permettant une meilleure gestion de la construction et de la structure du maillage sans visualiser tous les polygones dans les fenêtres de vue a été intégré aux poly.

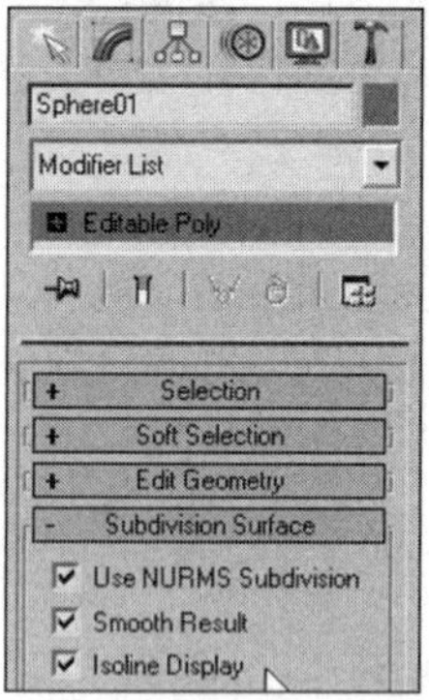

◄ Fig. 2.10 :
Isoline

Les objets AEC

Les objets AEC sont hérités de 3ds Viz. Ce sont des objets paramétrables souvent utilisés en architecture. Il y a :

- Windows (fenêtres),
- Doors (portes),
- Stairs (escaliers),
- Railings (clôtures),
- Walls (murs), qui s'adaptent aux fenêtres et aux portes qu'on y insère.
- Foliages (feuillages), proposant plusieurs types d'arbres à insérer.

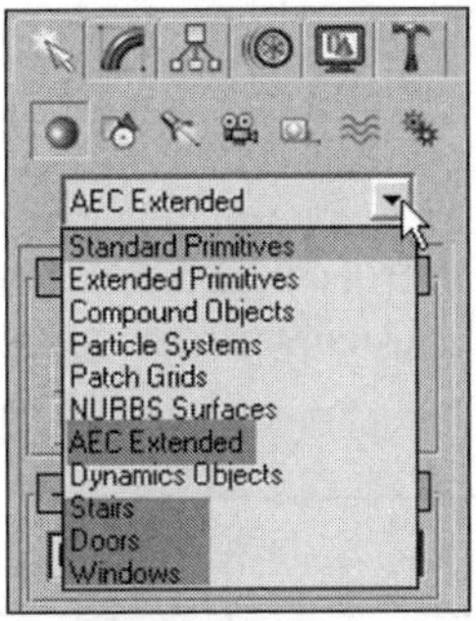

Fig. 2.11 : *Objets AEC*

Nouveau modificateur

Le modificateur **Shell** ajoute de la profondeur à n'importe quelle sélection de faces par la construction de nouveaux polygones basés sur les vertex ou les normales de celles-ci. C'est de ce fait l'outil parfait pour ajouter des éléments mécaniques à n'importe quel personnage ou véhicule.

Blobmesh

Le Blobmesh permet une modélisation en métaballs. Il concurrence le plug-in Claystudio Pro. Avec cette technique de modélisation on pourra créer des formes organiques dont l'état s'approche des liquides. On pourra d'ailleurs aussi simuler des liquides.

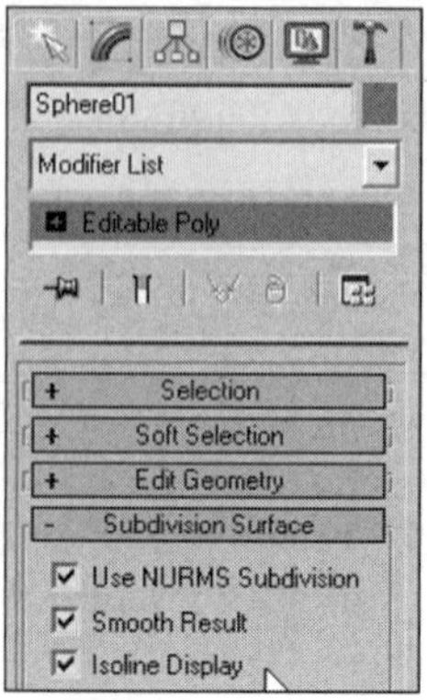

◄ Fig. 2.12 : *Blobmesh*

Particle Flow

Le Particle Flow est maintenant intégré à 3ds max 6, il permet de gérer les particules de façon nouvelle et plus intuitive. Il utilise une vue schématique avec laquelle on pourra ajouter et cumuler plusieurs paramètres à des particules.

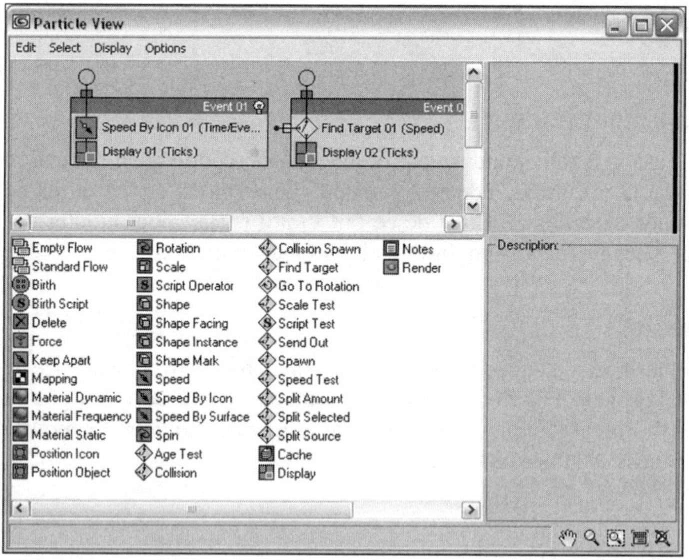

▲ Fig. 2.13 : *Particle Flow*

Schematic View

La Schematic View (vue schématique) a été améliorée de façon à mieux gérer les structures hiérarchiques.

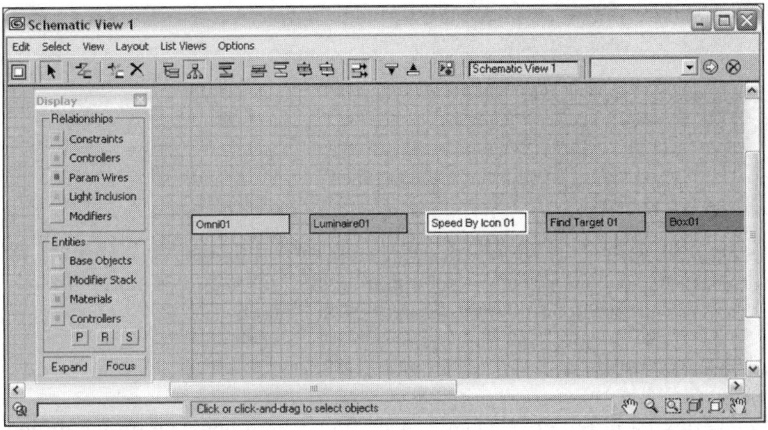

▲ Fig. 2.14 : *Schematic View*

Matériaux

Instance duplicate maps

Les Matériaux appliqués à des objets clonés en instance peuvent aussi s'appliquer à leurs instances.

Architectural material

Encore issu des 3ds Viz, les matériaux **Architectural** regroupent des textures prêtes à l'emploi pour texturer des scènes d'architectures.

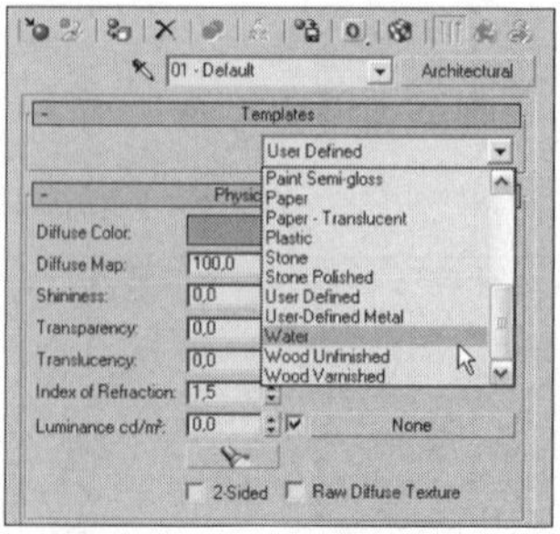

Fig. 2.15 :
Matériaux Architectural

Unwrap UVW

Le modificateur Unwrap UVW a été amélioré au niveau de la gestion de l'application des coordonnées de mapping en proposant des paramètres de correction d'erreur au niveau des angles des objets.

Vertex Paint

Les vertex paint ont été revus de façon être plus adaptés au milieu du jeu vidéo. Ils sont accessibles entre autres via le modificateur Vertex Paint.

Fig. 2.16 :
Vertex Paint

Animation

Curve Editor et Dope Sheet

Le Curve Editor et le Dope Sheet contrôlent tous les paramètres animés avec des options de filtrage pour isoler les données.

Character

Les outils Character incluent le skinning volumétrique avec des hiérarchies ou des splines.

Reactor 2

La nouvelle version de Reactor permet une interactivité complète des objets animés en keyframe ou dynamique.

En nouveauté : le Virtual Stuntman Dynamics (Cascadeur dynamique virtuel) et des systèmes rapides et précis de solutions de simulation de véhicules.

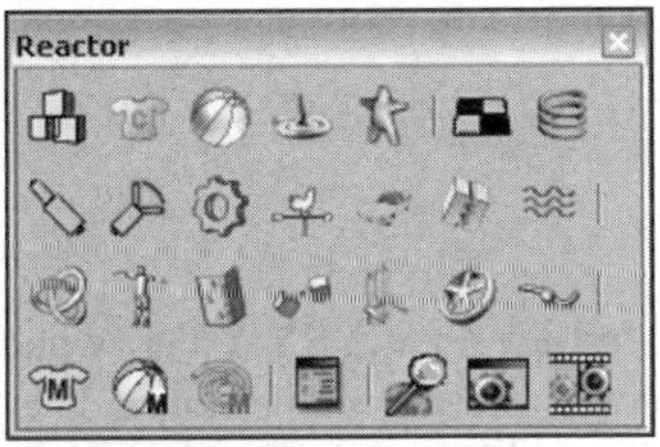

◄ Fig. 2.17 : *Reactor*

Rendu

HDRI Support

L'import et l'export de fichiers HDRI (High Dynamic Range Imaging) est maintenant supporté par 3ds max.

Mental Ray 2

Le célèbre moteur de rendu hyperréaliste Mental Ray est maintenant totalement intégré à 3ds max 6.

Panorama Exporter

Un nouvel outil d'export d'une scène vers une image panoramique a été ajouté.

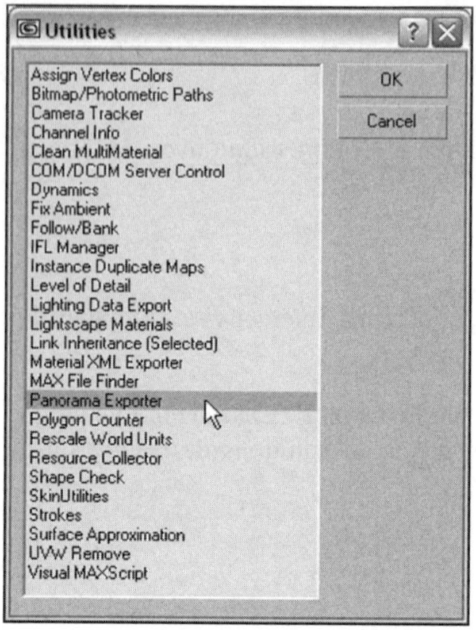

◄ Fig. 2.18 : *Panorama Exporter*

DirectX 9

Pour le jeu, les fonctions DirectX 9 sont gérables en WYSYWYG (what you see is what you get).C'est-à-dire que vous aurez le même rendu dans les fenêtres de vue 3ds max que dans les jeux vidéo utilisant DirectX 9.

Nouvelles fonctions de rendu réseau

Il est possible maintenant de gérer le rendu réseau de régions et des "Render to texture".

2.3 Rappel des nouveautés apportées par 3ds max 5

Voici une petite énumération des nouveautés apparues avec 3ds max 5 qui sont toujours disponibles avec 3ds max 6.

Gestion des "Layers" (calques)

Un système de sélection par calques fait, lui aussi son apparition. Similaire à Viz4.2, cet ajout s'avère particulièrement pratique quand il s'agit de travailler sur des scènes comportant un grand nombre d'objets. Ce système est comparable à la gestion des calques sous Adobe Photoshop et tout autre logiciel de dessin évolué.

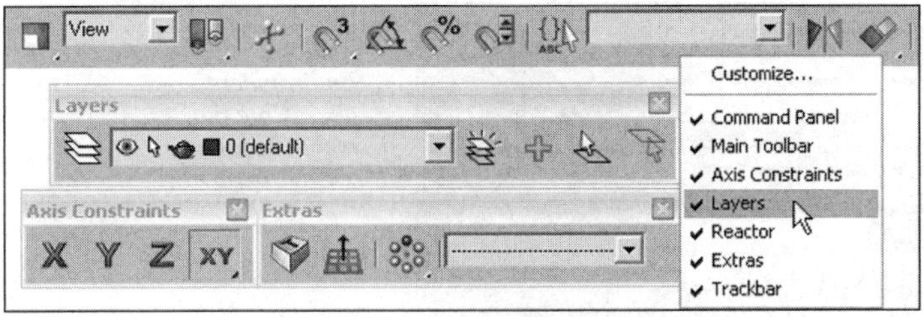

▲ Fig. 2.19 : *Menu Layers pour la gestion des calques*

REMARQUE

Menu Layers

La barre de menus *Layers* n'est pas affichée par défaut. Pour la faire apparaître, il suffit de faire un clic droit sur la barre d'icônes principale et de choisir, dans le menu déroulant qui apparaît, la commande **Layers**.

Lightscape

Pareil, là encore, à Viz4.2, on note l'intégration d'une version hybride de "Lightscape", ainsi que l'apparition d'un nouveau moteur de rendu : "LightTracer".

3ds max 6 complète sa compatibilité avec Lightscape en permettant une navigation entre les 2 softs et gérant à l'import comme à l'export tous les formats générés par ce dernier.

Enfin, le "Lightscape Material" permet d'importer très simplement les matériaux du logiciel du même nom.

Environnement (Environment)

La fenêtre d'environnement se voit améliorée d'une fenêtre de prévisualisation (preview) pour l' "Exposure Control", et également de nouveaux modes de contrôle (Linear Exposure Control/Logarithmic Exposure Control/Pseudo Color Exposure Control), de quoi personnaliser et contrôler encore un peu plus vos rendus !

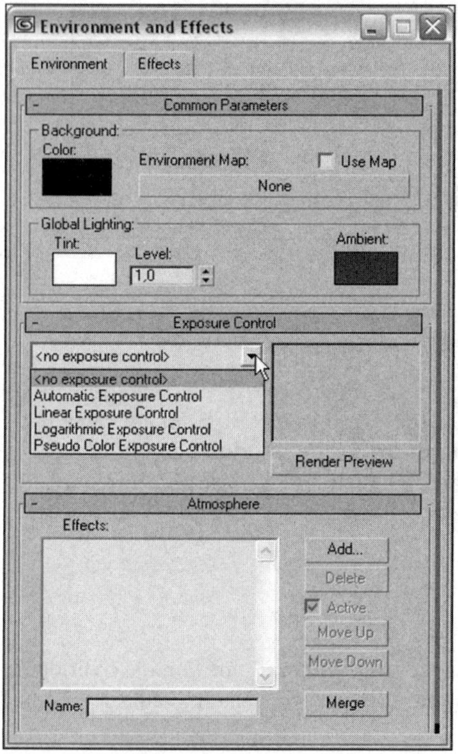

◄ Fig. 2.20 : *Fenêtre Environment accessible par le menu Rendering > Environment...*

- Linear exposure control

  Permet de contrôler la luminosité globale, le contraste, l'exposition, et cela pour la scène complète background compris ou pas.
- Logarithmic Exposure Control

Même chose que le "linear", avec en plus la possibilité de choisir une désaturation des couleurs, et si la scène est en extérieur ou pas pour l'exposition.

- Pseudo Color Exposure Control

  Ce dernier "exposure control", permet de coloriser les zones de l'image en fonction de la luminosité, tout comme pour les caméras infrarouges, donnant ainsi des dégradés du bleu vers le rouge en passant par le vert et le jaune. On a aussi la possibilité d'afficher les dégradés en nuance de gris. Ainsi, par une suite de nuances de couleurs, on peut voir les zones de forte ou basse luminosité dans la scène.

Matériaux

Pas de gros changement sur son mode de fonctionnement proprement dit, mais nous avons le plaisir de voir apparaître 4 nouveaux matériaux :

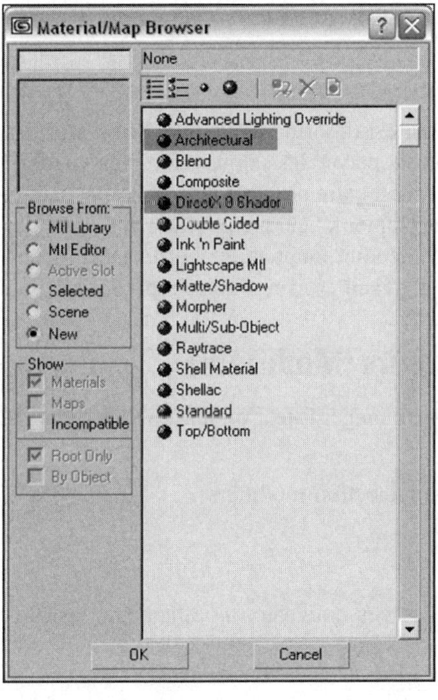

◄ Fig. 2.21 : *Nouveaux matériaux.*

1. Advanced Lighting Override : matériau dédié pour la radiosité et le light tracer.

2. Ink 'n Paint : matériau de rendus "cartoon". Assez riche en options, voilà de quoi satisfaire les infographistes friands de ce type de rendu. Il n'est donc plus nécessaire d'utiliser un plug-in spécifique comme "Illustrate", "vecta3D" ou "Swift3D".

3. Lightscape Mtl : matériau prévu pour l'exportation directe dans "Lightscape".

4. Shell Material : matériau qui permet d'attribuer à la fois un matériau pour la fenêtre de vue (Viewport) et un matériau pour le rendu de votre objet. Il y a également un nouveau "Shader" (gestion des ombres) appelé "Translucent Shader", le même que celui du dernier Viz, vous permettant de réaliser des matières capables d'absorber la lumière (lait, bougie, peau...). Le meilleur exemple de ce genre d'effet est l'affiche du film tout en 3D de Disney et Pixar *1001 Pattes*.

Import fichier Photoshop multicouches

Autre nouveauté non négligeable, il est désormais possible d'importer des fichiers **.psd* (format Adobe Photoshop avec les calques) directement dans l'éditeur de matériaux. De ce fait, il est enfin possible d'attribuer tel calque pour le canal bump (relief), par exemple, tel calque pour le canal specular (reflet lumière), etc. Cette fonction, anodine au premier abord, offre enfin un véritable confort d'utilisation pour travailler avec Photoshop.

Les nouveaux modificateurs (Modifiers)

La liste des modificateurs a encore changé. Elle s'organise maintenant en 3 groupes de modificateurs :

- les modificateurs de sélection (selection modifiers),
- les World Space modifiers,
- les Object Space Modifiers.

Vous trouverez ci-dessous une liste des nouveaux modificateurs les plus intéressants :

Auto Flatten UV's

Il vient complémenter l'Unwrap UVW. Ce dernier a d'ailleurs reçu un sérieux coup de jeune ! On voit apparaître un "free forme mode" pour la manipulation des vertex, des filtres de sélection, des "soft sélection", des conversions possibles entre vertex, face, edge afin de faciliter la transformation du maillage pour affecter les coordonnées de mapping voulues.

Symmetry

Modificateur ambigu à expliquer. C'est à la fois l'outil "miroir" et "Boolean", tout en pouvant changer l'axe de symétrie. Cette fonction à l'air pratique sur le papier pour la modélisation des visages mais ce n'est pas la même chose dans la réalité car les effets de ce modificateur n'apparaissent pas lorsqu'on édite les modificateurs situés en dessous dans la pile. Le seul avantage est de pouvoir lier le visage en le lissant au niveau de l'axe de symétrie de façon à donner une liaison parfaite.

Vertex Weld

Similaire à l'outil présent dans le modificateur "Edit Mesh", il permet de souder des vertex séparés par une distance inférieure à la limite que vous avez fixée. Cela permet de simplifier des meshes dans des zones très étroites où certains points ne sont pas utiles.

Edit normals

Modificateur qui vient ajouter une autre dimension à la modélisation polygonale. Ce modifier fait apparaître des "normales", sorte de vecteurs modifiables au niveau de chaque vertex de l'objet, permettant de modifier l'apparence du polygone.

Il est désormais possible de copier l'angle de cette "normale" et de l'appliquer à d'autre "normales".

Unwrap UVW

L'Unwrap UVW n'est pas à proprement parlé un nouveau modificateur mais par certaines modifications de celui-ci, 3ds max 6 propose quelques améliorations en terme de mapping. Le classique modificateur **UVW Map** n'a subi aucun changement. En revanche, **Unwrap UVW** intègre quelques nouveautés très intéressantes: On peut désormais sélectionner les faces à éditer par ID et par groupe de lissage. Une case "ignore backfacing" apparaît également pour faciliter la sélection des faces.

Plusieurs nouvelles options viennent s'ajouter à la fenêtre d'édition des UV, permettant notamment:

- de modifier les UV en sous objet Edge ou Face,
- d'effectuer des rotations de 90° directement à partir d'un bouton, pour orienter les UV correctement,
- de modifier un groupe d'UV à l'aide d'un gizmo englobant, grâce à un nouveau mode d'édition, le "Freeform mode",
- de faire une sélection adoucie (soft selection) des UV,
- de personnaliser les couleurs des éléments de la fenêtre.

Mais surtout, de nouvelles fonctions de mapping automatique **Flatten Mapping** permettent de déplier les UV intelligemment, en répartissant au mieux les UV sur toute la surface de la Map. Même si le logiciel ne remplace toujours pas la main de l'homme pour les mapping les plus complexes, cette nouvelle fonction peut s'avérer très intéressante pour des objets relativement simples.

Animation

La gestion de l'animation a été totalement remaniée dans cette nouvelle mouture de 3ds max.

TrackView

La "TrackView" (Vue Piste) a été revue de A à Z, avec :

- une gestion des tangentes semblable à Maya (possibilité de manipuler toutes les clefs sélectionnées en même temps) ;
- Un mode de tangente "droite" qui évite les extrapolations agaçantes de Max ! Ici encore, on retrouve un mode de soft sélection dans la Track View.

Point extrêmement positif, c'est l'option "Draw curves" qui permet avec un simple crayon de modifier vos courbes d'animations comme bon vous semble, comme si vous dessiniez vous-même vos courbes. Il est possible de faire passer la track view en mode "Dope Sheet Editor" qui permet de reprendre la track view en y ajoutant des modes supplémentaires, des possibilités de gestions du timing, isolation des courbes, de manipulation des clés (keys) sans les courbes, etc.

Pour résumer :

- L'édition des courbes d'animation est très simple et très efficace grâce à la souplesse des courbes de Béziers.
- Il est désormais possible de filtrer les courbes par axes plus simplement, on y gagne énormément en lisibilité.
- On peut également éditer séparément les composantes axiales de chaque clé. Par exemple, on peut poser une clé de rotation uniquement pour l'axe X, et non plus obligatoirement sur tous les axes.
- Le **Curve editor** présente des courbes plus épaisses beaucoup plus agréables à travailler, et le **Dope Sheet** présente les clés plus distinctement tout comme dans le célèbre Flash MX de Macromedia, avec une couleur pour chaque axe, enterrant ainsi les petits points noirs archaïques hérités des versions DOS de 3d studio.
- Possibilité d'intégrer la fenêtre **Trackview** à la place de la traditionnelle "Time Line".

On remarque aussi que l'on peut animer les "vertex color", cela pourrait ajouter des possibilités intéressantes dans le domaine du jeu vidéo.

Keyframing (images clés)

Le Keyframing est sensiblement différent dans cette nouvelle version de 3ds max 6. Avec le mode Set Key, il faut "valider" chaque transformation en appuyant sur [K] ou sur le bouton "clé" pour créer une clé d'animation. Le mode Auto-Key, lui, est à peu près l'équivalent du mode de keyframing des anciennes versions de 3ds max.

Cinématique inverse (IK)

Un nouveau Solver splineIK fait son apparition pour contrôler une chaîne de bones à la manière d'une spline. La hiérarchie prend la forme de la spline et est contrôlable en manipulant les vertex de celle-ci.

Character

Nous remarquons également un nouveau menu **Character** qui va compléter le module d'animation avec un nouveau panneau : **bone adjustement tools**. Les "bones" (os du squelette) pourront ainsi être modifiables à n'importe quel moment; rajouter des éléments du squelette, subdiviser etc. et un mode de création "character" qui va permettre aux animateurs de définir des groupes d'objets appartenant au "character" pour l'animation. Il est donc possible de créer des entités Character rassemblant tout les éléments d'un personnage ou de tout autre objet hiérarchisé. Cela permet entre autre de sauvegarder et charger des animations (sous le format *.anm) pour ces characters (personnages).

Bones Tools

La nouvelle fenêtre **Bones Tools** rassemble, comme son nom l'indique, les outils facilitant la mise en place de hiérarchie de bones. Ils permettent entre autre de modifier rapidement une hiérarchie en scindant un bone en deux ou en en supprimant un sans affecter le reste de la chaîne, d'éditer l'aspect des bones en groupe, en modifiant l'épaisseur de toute une chaîne de bones simultanément ou encore d'appliquer un dégradé de couleur sur un squelette.

Le Skinning

Le "skinning" n'est pas en reste : le traditionnel modificateur **Skin** se dote de quelques améliorations, comme les options de filtrage de sélection pour les enveloppes, très pratique, pour éviter de cliquer pendant des heures avant de réussir à sélectionner l'enveloppe souhaitée. La fenêtre "**weight table**" permet la saisie du poids vertex par vertex: utile pour établir un skinning très précis sur des meshes basse résolution.

Une des grandes nouveautés en matière de skinning dans 3ds max 6 est la gestion de la pression des tablettes graphiques pour la peinture de poids. Le Paint Weight gère également la symétrie de skinning : peignez les influences de vos bones sur une moitié du personnage seulement !

L'option "Skin pose" offre la possibilité de skinner un personnage dans n'importe quelle position, puis de faire reprendre la pose initiale à toute la hiérarchie en un clic. Très pratique pour les utilisateurs du "Paint Weight" notamment.

Modificateur Morpher

Le modificateur **Morpher** permet désormais d'effectuer des "morphings progressifs": Cette nouvelle fonction offre un contrôle plus grand sur l'animation des vertex en permettant d'établir des étapes intermédiaires pour chaque morphing. Ainsi, les vertex peuvent avoir un mouvement non-linéaire, en ayant plusieurs translations successives, au lieu d'une seule.

Lumières

Un énorme travail a été apporté au niveau l'éclairage. Tout l'éventail déjà intégré à Viz4 est au rendez-vous, agrémenté de nouvelles options dédiées à l'illumination globale !

Illumination globale

Avant d'aller plus loin, arrêtons-nous sur la fonction "skylight". Elle simule une luminosité globale (GI) d'un simple clic, et les rendus semblent agréablement rapides ! Il suffit tout simplement de créer une lumière Skylight et d'activer le "Light Tracer" de la fenêtre **Advanced Lighting** accessible via le menu **Rendering** > **Advanced Lighting** puis de lancer un rendu pour avoir une scène avec le rendu des lumières hyperréaliste de la luminosité globale.

L'illumation globale est plus facile à mettre en œuvre que Mental Ray.

Lumières photométriques

Vient ensuite une nouvelle classe de générateur de lumière en plus des standards que l'on connaît : les lumières "photometric". On trouve par exemple un générateur tel que l' "IES Sun" qui permet de créer des lumières éblouissantes telles que celle du soleil. Toutes ces lumières sont déjà présentes dans 3dsmax VIZ 4, elles offrent une plus grande précision, notamment pour les architectes ou les infographistes ayant besoin d'obtenir une haute précision de photoréalisme.

Lumière solaire et selon l'heure

Dans le menu "Systems", on découvre une lumière animable du nom de "Daylight", et qui a la même fonction que la "Sunlight" déjà présente dans 3ds max 4, mais qui simule l'intensité du soleil (comme l'IES Sun) en fonction du pays, de l'heure, etc.

Menu Advanced Lighting

Dans le menu Rendering, on note l'apparition d'un menu "advanced lighting" qui permet de paramétrer les lumières en illumination globale avec le LightTracer et la radiosité.

- Le Light tracer

Voici le nouveau moteur de rendu que Discreet promettait depuis quelque temps déjà. Il peut être combiné à un nouveau type de matériau définissant les caractéristiques d'une matière avec la lumière (absorption, rebond, luminescence...).

On note aussi l'agréable apparition d'un nouveau type d'ombre Ray tracées et surtout l'arrivée des très attendues ombres douces (area shadow).

- La radiosité (radiosity)

Elle est identique mais plus complète que celle présente dans Viz4, il s'agit d'une version remaniée du très célèbre Lightscape toujours très utilisé en architecture. Son principal avantage est qu'il va permettre de calculer la luminosité globale d'une scène et de garder ses informations afin de pouvoir faire autant de rendus que vous le souhaitez une fois la solution de rendu calculée.

Autre nouveauté de taille, c'est la possibilité de peindre avec un pinceau de la "lumière" directement sur un objet de votre choix !

Cependant, s'il reste fidèle à sa réputation pour ce qui est de la qualité du rendu, Lightscape reste toujours aussi lent.

2.4 Rappel des nouveautés apportées par 3ds max 4

Voici un petit rappel de nouveautés qui avaient été apportées par 3ds max 4 ainsi que les modification qui y ont été apportées sur le tout nouveau 3ds max 6.

Les manipulateurs (Manipulator Helpers)

Les manipulateurs sont des objets invisibles, que l'on crée, et qui permettent de manipuler d'autres objets. Par exemple, le *Slider* (glissière) est une jauge, qui permet de modifier le niveau de différents paramètres d'un objet.

Les wirings et les sliders

Les wirings et les sliders sont les assistants (helpers) des manipulateurs.

Autre nouveau grand concept intégré depuis 3ds max 4, celui des manipulateurs d'outils, qui se généralisent et s'adaptent à toutes sortes de fonctions et d'opérations, en plus de la translation et de la rotation. On voit apparaître ainsi des manipulateurs d'extrusion, de surfaces de révolution, de gestion de mapping directement sur les objets, etc. Un nouveau grand confort d'utilisation est ainsi assuré.

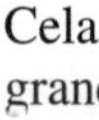

Le contrôle de quasi n'importe quel paramètre peut maintenant se faire avec la création de petits sliders, qui peuvent être branchés directement sur des attributs d'objets. Cela permet de constituer rapidement de petites interfaces de contrôle bien pratiques, pour faciliter le travail de l'animateur.

Cela permet de générer les fameux manipulateurs qui font partie des grandes nouveautés depuis 3ds max 4.

◄ Fig. 2.22 : *Les différents types d'assistants Manipulators*

Tab. 2.1 : Les différents types d'assistants Manipulators

Type d'assistant	Propriétés
Cone Angle	Permet d'ajouter un manipulateur aidant à la gestion d'angle d'ouverture d'objets.
Plane Angle	Permet d'ajouter un manipulateur aidant à la rotation des objets.
Slider	Permet d'ajouter un manipulateur qui apparaît dans les fenêtres de vues sous forme de jauge paramétrable.

Les Quad menus

C'est une variante du menu contextuel proposant les options possibles pour un objet. Les Quad menus sont accessibles par le bouton droit de la souris. Ils permettent d'accéder rapidement aux paramètres applicables à l'objet sélectionné.

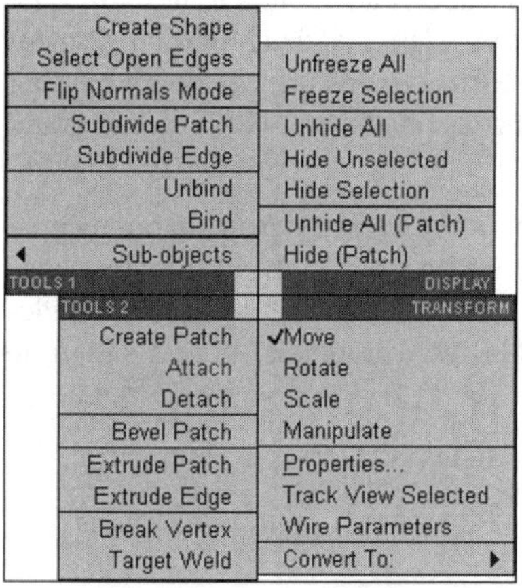

◄ Fig. 2.23 : *Nouveau système de Quad menu, lorsque l'on clique sur un objet avec le bouton droit de la souris*

Maya, le principal concurrent de 3ds max, a apporté son concept de Hotbox, qui permet d'accéder à toutes les fonctions du logiciel dans un seul menu contextuel entièrement personnalisable. 3ds max sort donc de son côté sa réponse à cette innovation d'interface particulièrement efficace : le Quad menu. Celui-ci est en fait une version améliorée du menu contextuel, accessible par un clic avec le bouton droit de la souris sur un objet de la scène. Il s'agit donc d'un petit menu contextuel qui se découpe toujours en 4 zones rectangulaires, avec éventuellement des sous-zones, et la possibilité d'y mémoriser dans l'ordre voulu toutes les fonctions souhaitées.

Les Quad menus sont entièrement personnalisables, sous l'onglet **Quads**, accessible par le menu **Customize/Customize User Interface**.

Subdivision hiérarchique des surfaces (Hierarchical SubDivision Surfaces)

Ces fonctions sont pratiques pour la finition des modélisations en méthode *low-polygon* (peu de polygones). Elles permettent de donner plus des détails à l'objet modélisé, en le rendant moins anguleux, avec des outils tels que le **meshsmooth** (lissage du filaire) ou le **HSDS** (Hierarchical SubDivision Surfaces).

L'outil de lissage de maillage est complètement remanié par rapport à celui de 3d studio max 3, avec la possibilité de travailler directement des polygones sur chacun des niveaux intermédiaires du lissage. De plus, les arêtes vives peuvent être facilement gérées dans une surface lissée, et cela est compatible avec le mode HSDS de subdivision de surfaces discret, mais bien présent et tout à fait efficace.

Le HSDS est accessible via la liste des modificateurs.

Dans cette nouvelle version de 3ds max 6, le HSDS offre un historique des subdivisions opérées, donnant ainsi plus de liberté à la modélisation.

Subdivision Surfaces

Les surfaces de subdivision permettent de lisser les objets en augmentant leur nombre de faces.

Tab. 2.2 : Les modificateurs de Subdivision de Surfaces	
Modificateur	Fonction
HSDS Modifier	Cette fonctionnalité de 3ds max, qui implémente les Subdivisions Hiérarchiques de Surfaces, permet de fignoler un objet meshe modélisé en méthode *low-polygon* (peu de polygones), en le lissant de façon adaptative, en fonction de sa forme. Cela permet de ne pas augmenter inutilement le nombre de faces dans les zones n'ayant pas besoin d'être lissées.
MeshSmooth	Permet de lisser les formes géométriques de l'objet sélectionné, en ajoutant des faces et en arrondissant les coins et les arêtes. Pratique pour donner une forme plus complexe à un objet modélisé par extrusions, et donc possédant peu de faces. Contrairement au modificateur HSDS, le MeshSmooth ne s'adapte pas en fonction de la forme de l'objet. Il génère donc plus de faces.

Exercice

Pour assouplir un mesh, il vous suffit de procéder ainsi:

1. Ajoutez à l'objet le modificateur **HSDS Modifier**, en le sélectionnant dans la *Modifier List*.

◄ Fig. 2.24 : *Ajout du modificateur HSDS Modifier*

2. Dans le panneau déroulant *HSDS Parameters* du modificateur **HSDS,** cliquez sur le bouton **Adaptive Subdivision**.

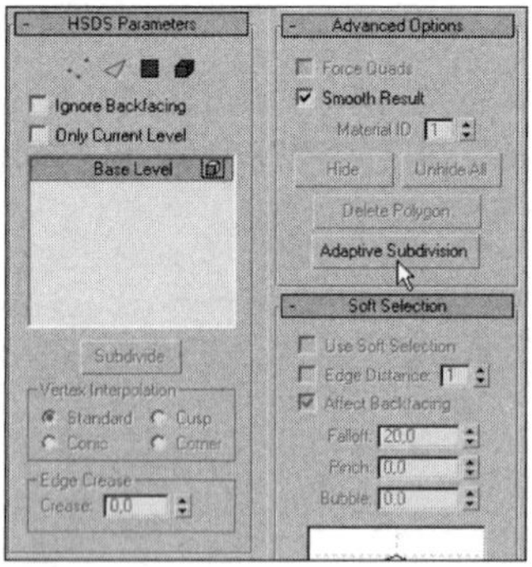

◄ Fig. 2.25 : *Panneau déroulant HSDS Parameters du modificateur HSDS*

3. Dans la boîte de dialogue **Adaptive Subdivision** qui s'ouvre, cochez la case *Add* dans la zone *Detail*, et la case *High* dans la zone *Parameters*. Puis cliquez sur le bouton OK.

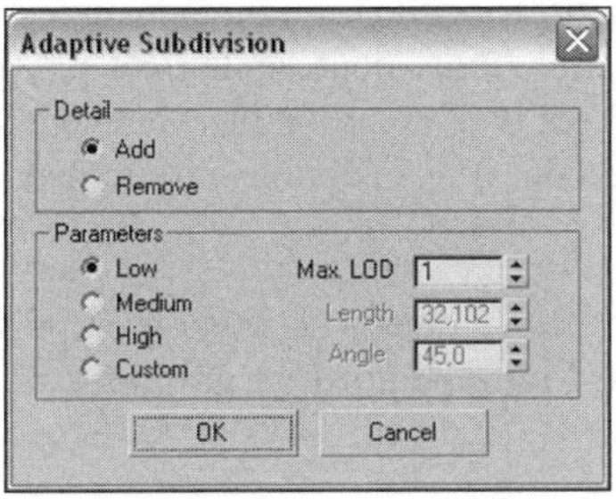

◄ Fig. 2.26 : *Boîte de dialogue Adaptive Subdivision*

Vous voyez alors une forme totalement nouvelle, qui vous donne une idée des possibilités offertes de l'utilisation d'un objet modélisé avec la technique de *low-polygon*, associé au modificateur de subdivision de surface.

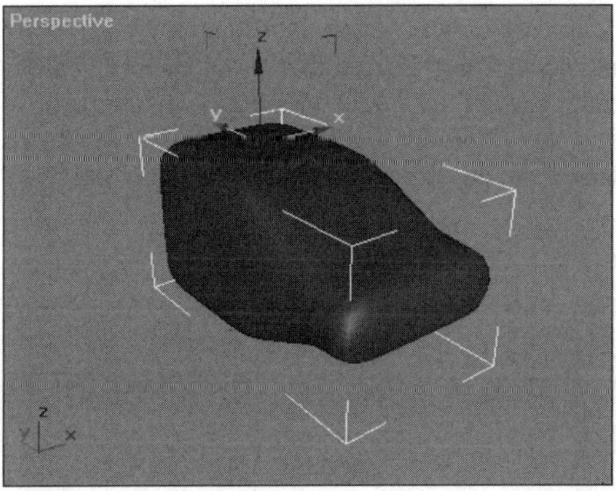

▲ Fig. 2.27 : *Boîte modifiée et lissée grâce au modificateur HSDS*

Une fois que vous aurez maîtrisé l'emploi des subdivisions en testant toutes les options, vous pourrez réaliser la plupart des objets ayant des formes non géométriques.

Modélisation polygonale

Du côté de la modélisation polygonale et, par extension, des subdivisions de surfaces, un grand pas est franchi avec une gestion polygonale exemplaire, qui ne se contente plus de travailler uniquement avec des facettes triangulaires ou quadrangulaires, mais peut également passer à l'édition de polygones à 5, 6 ou N côtés. Ces polygones peuvent être découpés à volonté, et peuvent également être fusionnés en un seul, par simple suppression d'arêtes, etc.

Cette fonction, déjà implémentée dans Maya depuis sa version 1.0, faisait le plaisir de ses utilisateurs. 3ds max 4 rattrape ainsi un grand retard par rapport à son rival !

Son principal avantage est de pouvoir avoir un objet sans faces manquantes, même s'il y avait des faces à plus de 4 côtés. 3ds max 4 s'occupe de les créer automatiquement.

Exemple

1. Créez par exemple une géosphère. Pour la transformer en objet polygonal (autrement appelé Poly), il suffit tout simplement d'accéder à la liste des modificateurs (*Modifier List*) et de cliquer du bouton droit sur la pile des modificateurs (*Modifier Stack*) de l'objet, puis de choisir **Convert To : Editable Poly** dans le menu contextuel qui s'ouvre.

Fig. 2.28 : *Transformation d'un objet en Polygone Poly*

2. Passez en mode d'édition *Edge* (côtés).

   Sélectionnez un ou plusieurs côtés, comme le montre l'image suivante, et supprimez-les en appuyant sur la touche Suppr.

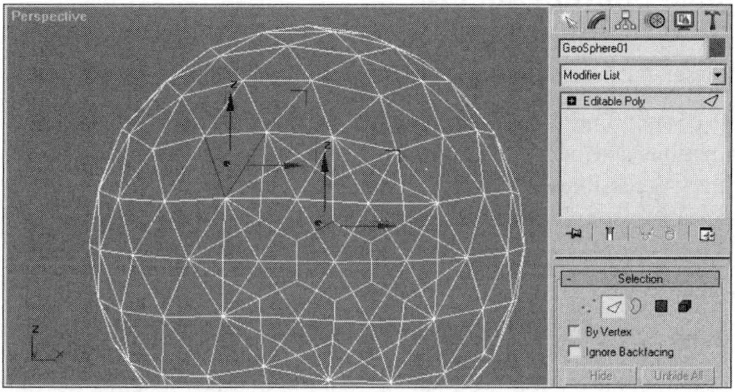

▲ Fig. 2.29 : *Suppression de côtés*

Vous remarquerez que, même si on supprime des côtés, la géosphère n'est pas pour autant trouée, ce qui se serait passé sur un objet Mesh ou Patch.

3. Passez en mode d'édition polygonale (*Polygon*).

   Cliquez sur le bouton **Edit Triangulation**, dans le panneau déroulant *Surface Properties*.

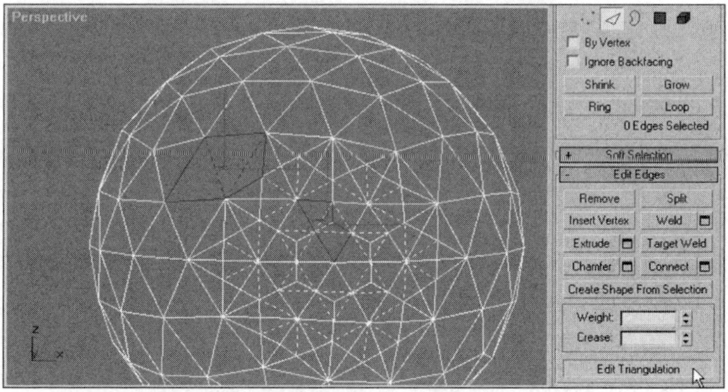

▲ Fig. 2.30 : *Modélisation polygonale*

Vous voyez alors apparaître la triangulation qu'effectue 3ds max sur les objets Poly, pour éviter d'avoir des objets troués.

Accès Internet intégré

Il est possible de visionner des pages HTML d'Internet via le **Asset Browser** de l'onglet **Utilities** (marteau) du panneau de commande.

Cela permet d'utiliser des objets qui sont en ligne comme des textures, des animations de Character studio, des nivellements de surfaces, etc. Tous les fichiers accessibles via le Net deviennent facilement utilisables dans 3ds max par un simple glisser-déposer.

Exemple

Pour accéder à l'Asset Browser sur 3ds max, procédez ainsi :

- Cliquez du bouton droit sur le libellé d'une des fenêtres de vues de l'interface.
- Dans le menu contextuel qui s'affiche, sélectionnez **View/Extanded/Asset Browser**.

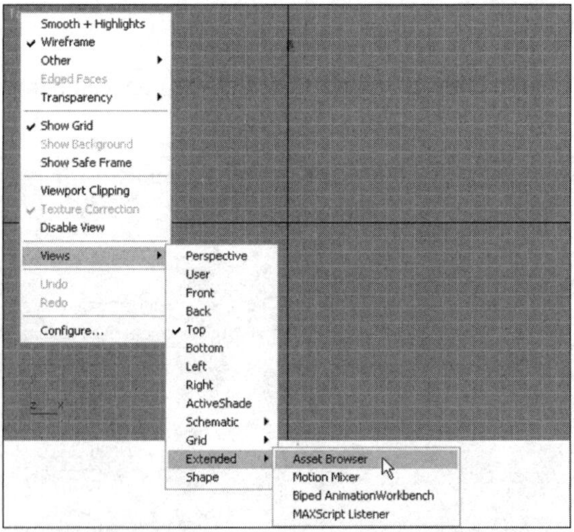

▲ Fig. 2.31 : *Menu contextuel d'accès à l'Asset Browser*

Vous obtenez alors une fenêtre ressemblant à l'Explorateur de Windows et à Internet Explorer.

▲ Fig. 2.32 : *Asset Browser*

Chapitre > 3

Complémentarités avec les autres logiciels

3.1 Adobe Photoshop 67

3.2 Discreet Combustion 68

3.3 Adobe After Effects Production Bundle 75

3.4 Adobe Illustrator 78

3.5 Autodesk Autocad 79

Pour réaliser une animation 3D de qualité, il faut entourer 3ds max 6 de logiciels complémentaires qui vont combler les fonctions qui lui manquent. En effet, 3ds max ne peut pas tout faire, il est suffisamment complexe !

3.1 Adobe Photoshop

Photoshop est le compagnon incontournable de 3ds max. En effet, il est l'outil le mieux adapté à la préparation des textures pour l'éditeur de matériaux. Il est tout aussi efficace pour les textures simples que pour les textures ultra-précises des objets compliqués.

Le principal atout de Photoshop est sa gestion des calques, qui lui permet de préparer dans le même fichier plusieurs aspects de la texture comme son *bump* ("bosselage"), son *opacity* ("opacité") et toutes autres *maps* que l'on peut appliquer aux textures.

Photoshop peut créer des images et les enregistrer dans tous les principaux formats graphiques, tout comme 3ds max 6 sait les gérer dans l'éditeur de matériaux. Il peut même importer un calque bien précis du fichier *.psd*. Ce qui est pratique pour stocker les maps puisque sur un fichier *.psd* on pourra stocker et utiliser sous 3ds max 6, la map de diffuse, transparence, bump, reflexion, etc… sur des calques différents créés avec Photoshop 7 et 8 (CS).

3ds max sait importer sans problèmes les fichiers au format de Photoshop *.psd* mais seulement quand les calques sont aplatis. Il peut tout de même choisir le calque du fichier à importer et de ce fait on pourra utiliser un seul fichier .PSD pour gérer l'opacité, la rugosité, et autres paramètres du mapping.

Certains formats de fichier comme le *.tif* et le *.tga* peuvent incorporer les informations de transparence autrement appelée couche alpha (*alpha channel*). Avec Photoshop, il est possible d'enregistrer ces paramètres et de les réutiliser dans la *map* d'opacité de l'éditeur de matériaux de 3ds max sans avoir à créer un autre fichier séparé. Cela peut être pratique lorsqu'on a un grand nombre de maps à gérer.

Pour les jeux vidéo, les interactions entre Photoshop et 3ds max sont régulières pour la création des textures en fonction des coordonnées de mapping de l'objet mais aussi en fonction du filaire lui-même quand on utilise des modificateurs tels que **Unwrap UVW** ou des plug-ins gratuits comme Texporter.

3.2 Discreet Combustion

Combustion et 3ds max, tous les deux édités par Discreet, ont été créés pour être complémentaires et le plus compatible possible pour des échanges de données. Combustion est un logiciel de compositing, autrement dit de composition vidéo. Cela signifie qu'il permet de combiner, d'appliquer des effets et de retoucher les images comme Adobe Photoshop peut le faire, à la différence que tout cela est paramétrable sur des animations. C'est le logiciel idéal pour intégrer les personnages filmés sur des fonds bleus ou verts dans des décors, comme le fait souvent le cinéma.

Combustion gère parfaitement les formats de fichier *.rla* et le tout nouveau format *Rich Pixel File* (*.rpf*) spécifique à Discreet. De plus, les rendus multicouches de 3ds max sont facilement combinés pour redonner l'aspect final du rendu et pouvoir travailler chacune des couches pour transformer les ombres et autres paramètres. Tandis que 3ds max peut utiliser des maps Combustion dans son éditeur de matériaux.

L'effet d'environnement atmosphérique appelé Combustion n'a rien à voir avec ce logiciel Discreet Combustion ni même avec les maps Combustion.

REMARQUE

Keying et Keyer

Lorsque l'on veut gérer une couleur (par exemple les fonds bleus ou verts, voire noirs) comme de la transparence pour intégrer un personnage dans un décor à part, il faut utiliser l'effet Keying.

Rendu RLA et RPF

Les formats *.rla* et *.rpf* sont des formats de fichiers qui, en plus de stocker les informations des pixels de l'image, stockent d'autres informations spécifiques à la 3D comme la profondeur (Z-buffer), les numéros d'identificateur des objets (ID), etc. et bien sûr la transparence (Alpha Channel).

Pour obtenir un rendu en *.rla* ou *.rpf*, il suffit de créer un rendu habituel en précisant comme format de rendu le *.rla* ou le *.rpf*.

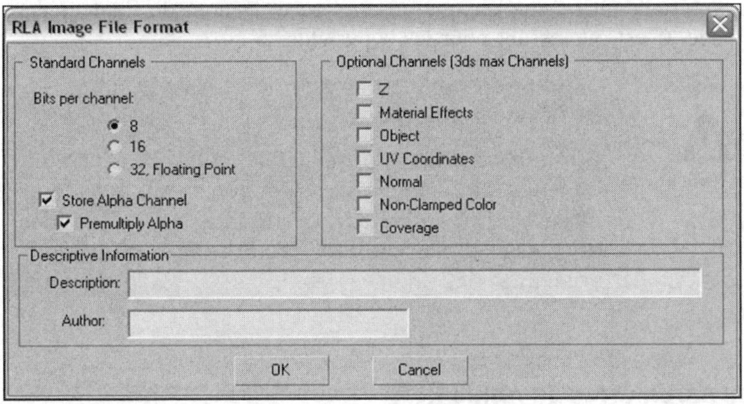

▲ Fig. 3.1 : *Fenêtre de rendu RLA*

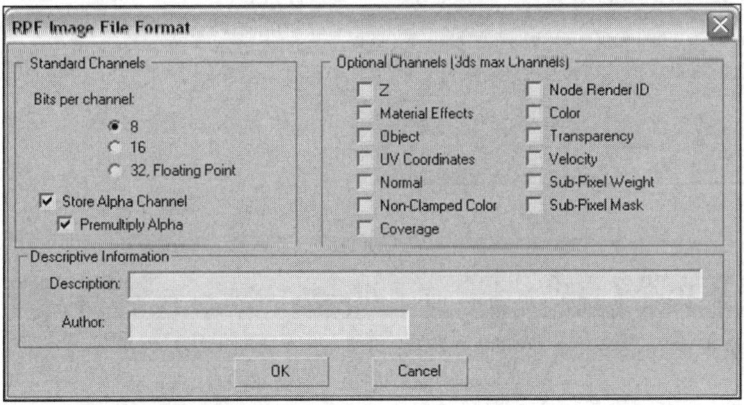

▲ Fig. 3.2 : *Fenêtre de rendu RPF*

Comme vous le voyez, les paramètres *Standard Channels* et *Descriptives Informations* sont communs.

- Les *Standard Channels* ("canaux standard")

Ils précisent la résolution en bits des canaux de couleur RVB et alpha (transparence), et déterminent s'il faut stocker la couche alpha gérant la transparence du rendu.

- Les *Descriptives Informations* ("informations de description")

Elles permettent de stocker une description et le nom de l'auteur dans l'image. C'est intéressant pour les copyrights.

ATTENTION

Poids des images

Comme ces formats de fichier stockent plusieurs couches d'informations, ils sont de ce fait beaucoup plus lourds (plusieurs Mo par image !). Pour gagner en place, choisissez uniquement les canaux dont vous avez besoin.

Les paramètres de rendu RLA

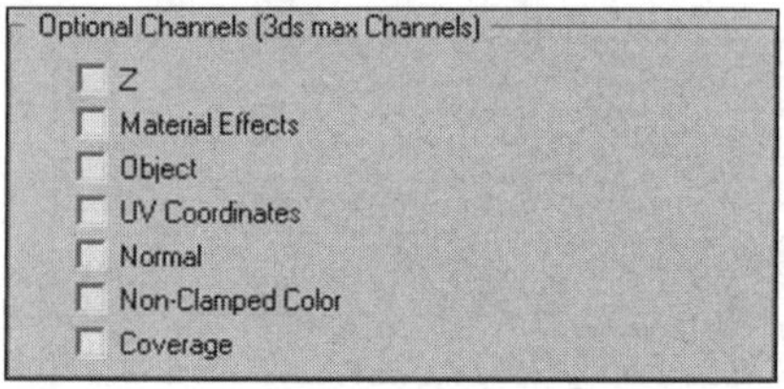

◄ Fig. 3.3 : *Paramètres de rendu RLA*

Tab. 3.1 : Canaux optionnels du format .rla

Canal	Fonction
Z	Informations de profondeur qui affichent les informations relatives au "Z buffer" en dégradés du blanc vers le noir. Les dégradés indiquent la profondeur relative de l'objet dans la scène.

Tab. 3.1 : Canaux optionnels du format .rla	
Canal	**Fonction**
Material Effects	Informations d'effet matériau qui affichent le canal Effects utilisé par les matériaux affectés aux objets de la scène. Le canal Effects est un ensemble de propriétés relatives aux matériaux qui se trouve dans l'Éditeur de matériaux et qui est employé lors de la composition dans le cadre du VideoPost (banc de montage). Chaque canal Effects est affiché par le biais d'une couleur aléatoire spécifique.
Object	Informations d'ID (numéro identificateur) qui affichent l'ID G-Buffer affecté aux objets qui utilisent la boîte de dialogue **Objects Properties** ("propriétés objet"). L'ID G-Buffer est utilisé lors de la composition en VideoPost (banc de montage). Chaque ID G-Buffer est affiché à l'aide d'une couleur aléatoire propre.
UV Coordinates	Informations de mapping qui affichent l'intervalle des coordonnées de mapping UV sous la forme d'un dégradé de couleur. Ce canal permet de voir l'emplacement des bordures de mapping.
Normal	Informations sur les normales qui affichent l'orientation des vecteurs de la normale sous la forme d'un dégradé comportant une échelle de gris. Les surfaces gris clair comportent des normales qui sont orientées vers la vue. Les surfaces gris foncé comportent des normales qui sont orientées dans la direction opposée à la vue.
Non-clamped Color	Informations de RVB non attachées qui affichent des zones dans l'image dans lesquelles les couleurs ont dépassé l'intervalle de couleur approprié et sont corrigées par 3ds max. Les zones apparaissent dans des couleurs brillantes saturées, le plus souvent autour des reflets spéculaires.
Coverage	Informations de "couverture Z" qui enregistrent la couverture du fragment de surface à partir duquel les autres valeurs G-buffer (Profondeur Z, Normal, etc.) sont obtenues. La fonction Couverture Z est principalement destinée aux développeurs.

Les paramètres de rendu RPF

Ils regroupent les paramètres de rendu RLA et d'autres options supplémentaires qui lui manquaient. Reportez-vous au point précédent pour les informations sur ces canaux communs aux 2 formats.

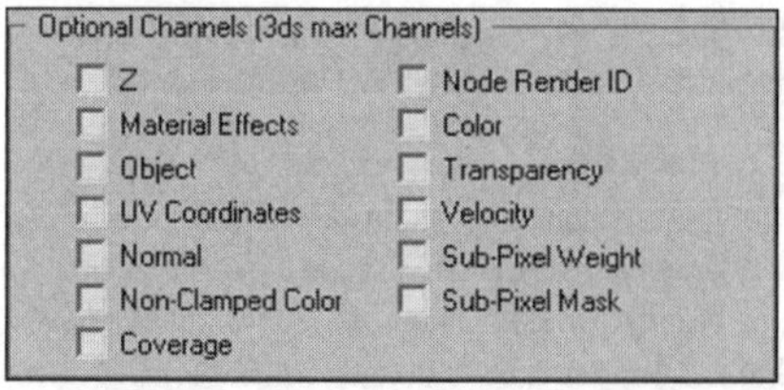

◄ Fig. 3.4 : *Paramètres de rendu RPF*

Tab. 3.2 : Canaux optionnels du format .rpf non listés dans les canaux RLA

Canal	Fonction
Node Render ID	Sauvegarde chaque objet de la scène comme une couleur pleine en fonction de son numéro d'ID (*G-buffer object channel*).
Color	Sauvegarde la couleur retournée par l'ombre de la texture. Ce canal affiche chacune des zones transparentes comme une couleur pleine.
Transparency	Sauvegarde la transparence retournée par l'ombre de la texture. Chaque zone avec n'importe quel niveau de transparence sera rendue comme un objet en gris uni.
Velocity	Sauvegarde le vecteur de vélocité de la zone relative à l'image dans les coordonnées de l'image.
Sub-Pixel Weight	Sauvegarde les informations de poids du sous-pixel. Ce canal contient les fractions de la couleur totale des pixels. La somme de toutes les fractions donne la couleur finale des pixels.
Sub-Pixel Mask	Sauvegarde le masque de transparence du sous-pixel. Ce canal fournit un masque de 16 bits de canal alpha anticrénelé utilisable en compositing.

Gestion des fichiers .rla et .rpf dans Combustion

Une fois vos rendus en RLA ou RPF effectués, vous pouvez importer vos séquences dans Combustion via la commande **Import Footage**.

Les opérateurs 3D (filtres 3D)

Une fois vos séquences importées dans votre scène Combustion, vous pouvez leur appliquer n'importe quels opérateurs (*operators* ou encore *effects*). Pour les fichiers *.rla* et *.rpf*, les opérateurs spécifiques sont les opérateurs **3D Post** du menu **Operators**.

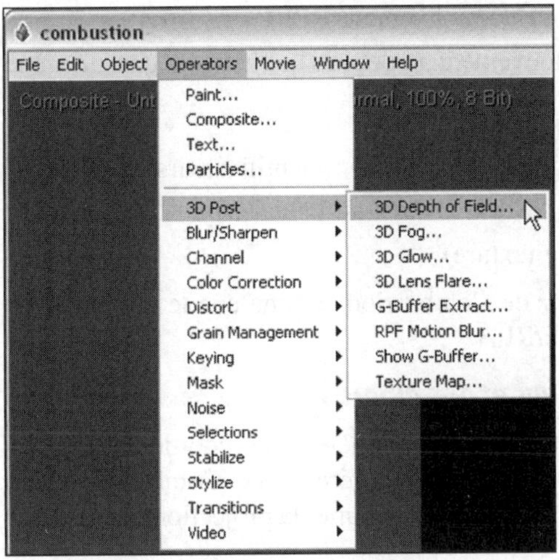

◄ Fig. 3.5 : *Opérateurs de filtres 3D gérés par Combustion*

Les filtres 3D gérés par Combustion sont les suivants :

- 3D Depth of Field… (profondeur de champs)

  Pour générer un flou de profondeur en fonction de l'éloignement des objets dans la scène : les objets les plus éloignés seront plus flous que les plus proches.
- 3D Fog… (brouillard)

  Pour générer une brume de profondeur. La densité de la brume augmente avec la distance.
- 3D Glow… (lueur)

  Applique une lueur aux objets ou aux textures auxquels a été attribué le numéro d'identificateur sur lequel on décide d'appliquer ce *glow*. Pratique pour doter d'un halo de lumière un objet bien défini de la scène.
- 3D Lens Flare… (effet de lumière de lentille d'objectif d'appareil photo)

  Pour appliquer un effet de *lens flare* en fonction de la profondeur des objets. C'est une fonction plus poussée que la fonction normale de lens flare (que l'on qualifiera de 2D) des logiciels de compositing.
- G-Buffer Extract… (extraire le G-Buffer)

  Pour enlever des objets dans une scène RPF/RLA ou inversement : l'isoler par rapport aux autres objets.

- RPF Motion Blur… (flou de mouvement RPF)

  Par ajouter du flou de mouvement aux objets qui bougent dans la scène en fonction de sa vitesse.
  Non applicable aux fichiers *.rla*.
- Show G-Buffer… (montrer le G-Buffer) : identificateurs (ID)

  Pour examiner le canal G-Buffer dans un fichier *.rpf*.
- Texture Map… (map de texture)

  Pour utiliser un *operator* de Combustion comme une texture pour un objet dans le rendu RPF/RLA.

La gestion de la profondeur et des ombres

Étant donné que les formats *.rla* et *.rpf* gèrent les coordonnées Z (la troisième dimension), il est possible de gérer avec Combustion deux paramètres intéressants que sont la profondeur et la projection des ombres.

En effet, il est possible de faire interagir des objets importés dans la scène Combustion avec les séquences RLA/RPF. On peut donc par exemple mettre un personnage juste derrière un comptoir dans une scène RLA/RPF et en projeter l'ombre selon les objets qui font partie de la séquence RLA/RPF.

Pour cela, il faut activer dans le *footage* RLA/RPF les options RPF que sont :

- le 3D Depth pour la profondeur

  Cela permet d'activer la gestion de la position des autres *footages* par rapport à la profondeur de la scène RLA/RPF.
- et le 3D Shading pour la projection des ombres

  Cela permet d'activer la gestion des ombres dans la scène RLA/RPF générées par les autres footages en fonction des lumières (*lights*) de la scène Combustion.

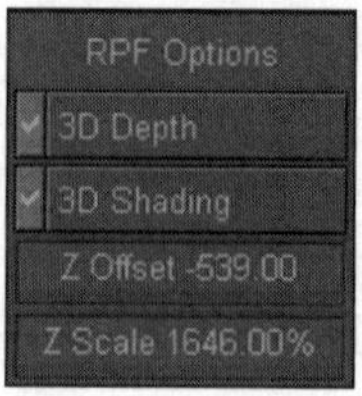

Fig. 3.6 : *Gestion des profondeurs et des ombres*

Tab. 3.3 : Tableau récapitulatif des effets 3D possibles avec Combustion

	3D Depth of Field	3D Fog	3D Glow	3D Lens Flare	RPF Motion Blur	Gbuffer Extract	Texture Map
Z Depth	X	X		X	X		
Material Effects			X			X	
Object			X			X	
UV Coordinates							X
Normal							X
Non-clamped Color	X	X	X				
Coverage	X	X	X	X	X		
Node Render ID	X	X			X	X	
Color	X	X	X				
Transparency	X	X	X	X			
Velocity					X		
Sub-pixel Weight	X	X	X	X			

3.3 Adobe After Effects Production Bundle

After Effects Production Bundle peut gérer comme Combustion le format de fichier *.rla* généré par 3ds max. Mais il ne peut pas gérer le format de fichier *.rpf.*

Il est à noter que la version normale de Adobe After Effects, c'est-à-dire la version non *Production Bundle*, ne contient pas les effets 3D applicables aux fichiers Rich Pixel Format RLA. Si vous voulez gérer les effets 3D, il vous faut impérativement la version Production Bundle encore appelée version Pro.

After Effects Pro est aussi un logiciel de compositing et il peut donc, tout comme Combustion, combiner les rendus multicouches de 3ds max 6. À la différence que 3ds max ne sait pas générer la recomposition des couches au format de After Effects Pro. Il faudra donc recomposer la superposition des différentes couches.

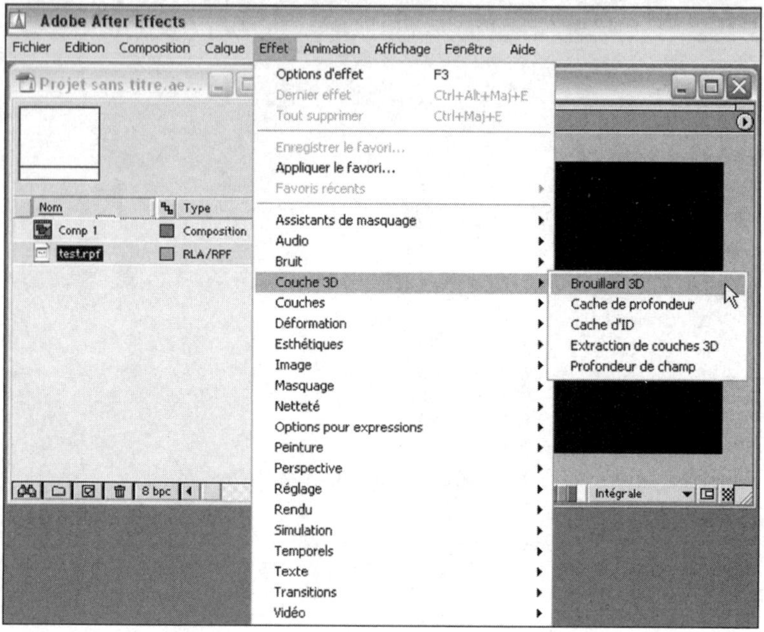

▲ Fig. 3.7 : *Les effets 3D de Adobe After Effects Pro*

Pour trouver les effets 3D de After Effects Pro, il faut suivre la procédure ci-dessous :

1. Importez le fichier *.rla* voulu.

   Pour cela, allez dans le menu **File** (fichier) et activez **Import** (importer) puis **Footage File** (fichier séquence) pour choisir le fichier ou la séquence à importer.

2. Insérez le fichier *.rla* dans la Composition.

   Sélectionnez à cet effet dans la fenêtre **Project** (projet) le fichier précédemment importé et opérez un glisser-déposer vers les fenêtres de composition. Le fichier apparaît alors dans la fenêtre **Time Layout** (fenêtre temps).

3. Appliquez ensuite les effets 3D de votre choix.

Pour cela, allez dans le menu **Effect** (effet) puis sous **3D Channel**.

Adobe After Effects Pro peut appliquer cinq effets aux fichiers au format *.rla* :

- 3D Channel Extract

  Pour visualiser en dégradé de gris ou en couleur les différents canaux d'informations du fichier ou de la séquence RLA. Il permet de choisir de visualiser : le Z-Depth, l'Object ID, le Texture UV, le Surface Normal, le Coverage, le Background RGB, le Unclamped RGB et le Material ID.
- Depth Matte

  Cet effet lit les informations de profondeur (Z-buffer) de l'image et peut trancher celle-ci n'importe où en fonction de sa profondeur. Cela permet d'isoler une partie de la scène RLA à partir d'une certaine distance.
- Depth of Field

  Permet de gérer le flou de profondeur de champs.
- Fog 3D

  Permet de gérer une brume dont la couleur et l'intensité sont paramétrables en fonction de la profondeur.
- ID Matte

  Cet effet isole les éléments selon leur identificateur dans un canal 3D de l'image. Cela permet à After Effect de masquer tous les éléments d'une scène sauf l'objet de votre choix.

REMARQUE

Résultat des effets 3D

Les informations enregistrées dans les fichiers *.rla* varient de façon significative selon les portées des distances par exemple. Il n'y a donc pas de paramètres standard pour voir l'effet réellement appliqué. Il faut donc jouer avec les paramètres des effets 3D pour trouver les réglages les plus justes ou même tout simplement pour voir les résultats de l'effet 3D appliqué.

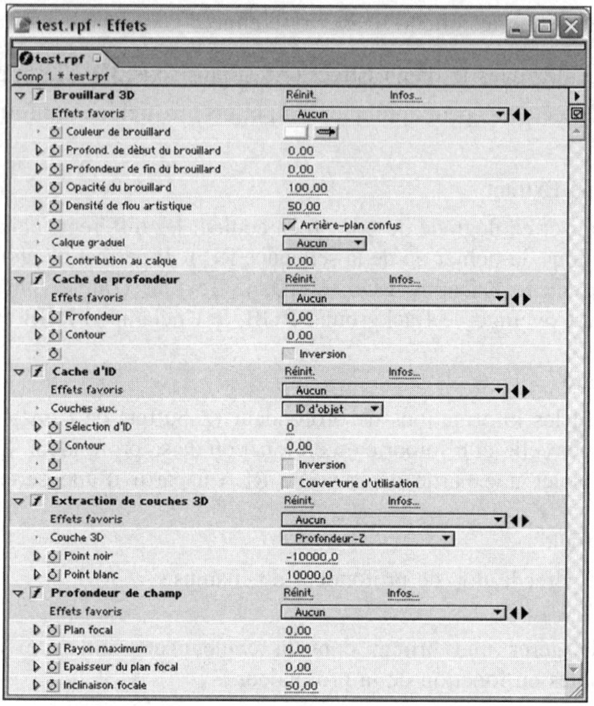

▲ Fig. 3.8 : *Résumé des paramètres d'effets 3D de Adobe After Effects Pro*

3.4 Adobe Illustrator

Illustrator est un logiciel de dessin 2D vectoriel très puissant. De ce fait, il permet de réaliser des splines et des shapes de façon plus précise que ne pourrait le faire 3ds max.

3ds max 6 peut importer sans problème les fichiers au format Illustrator 8 et précédents. Pour les versions 9, 10 et 11 (CS), selon la complexité du dessin, il peut y avoir des problèmes d'import.

Le fait de pouvoir importer les fichiers *.ai* est très pratique pour la création d'animations en 3D de logos d'entreprise. En effet, la plupart des logos d'entreprise ont été réalisés sous Illustrator.

La gestion des fichiers Illustrator est très délicate du fait du nombre de versions différentes de ce format. En effet, à chaque nouvelle mouture de Adobe Illustrator (qui en est à sa version 11 autrement appelée CS), le format de fichier se modifie et gère de nouveaux paramètres que 3ds max n'a pas implémenté. Il est donc judicieux d'utiliser un autre format vectoriel reconnu par 3ds max, comme le format Autodesk *.dwf*. Illustrator sait exporter ses fichiers dans ce format que 3ds max sait importer.

ATTENTION

Système d'exploitation et import fichier Illustrator

Sous les systèmes d'exploitation Microsoft Windows 95, 98, 98SE et Millennium, la fonction d'importation des fichiers *.ai* peut ne pas fonctionner et entraîner un message d'erreur. Elle fonctionnera mieux sous Windows NT4 SP7, Windows 2000 SP3 et Windows XP Pro SP1.

3.5 Autodesk Autocad

Il est possible d'importer les fichiers aux formats *.dxf* et *.dwg* de Autocad.

La liste suivante établit la correspondance entre les objets et propriétés AutoCAD et les objets 3ds max dans lesquels ils sont convertis après leur importation. Les objets AutoCAD non répertoriés ne sont pas importés.

Tab. 3.4 : Correspondance entre les objets AutoCAD et les objets 3ds max

Objet ou propriété AutoCAD	Objet 3ds max importé
Point	Assistant points
Ligne	Forme de spline
Arc	Forme en arc
Cercle	Forme en cercle
Ellipse	Forme en ellipse
Solide	Forme de spline fermée
Trace (Lancer)	Forme de spline fermée

Tab. 3.4 : Correspondance entre les objets AutoCAD et les objets 3ds max

Objet ou propriété AutoCAD	Objet 3ds max importé
Polyligne 2D	Forme de spline
Polyligne 3D	Forme de spline
Polyline Donut (Anneau polyligne)	Forme en anneau
Spline	Forme de spline
MLine	Forme de spline
Texte (fondé sur les polices TTF ou PFB)	Forme de texte
Face 3D	Objet maillé
Maillage polyligne (Meshe)	Objet maillé
Maillage polyface (Meshe)	Objet maillé
Objet ACIS	Objet maillé
Région	Forme de spline
Blocs	Objets ou groupe
Définition UCS	Assistant de grille
DView (perspective)	Caméra cible
Lumière point (Light)	Lumière omnidirectionnelle
Projecteur (Spotlight)	Projecteur cible
Lumière distante	Lumière directionnelle
Propriété épaisseur (Tickness property)	Modificateur Extruder
Largeur de polyligne	Contour de spline
Couleur	Couleur d'objet

REMARQUE

Lumières AutoCAD

AutoCAD utilise un modèle d'éclairage différent de 3ds max. Ainsi, une valeur d'intensité de lumière dans un dessin AutoCAD n'est pas reflétée dans la scène de 3ds max.

Format .dxf

Les fichiers *.dxf* permettent d'importer et d'exporter des objets vers et depuis AutoCAD. Mais ils permettent aussi d'importer les fichiers d'autres programmes prenant en charge ce format de fichier, comme Illustrator. Ce point est important à souligner car il permet de contourner un problème d'importation de fichier Illustrator : Illustrator sait en effet exporter ses fichiers au format *.dxf*.

L'importation de fichiers AutoCAD complexes est très délicate.

Format .dwg

Lorsque vous importez un fichier de dessin AutoCAD, 3ds max convertit un sous-ensemble d'objets AutoCAD en objets 3ds max équivalents.

Une fois que le fichier *.dwg* à importer est sélectionné, une boîte de dialogue s'ouvre. Elle vous invite à fusionner des objets qu'elle propose avec des objets de la scène 3ds max ou de substituer à cette dernière des objets du dessin AutoCAD.

Chapitre > 4

Présentation de l'interface

4.1 Les menus 85

4.2 Les barres d'outils 102

4.3 Personnalisation de l'interface 115

3ds max est un logiciel très compliqué, en raison du nombre important de fonctions qu'il recèle. Il convient donc de se familiariser avec son interface, afin de comprendre son fonctionnement global et être à même de trouver plus rapidement une fonction spécifique.

4.1 Les menus

La barre de menus habituelle de tout logiciel fonctionnant sous les systèmes d'exploitation Windows est présente. Elle permet d'accéder à la plupart des fonctionnalités de 3ds max, mais elle est moins intuitive à manier que le système d'interface par icônes.

Le menu "File"

Le menu **File** permet la gestion des fichiers.

Tab. 4.1 : Menu File

Commande	Fonction
New...	Crée une nouvelle scène.
Reset	Met la scène à zéro.
Open...	Ouvre un fichier *.max*.
Open Recent	Ouvre les derniers fichiers ouverts.
Save	Effectue une sauvegarde rapide.
Save as...	Sauvegarde la scène sous un nom spécifique.
Save Copy as	Sauvegarde une copie du fichier en cours sous un autre nom.
Save selected	Sauvegarde les objets sélectionnés.
XRef Objects...	Insère un objet référence dans la scène actuelle.
Xref Scene...	Insère une scène référence dans la scène actuelle.
Merge...	Fusionne un fichier 3D dans la scène.
Merge Animation...	Fusionne les clés d'animation d'une autre scène.
Replace...	Remplace les objets de la scène par ceux ayant le même nom dans le fichier *.max* choisi.
Import...	Importe des fichiers édités par d'autres logiciels.

Tab. 4.1 : Menu File	
Commande	Fonction
Export...	Exporte la scène actuelle vers un format connu, différent de celui de 3ds max 6.
Export selected...	Exporte les objets sélectionnés vers un autre format.
Archive...	Enregistre et compresse la scène au format ZIP pour gagner de la place sur le disque dur.
Summary Infos...	Fournit un résumé des informations sur la scène en cours d'utilisation.
File Properties...	Fournit les propriétés du fichier en cours d'utilisation.
View Image File...	Permet de visualiser les fichiers images ainsi que les vidéo en appelant le diffuseur défini par Windows ou via la fenêtre de rendu de 3ds max.
Exit	Permet de sortir de 3ds max 6.

Le menu "Edit"

Il permet d'accéder aux commandes d'édition et de sélection.

Tab. 4.2 : Menu Edit	
Commande	Fonction
Undo	Annuler la dernière commande.
Redo	Réitérer la dernière commande.
Hold	Stocker en mémoire tampon la scène en cours, et ses paramètres, de façon à pouvoir y revenir en cas d'erreur.
Fetch	Restaurer la scène et ses paramètres, qui ont été mis en mémoire tampon via la commande **Hold**.
Delete	Supprimer l'objet sélectionné.
Clone	Créer un double identique de l'objet sélectionné.
Select all	Tout sélectionner.
Select none	Ne rien sélectionner.
Select invert	Inverser la sélection.

Tab. 4.2 : Menu Edit	
Commande	Fonction
Select by	Sélectionner des objets par nom, couleur ou par région (Rectangulaire, circulaire, dessin vectoriel c'est-à-dire point par point ou dessin lasso).
Region	Choisir le mode de sélection par région. Le mode **Window** permet de sélectionner les objets situés uniquement entièrement à l'intérieur de la zone de sélection. Tandis que le mode **Crossing** (mode par défaut) permet de sélectionner les objets situés à l'intérieur de la zone de sélection mais aussi ceux qui y sont à cheval.
Edit Named Selection Sets	Ouvrir la fenêtre de dialogue d'édition des sélections nommées.
Objects properties	Ouvrir la fenêtre de dialogue de propriétés de l'objet sélectionné.

Le menu "Tools"

Il permet d'accéder aux outils de transformation des objets.

Tab. 4.3 : Menu Tools	
Commande	Fonction
Transform Type-In...	Permet de saisir des valeurs précises de transformation, de déplacement, de rotation et de taille, pour l'objet sélectionné.
Selection Floater...	Ouvre la fenêtre de dialogue de sélection des objets.
Display Floater...	Ouvre la fenêtre de dialogue d'affichage/masquage des objets.
Layer Manager...	Ouvre la fenêtre de dialogue de gestion des couches.
Light Lister...	Ouvre la fenêtre de dialogue de liste des lumières avec possibilité de modifier certains de leurs paramètres.
Mirror...	Ouvre la fenêtre de dialogue d'options de symétrie de l'objet sélectionné.
Array...	Ouvre la fenêtre de dialogue d'options de répétition avec règle de l'objet sélectionné.
Align...	Ouvre la fenêtre de dialogue d'options d'alignement des objets sélectionnés par rapport à un autre objet qu'il faudra définir.

Tab. 4.3 : Menu Tools

Commande	Fonction
Snapshot...	Ouvre la fenêtre de dialogue permettant de cloner un objet animé tout donnant la possibilité de décaler la position du groupe de clés d'animation de cet objet dans le temps.
Spacing Tool...	Ouvre la fenêtre de dialogue d'options permettant de distribuer les copies d'un objet selon un chemin ou des points définis.
Normal Align...	Ouvre la fenêtre de dialogue d'options d'alignement des normales (vecteurs de direction vers laquelle pointe la face) des faces d'un objet par rapport à un autre objet à définir
Align Camera	Aligne la camera vers la normale d'une face.
Align to View...	Ouvre la fenêtre de dialogue d'options d'alignement des axes locaux de la vue avec ceux de l'objet sélectionné.
Place Highlight	Permet d'aligner de façon précise une caméra et une lumière sur une même face d'un objet.
Isolate Selection	Passe en mode d'isolation de l'objet sélectionné en masquant les autres objets de la scène (Une boîte de dialogue vous prévient que ce mode est actif. Elle vous permet aussi de repasser en mode normal en un seul clic.)
Rename Objects...	Ouvre la fenêtre de dialogue des paramètres des labels (noms) des objets sélectionnés et objets à définir.
Assign Vertex Colors...	Ouvre l'utilitaire d'assignation de couleur de vertex permettant d'affecter aux vertex d'un objet une couleur basée sur le matériau Vertex Color lui étant affecté.
Color Clipboard...	Ouvre l'utilitaire de raccourci de couleurs permettant de définir des raccourcis vers des couleurs définies par l'utilisateur afin de les réutiliser facilement dans l'éditeur de matériaux par simple glisser/déposer. Il sera possible d'ailleurs d'ouvrir une boîte de dialogue contenant ces raccourcis de couleurs.
Camera Match...	Ouvre l'utilitaire Caméra Mach permettant de caler la position d'une caméra en fonction du cadrage d'une image d'arrière-plan à l'aide de quelques points que vous positionnerez stratégiquement afin d'aider 3ds max lors de son tracking.
Grab Viewport...	Permet de faire une capture d'écran de la fenêtre de vue active. Cette capture s'affichera dans une fenêtre de rendu.

Tab. 4.3 : Menu Tools	
Commande	Fonction
Measure Distance...	Permet de mesurer des distances entre deux points dans la scène. Cette distance s'affichera en bas à gauche de l'interface au-dessus du bouton **Démarrer** de Windows.
Channel Info...	Ouvre la boîte de dialogue listant les informations de canal de texture de l'objet sélectionné.

Le menu "Group"

Il permet de gérer des groupes d'objets pour en faciliter la sélection et la manipulation. Il n'y a pas d'équivalent de ces fonctions dans les barres d'outils en icônes.

Pour rendre solidaire un ensemble d'objets, il y a deux solutions :

- En les associant, par la fonction **Group** ; cela permet de les manipuler, de les sélectionner et de les nommer comme s'ils ne formaient qu'un seul objet.
- En les attachant, avec la commande **Attach**, pour qu'ils ne constituent alors qu'un seul et unique objet.

Tab. 4.4 : Menu Group	
Commande	Fonction
Group	Groupe les objets sélectionnés.
Ungroup	Dissocie le groupe d'objets sélectionné.
Open	Ouvre un groupe de façon à pouvoir y sélectionner et à éditer un objet individuel.
Close	Ferme le groupe pour ne plus éditer les objets qui le constituent.
Attach	Attache des objets à l'objet sélectionné.
Detach	Détache l'objet sélectionné.
Explode	Désolidarise les groupes sélectionnés, ainsi que les sous-groupes.
Assembly	Permet la gestion de combinaisons d'objet géométriques et de lumières.

ATTENTION

Fonctions Degroup et Explode

Les fonctions **Degroup** et **Explode** font perdre aux objets individuels les caractéristiques d'animation qui ont été appliquées au groupe.

Le menu "Views"

Il permet de gérer les paramètres d'affichage et de vue des objets à l'intérieur des fenêtres de vues (viewport).

Tab. 4.5 : Menu Views

Commande	Fonction
Undo View change	Annule le dernier changement d'axe de vue effectué dans les fenêtres de vues.
Redo View Change	Rétablit la dernière annulation.
Save Active *** View	Stocke la vue active (dont le nom apparaît dans le menu) dans la mémoire tampon du logiciel.
Restore Active View	Récupère la vue active (dont le nom apparaît dans le menu), stockée avec la commande **Save Active *** View**.
Grids	Ce menu gère les grilles qui permettent de se repérer dans l'espace ; on peut les afficher ou les masquer, les activer ou les désactiver, les aligner aux vues ; les objets grilles sont des assistants (helpers).
Viewport Background...	Ouvre une boîte de dialogue qui permet de définir l'arrière-plan (image de fond) de la fenêtre de vue sélectionnée, et également d'en régler les paramètres d'affichage ; cela peut être une image fixe ou une animation.
Update Background Image	Met à jour l'arrière-plan.
Reset Background Transform	Modifie l'affichage de l'arrière-plan pour qu'il s'insère parfaitement dans la vue sélectionnée.
Show Transform Gizmo	Permet d'afficher et de masquer les guides d'axes de transformation de l'objet sélectionné ; cette fonction est pratique en cas de sélection d'un grand nombre d'objets très proches car, dans ce cas, les *Transform Gizmo* alourdissent l'affichage.

Tab. 4.5 : Menu Views

Commande	Fonction
Show Ghosting	Permet d'afficher les dernières positions de l'objet si celui-ci est animé ; c'est pratique pour analyser et corriger une animation.
Show Key Times	Montre le numéro de *frame* (trame, image) des clés d'animations si l'option *Trajectory* (affichage trajectoire) est cochée, dans la boîte de dialogue des propriétés des objets affichés.
Shade Selected	Active la mise en valeur des objets qui dépendent de l'objet sélectionné (lors de l'utilisation du panneau *Modify*).
Show Dependencies	Active la mise en valeur des objets qui dépendent de l'objet sélectionné (lors de l'utilisation du panneau *Modify*).
Create Camera From View	Déplace la caméra sélectionnée de sorte qu'elle représente la même vue que la fenêtre de vue en mode perspective sélectionnée. Le cas échéant, une caméra sera créée si vous n'avez pas de caméra sélectionnée. Cette fonction n'est active que si vous avez sélectionné une vue en mode "perspective". Les autres vues "Top", "Left", "Front", User", etc. ne permettent pas d'utiliser cette fonction.
Add Defaut Lights to Scene	Ouvre une boîte de dialogue permettant de convertir les réglages par défaut de lumières de la scène aux réglages actuels.
Redraw All Views	Rafraîchit l'affichage de toutes les fenêtres de vues ; en effet, il arrive fréquemment que l'affichage de la scène ne se fasse pas correctement ; dans ce cas, la solution est d'utiliser cette commande ; son raccourci clavier est la touche [1].
Activate All Maps	Active l'affichage de toutes les textures (materials) dans la scène. Attention ! Cette commande ne peut pas s'annuler ; il faut donc prendre la précaution de réaliser un **Hold** (dans le menu **Edit**) avant de l'exécuter si pour vous l'affichage des maps de certains objets pose problème.
Deactivate All Maps	Désactive l'affichage de toutes les textures (materials) dans la scène. Attention ! Tout comme pour l'option **Activate All Maps**, cette commande ne peut pas s'annuler ; il faut donc prendre la précaution de réaliser un **Hold** (dans le menu **Edit**) avant de l'exécuter si pour vous l'affichage des maps de certains objets pose problème.
Update During Spinner Drag	Désactive l'interactivité temps réel de l'affichage de l'objet, lors de la modification de ses paramètres (déplacement, rotation, échelle).

Tab. 4.5 : Menu Views

Commande	Fonction
Adaptive Degration Toggle	Active la dégradation active des ombres qui permet d'accélérer l'affichage dans la fenêtre de vue en diminuant de façon dynamique le niveau de rendu de ces ombres. Cette fonction ne permet pas l'affichage des objets pendant le changement d'axe de vue.
Expert Mode	Le mode expert fait passer l'interface en mode sans barre d'outils, pour exploiter au mieux la surface d'affichage de l'écran pour les fenêtres de vues ; il faut pour cela connaître tous les raccourcis clavier des commandes.

REMARQUE

Menu contextuel des fenêtres de vues

D'autres options sont accessibles en cliquant du bouton droit sur le label des fenêtres de vues (**Front**, **Left**, **Perspective**, etc.). Vous accéderez au menu contextuel correspondant.

Le menu "Create"

Il permet de créer tous les différents types d'objets primaires de 3ds max. Ces fonctions sont plus intuitives à utiliser via le panneau de commande, situé sur la droite de l'interface.

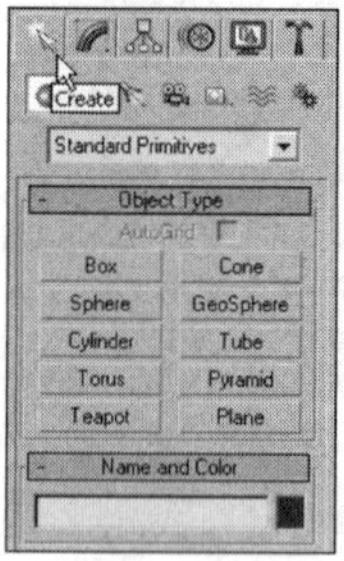

En cliquant sur l'icône *Create* précédente, vous pouvez accéder aux options de création de tous ces objets.

Tab. 4.6 : Menu Create	
Commande	Fonction
Standard primitives	Permet la création d'objets primaires élémentaires.
Extended primitives	Permet la création d'objets primaires plus compliqués.
AEC Objects	Permet de créer des objets courants d'architecture (portes, fenêtres, escaliers, etc.).
Compound	Permet de créer des objets composés.
Particles	Permet de créer des systèmes de particules.
Patch Grids	Permet de créer des grilles surfaciques.
NURBS	Permet de créer des NURBS.
Dynamics	Permet de créer des systèmes dynamiques.
Shapes	Permet de créer des courbes 2D.
Lights	Permet de créer des lumières pour éclairer la scène.
Cameras	Permet de créer des caméras pour choisir un angle de vue précis de la scène.
Helpers	Permet de créer des assistants invisibles au rendu.
SpaceWarps	Permet de créer des zones d'influence.
Systems	Permet de créer des systèmes.

Le menu "Modifiers"

Les modificateurs (modifiers) sont des commandes permettant de remodeler des objets, en leur ajoutant des paramètres ou en réajustant ceux-ci. Il y a un grand nombre de modificateurs, que l'on peut classer en 12 catégories. A ces 12 catégories, on peut ajouter une 13ième qui correspond aux modificateurs supplémentaires provenant des plug-ins.

Ce menu donne donc accès à la liste par défaut de 3ds max des modificateurs standard disponibles.

Tab. 4.7 : Menu Modifiers

Commande	Fonction
Selection Modifiers	Ces modificateurs permettent de circonscrire des parties de l'objet sélectionné, sur lesquelles les modificateurs suivants seront appliqués. Cette sélection peut se faire selon plusieurs modes : par les vertex, les edges (côtés), les faces, les polygones ou les éléments qui forment l'objet.
Patch/Spline Editing	Ces modificateurs permettent de transformer les patches et les splines (courbes) en manipulant leur structure selon le mode désiré.
Mesh Editing	Ces modificateurs permettent de changer le mesh (maille) en manipulant sa structure selon le mode désiré.
Conversion	Ces modificateurs permettent de convertir certains types d'objets vers un autre type. Par exemple, une grille surfacique pourra être convertie en maillage éditable auquel on pourra appliquer certains modificateurs qui ne pouvaient pas être appliqués à une grille surfacique.
Animation Modifiers	Ces modificateurs s'appliquent pour l'animation des objets.
UV Coordinates	Ces modificateurs permettent de paramétrer la façon dont la texture va s'appliquer sur l'objet sélectionné.
Cache Tools	Permet de stocker des informations d'animation dans un fichier, pour alléger la scène.
Subdivision Surfaces	Ces modificateurs permettent d'adoucir les angles des objets, tout en augmentant le nombre de leurs faces.
Free Form Deformers	Les FFD sont des modificateurs qui permettent de déformer l'objet indirectement, en agissant sur les points d'une enveloppe virtuelle.
Parametric Deformers	Ces modificateurs déforment les objets sélectionnés selon des paramètres précis.
Surface	Ces modificateurs permettent d'animer les textures en fonction de divers paramètres.
NURBS Editing	Ce sont les modificateurs qui s'appliquent aux "NURBS" : Non-Uniform Ratoinal B-Splines (voir chapitre sur la modélisation).
Radiosity Modifiers	Ce sont les modificateurs qui s'appliquent à la radiosité (voir chapitre sur les lumières). C'est une des nouveautés de 3ds max 6.
Cameras	Ce modificateur s'applique pour les caméras.

Le menu "Character"

C'est un "nouveau" menu apparu sur 3ds max 5. Il regroupe les commandes spécifiques de "skinning" d'un personnage.

Tab. 4.8 : Menu Character

Commande	Fonction
Create Character...	Permet de définir un groupe d'objet comme un "personnage assemblé".
Destroy Character...	Permet de désactiver le mode "Character Assembly" d'un ensemble d'objets qui ont été définis comme personnage avec la fonction Create Character.
Lock	Permet d'empêcher qu'un personnage soit animé par inadvertance.
Unlock	Permet de désactiver la fonction "Lock".
Insert Character...	Cela permet d'insérer un personnage précédemment sauvegardé avec la fonction **Save Character**.
Save Character...	Cela permet de sauvegarder un "personnage assemblé" dans sa position actuelle avec tous ses paramètres en cours.
Bone Tools	Ouvre les barres d'outils de modification des Bones.
Set Skin Pose	Permet des stocker les modifications des objets sélectionnés comme une "Skin Pose" (position de base du personnage).
Assume Skin Pose	Permet d'appliquer la "Skin Pose" aux objets sélectionnés.
Skin Pose Mode	Permet d'appliquer la "Skin Pose" au personnage et aussi de la redéfinir.

Le menu "Reactor"

C'est un tout nouveau menu de 3ds max 6. En effet, le fameux plug-in Reactor de la société Havok est dorénavant intégré à 3ds max 6. Ce plug-in permet de gérer les collisions et de simuler par exemple le flottement d'un objet sur de l'eau.

Tab. 4.9 : Menu Reactor	
Commande	Fonction
Create Object	Crée un objet Reactor.
Apply Modifier	Applique le modificateur Reactor voulu. Il y a 3 modificateurs Reactor : un pour la simulation de mouvement de vêtements, un pour la simulation de corps souple, et un pour la simulation de cordes.
Open Property Editor	Ouvre la boîte de dialogue **Rigid Properties Editor** permettant de définir les propriétés de physique, de simulation et d'affichage.
Utilities	Permet d'ajouter à un objet un nouveau mode d'animation de mouvement ou positionnement cumulable avec d'autres modes d'animation.
Preview Animation	Permet pré-visualiser l'animation Reactor.
Create Animation	Permet de créer l'animation générée par le plug-in Reactor.
About Reactor...	Ouvre la boîte de dialogue d'informations sur la version de Reactor.

Le menu "Animation"

Il regroupe les commandes d'animations.

Tab. 4.10 : Menu Animation	
Commande	Fonction
IK Solvers	Ils permettent d'appliquer la cinématique inverse à une chaîne.
Constraints	Les contraintes d'animations permettent d'aider à l'automatisation des mouvements en fixant des limites aux capacités de mouvements d'éléments de la hiérarchie.
Transform controlers	Permet d'ajouter à un objet un nouveau mode d'animation de transformation cumulable avec d'autres modes d'animation.
Position controlers	Permet d'ajouter à un objet un nouveau mode d'animation de mouvement ou positionnement cumulable avec d'autres modes d'animation.
Rotation controlers	Permet d'ajouter à un objet un nouveau mode d'animation de rotation cumulable avec d'autres modes d'animation.

Tab. 4.10 : Menu Animation

Commande	Fonction
Scale controlers	Permet d'ajouter à un objet un nouveau mode d'animation de redimensionnement cumulable avec d'autres modes d'animation.
Add Custom Attribute	Ouvre une boîte de dialogue permettant d'ajouter des paramètres à l'objet sélectionné.
Wire Parameters	Permet de lier n'importe quels paramètres que l'on peut animer d'un objet à un autre.
Make Preview...	Ouvre une boîte de dialogue de paramètre de rendu de prévisualisation de l'animation en cours de création. Cette prévisualisation sera calculée rapidement car elle fera une sorte de rendu basse qualité ne nécessitant que peu de puissance processeur. Lorsque vous faites un preview, vous écrasez par la même occasion la dernière preview. La prévisualisation est stockée par 3ds max 6 dans le dossier *previews*.
View Preview....	Permet de visualiser la dernière prévisualisation (preview) qui a été calculée.
Rename Preview...	Permet de renommer le fichier de prévisualisation de l'animation de façon à le conserver et à ce qu'il ne soit pas écrasé par la prochaine prévisualisation.

Le menu Graph Editors

Il donne accès aux fenêtres de gestion de hiérarchie entre les objets, et de gestion des clés d'animation des objets.

Tab. 4.11 : Menu Graph Editors

Commande	Fonction
Track View – Curve Editor...	Ouvre une fenêtre représentant les pistes d'animation, les clés et les paramètres de ces clés en mode d'édition de courbes, pour différents objets de la scène. Par cette fenêtre, on peut gérer toutes les clés de la scène de façon claire, organisée et hiérarchisée.

Tab. 4.11 : Menu Graph Editors

Commande	Fonction
Track View – Dope Sheet...	Ouvre une fenêtre représentant les pistes d'animation, les clés et les paramètres de ces clés en mode d'édition "Dope Sheet", pour différents objets de la scène. La Dope Sheet représente les images d'une animation (frames) sous forme de cases en graphique horizontal (plutôt que vertical) tout comme le célèbre logiciel d'animation vectorielle Flash de Macromedia.
New Track View...	Crée une nouvelle vue piste (track vue) en mode d'édition de courbe (curve editor).
Delete Track View...	Affiche une boîte de dialogue permettant d'effacer une fenêtre de vue piste (Track View) au choix dans la liste proposée. Cette fonction est active uniquement quand aucune vue piste n'est ouverte.
Saved Track View...	Permet d'accéder aux différentes vues pistes qui ont été créées.
New Schematic View...	Crée une nouvelle fenêtre de vue schématique.
Delete Schematic View...	Affiche une boîte de dialogue permettant d'effacer une fenêtre de vue schématique (Schematic View) au choix dans la liste proposée.
Saved Schematic View...	Permet d'accéder aux différentes vues schématiques qui ont été créées.
Particle Vieuw...	Ouvre la boîte de dialogue de gestion schématique des particules. C'est une des nouveautés marquantes de 3ds max 6. Vous allez pouvoir gérer les particules d'une manière très efficace grâce à cette boîte de dialogue.

Le menu Rendering

Il permet d'accéder aux fonctions de rendu des scènes, ainsi qu'aux paramètres d'environnement et aux effets spéciaux.

Il donne par ailleurs accès au Video Post qui permet certains effets de *compositing* en fonction des ID (identificateurs) des objets.

Tab. 4.12 : Menu Rendering

Commande	Fonction
Render	Ouvre la boîte de dialogue de paramètres de rendu.
Environment...	Ouvre une boîte de dialogue permettant d'appliquer des effets atmosphériques et d'arrière-plan, comme le brouillard, le feu ou les lumières volumétriques.
Effects...	Ouvre la boîte de dialogue de rendu d'effets. Permet d'ajouter quelques effets visuels au rendu de la scène comme les *lens flare*.
Advanced Lighting...	Ouvre une boîte de dialogue permettant d'appliquer les nouveaux plug-ins d'éclairage hyperréaliste de 3ds max 6 à savoir le "Light Tracer" (Illumination Globale) ainsi que la radiosité.
Render to Texture...	Ouvre la boîte de dialogue de rendu vers une texture. Le rendu vers une texture permet de créer une map en fonction de l'apparence d'un objet dans le plan (cadrage) d'une scène. C'est un peu l'inverse du UVW Unwrap.
Raytracer Settings...	Ouvre la boîte de dialogue de paramétrages du rendu de l'éclairage en raytracing de la scène (s'il y en a).
Raytrace Global Incluse/Exclude...	Ouvre la boîte de dialogue permettant de déterminer les objets à inclure ou exclure lors du rendu des lumières en raytracing.
ActiveShade Floater...	Ouvre la fenêtre de rendu **ActiveShade**, qui permet de visualiser en temps réel les modifications des paramètres de lumières et de textures en rendu haute qualité.
ActiveShade Viewport	Effectue un rendu *ActiveShade* dans la fenêtre de vue sélectionnée.
Material Editor...	Ouvre une des boîtes de dialogue les plus sollicitées : celle du paramétrage des textures.
Material/Map Browser...	Ouvre une fenêtre de dialogue permettant de visualiser les différents types de textures disponibles.
Video Post...	Ouvre la boîte de dialogue de paramètres des effets de compositing applicables sur le rendu de la scène.
Show Last Rendering	Affiche le dernier rendu effectué dans la session 3ds max.
Panorama Exporter	Ouvre l'utilitaire d'export de panorama (nouveauté de 3ds max 6)
Print Size Wizard	Ouvre la boîte de dialogue de gestion d'impression du rendu de la fenêtre de vue active (nouveauté de 3ds max 6)

Tab. 4.12 : Menu Rendering	
Commande	Fonction
RAM Player	Permet de charger et de lire deux fichiers d'animation à la vitesse voulue (nombre d'images par secondes) et de les comparer. Cette fonction est pratique pour comparer des paramètres de rendus différents pour la même animation.

Le menu Customize

Ce menu permet d'accéder aux fonctions de personnalisation des paramètres de 3ds max 6, ainsi qu'à celles de son interface.

Tab. 4.13 : Menu Customize	
Commande	Fonction
Customize User Interface	Ouvre la boîte de dialogue de personnalisation de l'interface.
Load Custom UI Scheme	Charge un schéma d'interface personnalisé. Vous pouvez vous amuser à essayer ceux qui sont proposés, pour changer totalement le look de votre interface 3ds max, tout comme vous pouvez le faire avec Windows.
Save Custom UI Scheme	Sauvegarde un schéma d'interface personnalisé à partir de l'interface actuelle.
Revert to Startup Layout	Retourne directement à l'interface par défaut de 3ds max.
Custom UI and Defaults Switcher	Permet de passer rapidement d'une interface personnalisée à une autre ou à l'interface par défaut.
Show UI	Permet de choisir quelles barres d'outils vous voulez afficher ou masquer, pour alléger l'interface.
Lock UI Layout	Permet d'empêcher toutes modifications de l'interface par un clic d'inadvertance.
Configure Paths...	Permet de configurer les chemins où sont stockés les fichiers des principaux dossiers de 3ds max.
Units Setup...	Permet de paramétrer le format d'unité de mesure de 3ds max.
Grid and Snap Settings...	Ouvre la boîte de dialogue de réglage des paramètres de grille et de magnétisme des grilles.

Tab. 4.13 : Menu Customize	
Commande	Fonction
Viewport Configuration…	Ouvre la boîte de dialogue de configuration des fenêtres de vues.
Plug-in Manager...	Ouvre le gestionnaire de plug-ins. Cela permet de désactiver les plug-ins de son choix, qu'ils soient fournis en standard avec 3ds max ou non.
Preferences…	Ouvre la boîte de dialogue des préférences des principaux paramètres de 3ds max.

Le menu MAXScript

Il permet d'accéder aux fonctions pointues de scripts et de macros de 3ds max… Ces fonctions sont destinées aux utilisateurs avertis, et aux personnes ayant des notions en programmation. Nous ne nous y attarderons pas dans cet ouvrage.

Tab. 4.14 : Menu MAXScript	
Commande	Fonction
New Script…	Ouvre la fenêtre d'édition de script.
Open Script…	Ouvre un script pour édition.
Run Script…	Exécute un script.
MAXScript Listener…	Ouvre la fenêtre de l'interpréteur interactif des scripts.
Macro Recorder…	Enregistreur de commandes fonctions, sur le même principe que les macros de Word et d'Excel.
Visual MAXScript Editor…	Ouvre une fenêtre de création d'interfaces et de fenêtres pour les scripts de 3ds max 6.

Le menu Help

Il permet d'accéder aux aides sur 3ds max 6 ainsi qu'à des informations complémentaires.

Tab. 4.15 : Menu Help	
Commande	Fonction
New Features Guide...	Permet d'accéder à la liste des nouveautés de 3ds max 6. Cette liste s'ouvre à l'aide de Acrobat Reader.
User Reference...	Permet d'accéder à l'aide complète de 3ds max 6. Très pratique si vous cherchez à connaître le fonctionnement d'une commande que vous n'avez encore jamais utilisée. Ou même pour trouver une explication sur une commande inconnue.
MAXScript Reference...	Donne accès à l'aide sur MAXScript.
Tutorials...	Donne accès à quelques tutoriaux sur 3ds max 6.
Hotkey Map...	Affiche la fenêtre de visualisation virtuelle et interactive du clavier du PC avec les raccourcis clavier de 3ds max 6. C'est la même que celle qui apparaît au démarrage de 3ds max 6.
Additional Help...	Ouvre une boîte de dialogue donnant accès aux autres fichiers d'aide disponibles. Si vous avez installé Character Studio 3, vous y trouverez un accès à son fichier d'aide.
3ds max on the Web	Donne accès à des sites Internet officiels relatifs à 3ds max 6.
Authorize 3ds max...	Cette fonction est destinée aux utilisateurs n'ayant pas encore de licence de 3ds max 6, ou désirant changer de numéro d'autorisation.
About 3ds max...	Boîte de dialogue **À propos de**, de 3ds max 6. Elle affiche les numéros de série de 3ds max 6, de même que le mode d'affichage des drivers de votre carte vidéo. Cela vous permet de savoir si vous êtes en mode *OpenGL*, *DirectX*, ou autre.

4.2 Les barres d'outils

Les barres d'outils permettent d'appliquer les commandes de 3ds max de façon plus intuitive et visuelle. Cela améliore grandement son ergonomie. Ce système d'icônes facilite son utilisation et permet d'avoir une interface plus claire.

La barre d'outils principale

La barre d'outils permet un accès rapide aux principales fonctionnalités de modélisation de 3ds max, mais également aux fonctions d'animation, de textures et de rendus.

Tab. 4.16 : Les icônes de la barre d'outils principale

Icône	Commande
	Annuler les dernières commandes.
	Réitérer la dernière commande.
	Créer des liens entres les objets.
	Casser des liens entre les objets.
	Créer des liens entres les objets et *Space warp*.
	Mode de sélection des objets.
	Ouverture d'une fenêtre de sélection par noms des objets.
	Choix de la forme de la zone de sélection.
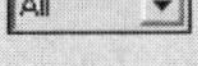	Limiter la sélection au type d'objet choisi.
	Précise le mode de sélection des objets (soit Window, soit Crossing).
	Mode de manipulation des objets sélectionnés avec des *helpers*.
	Mode de déplacement des objets sélectionnés.
	Mode de rotation des objets sélectionnés.
	Mode de taille des objets sélectionnés en fonction de contraintes.

Tab. 4.16 : Les icônes de la barre d'outils principale

Icône	Commande
	Mode d'application de manipulation des objets selon différentes références d'axes de coordonnées.
	Choix du mode de point pivot.
	Activation/ désactivation de l'accrochage (snap) de la grille ou autre.
	Activation/désactivation de l'accrochage angulaire.
	Activation/désactivation de l'accrochage en pourcentage d'échelle.
	Activation/désactivation de l'accrochage d'incrémentation en un seul clic.
	Ouvre la fenêtre de noms de groupes de sélection.
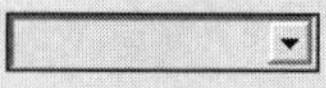	Set de sélection de groupes d'objets nommés.
	Ouvre la fenêtre de symétrie de l'objet sélectionné selon un axe à définir.
	Ouvre la boîte de dialogue de gestion d'alignement de l'objet sélectionné en fonction d'un second objet à déterminer.
	Ouvre la boîte de dialogue de gestion des couches (Layers).
	Ouverture de la fenêtre **Track View** (vue piste) en mode courbe pour l'animation.
	Ouvre la fenêtre du mode de vue schématique.
	Ouvre la fenêtre du *Material editor* (éditeur de matériaux : c'est-à-dire éditeur de textures).
	Ouvre la fenêtre de paramètres de rendu de la scène Rendu rapide.
	Définit le type de rendu à effectuer pour le rendu rapide.

Tab. 4.16 : Les icônes de la barre d'outils principale	
Icône	Commande
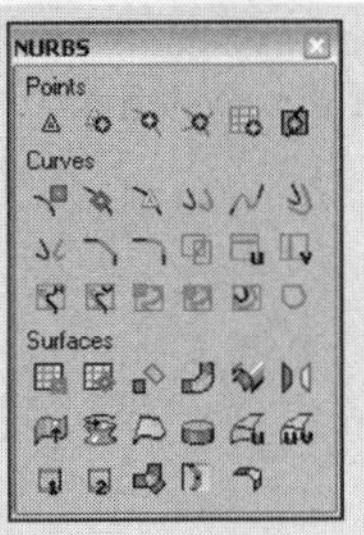	Refaire un rendu du même type que le précédent.

Le panneau de commande

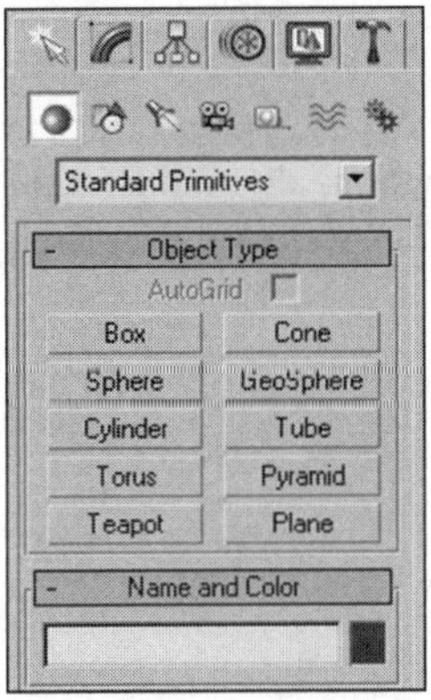

◄ Fig. 4.1 :
Panneau de commande

Il occupe la partie droite de l'interface de 3ds max 6. Le panneau de commande permet d'afficher toutes les options possibles de paramétrage des objets. À partir de ce panneau de commande, nous avons accès à 6 onglets principaux.

◄ Fig. 4.2 :
Les 6 onglets principaux du panneau de commande

1. L'onglet **Create** permet d'avoir accès aux fonctions de création d'objets 3D de 3ds max. Il permet donc d'accéder aux fonctions de création des objets primitifs géométriques 3D (geometry), des formes 2D (shapes), des lumières (lights), des caméras, des assistants (helpers), des espaces de déformation (space wraps), et des systèmes.

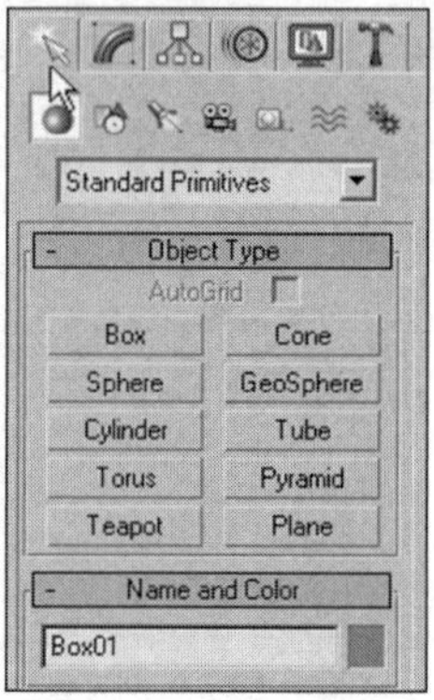

◄ Fig. 4.3 : *Onglet Create*

2. L'onglet **Modify** permet d'avoir accès aux fonctions de modification des objets, via la pile des modificateurs (*Modifiers stack*), de même qu'aux paramètres de ces derniers.

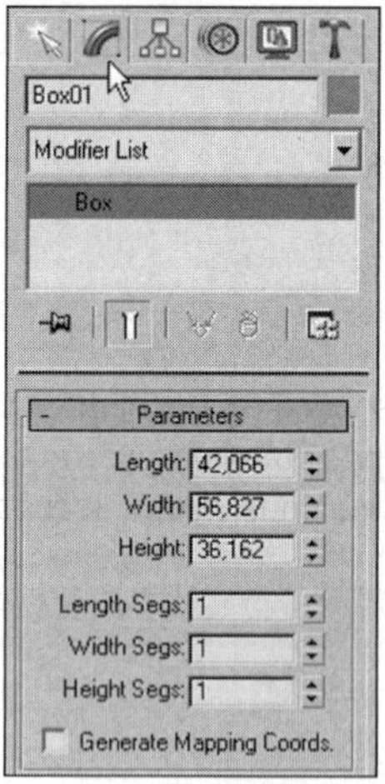

◄ Fig. 4.4 : *Onglet Modify*

3. L'onglet **Hierarchy** permet d'avoir accès aux fonctions de gestion hiérarchique des objets (liens, cinématique inverse, point de pivot).

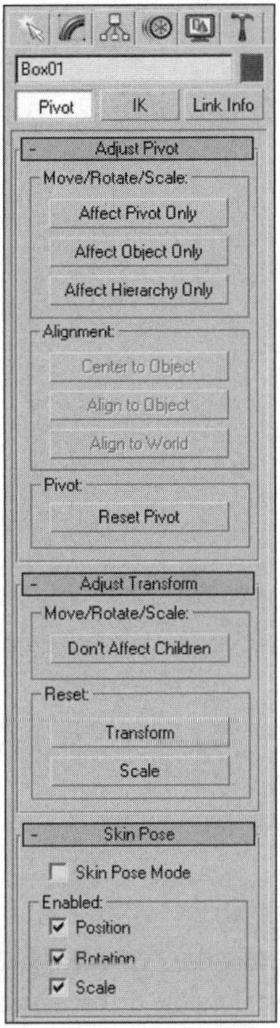

Fig. 4.5 :
Onglet Hierarchy

4. L'onglet **Motion** permet d'avoir accès aux fonctions de paramètres des clés (key) d'animation de l'objet sélectionné.

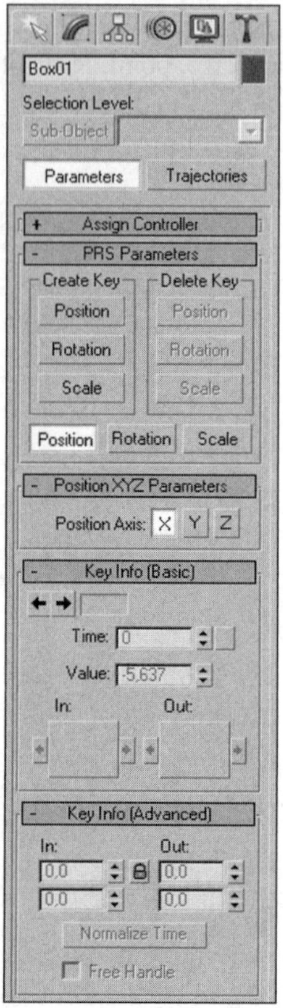

◄ Fig. 4.6 : *Onglet Motion*

5. L'onglet **Display** permet d'avoir accès aux fonctions d'affichage des objets à l'intérieur des fenêtres de vues. Il est possible de cacher et de figer des objets.

   C'est très pratique lorsque l'on a des scènes compliquées, comportant beaucoup d'objets.

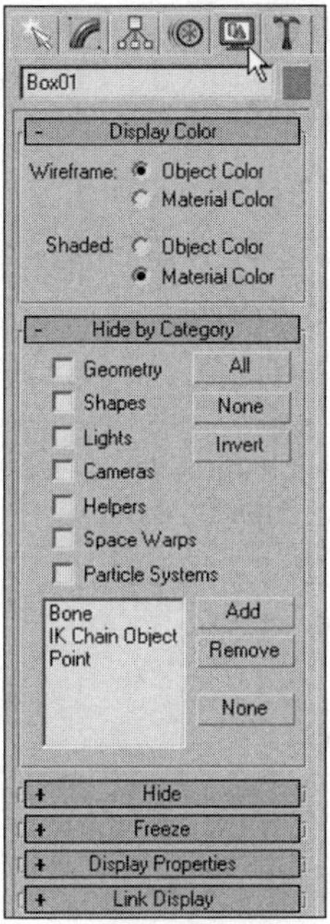

Fig. 4.7 : *Onglet Display*

6. L'onglet **Utilities** permet d'avoir accès à des outils d'aide à l'animation de 3ds max, ainsi qu'à certains plug-ins

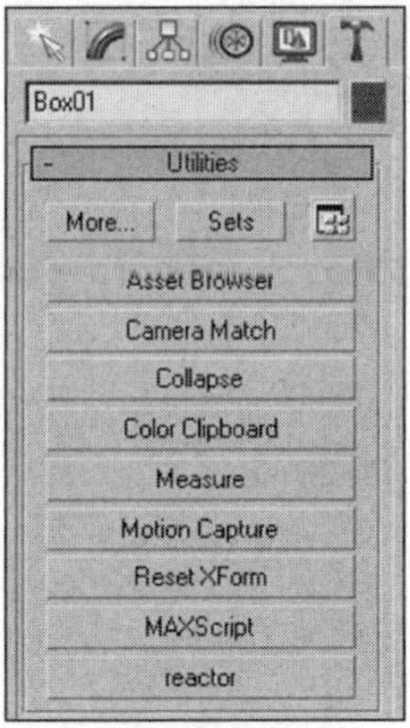

Fig. 4.8 : *Onglet Utilities*

Les icônes de commandes de lecture

Fig. 4.9 :
Les commandes de lecture

Elles permettent de se déplacer dans le temps, que ce soit image par image, ou pour accéder directement à une image précise.

Description des icônes

Il y a les 5 icônes de commandes habituelles de lecture, similaires à celle d'un magnétoscope :

- Aller à la première image (retour à l'image 0).
- Image précédente (ou clé précédente en mode clé).
- Lecture.
- Image suivante (ou clé suivante en mode clé).
- Aller à la dernière image.

Ouvre la boîte de dialogue de configuration de temps.

Cette boîte de dialogue permet de paramétrer la durée de l'animation en nombre d'images.

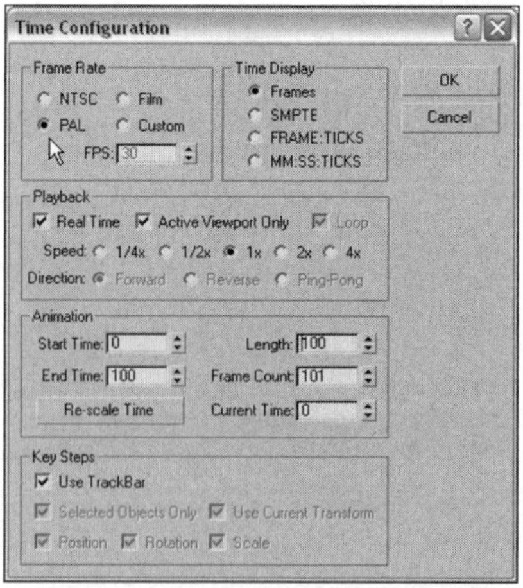

Fig. 4.10 :
Boîte de dialogue Time Configuration

Profitez-en pour paramétrer le "Frame Rate" en mode PAL plutôt que NTSC.

ATTENTION

Europe et USA/Japon

Il faut faire attention de bien régler l'animation en mode PAL, ou 25 images par seconde, pour être compatible avec le système SECAM français et PAL européen. En effet, par défaut, 3ds max est réglé en 30 images par seconde, ce qui correspond au système NTSC américain et japonais. Faites-le avant de commencer vos animations !

Permet de passer en mode clé, c'est-à-dire qu'au lieu de se déplacer image par image, avec les boutons **Image précédente** et **Image suivante**, on se déplacera respectivement vers la clé précédente et vers la clé suivante.

Dans ce menu de commandes de lecture, il y a les boutons les plus importants de 3ds max en terme d'animation

Ces boutons permettent de passer un mode animation ou non. En mode animation, le actif bouton est rouge. Cela signale que chaque changement à un instant T sera enregistré comme une clé d'animation.

Avec 3ds max 6, nous avons maintenant trois modes de création des clés :

1. Création d'une clé correspondant à l'instant actif.

2. Auto Key : correspondant à l'ancien mode "clé" et qui crée donc des clés automatiquement à chaque modification d'un objet dans le temps quand ce mode est actif (La barre de temps devient alors rouge pour signifier que ce mode est actif)

3. 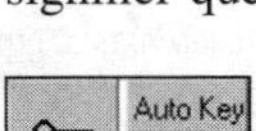

Set Key : mode similaire au précédent à la différence qu'il faut préciser, avant de modifier l'objet à un instant T, quel paramètre sera animable. Pour cela, il faut utiliser les icônes "Keyable" dans la Vue Pise (Track View).

Il est également possible de se déplacer dans le temps via la barre de temps suivante :

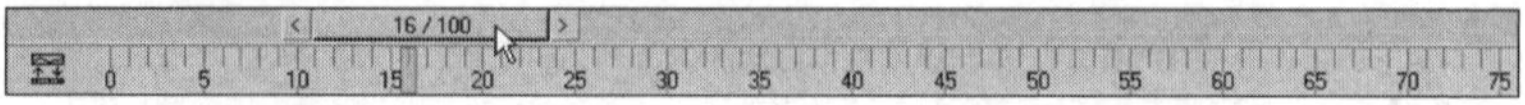

▲ Fig. 4.11 : *Barre déplacement*

Les icônes de contrôle de navigation des fenêtres de vues

Il est situé tout en bas à droite de l'interface de 3ds max. Il permet de gérer l'affichage dans la fenêtre de vue (viewport) sélectionnée. Il s'adapte en fonction du type d'affichage dans cette dernière.

1. Pour les fenêtres de vues en mode de type normal (**Front** pour face, **Left** pour gauche, **Top** pour dessus, etc.).

Cette barre d'outils est similaire à celle-ci :

◄ Fig. 4.12 : *Vue normale*

Tab. 4.17 : Mode normal

Bouton	Nom	Action
	*Zoom*	Zoome la vue sélectionnée selon le mouvement de la souris.
	*Zoom All*	Zoome toutes les vues selon le mouvement de la souris.
	*Zoom Extents*	Gros plan sur tous les objets dans la vue sélectionnée, et gros plan sur l'objet sélectionné uniquement.
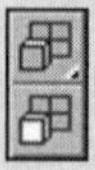	*Zoom Extents All*	Gros plan sur tous les objets dans toutes les vues et gros plan sur l'objet sélectionné uniquement.
	*Region Zoom*	Permet de sélectionner la région sur laquelle on veut zoomer à partir de la zone définie à l'aide de la souris.

Tab. 4.17 : Mode normal		
Bouton	Nom	Action
	*Pan*	Déplace la position de la vue.
	*Arc Rotate*	Système de rotation de l'angle de vue.
	*Min/Max Toggle*	Ouvre la vue sélectionnée à la place de toutes les fenêtres de vues, pour mieux l'examiner.

2. Pour les vues observées depuis le mode perspective, une des commandes est différente :

◄ Fig. 4.13 : *Vue perspective*

Tab. 4.18 : Mode Perspective	
Bouton	Action
	Permet de zoomer en mode *Field of View* (champ visuel), ou de zoomer en mode *Sélection*.

3. Pour les vues depuis le mode caméra, 5 commandes différentes sont proposées :

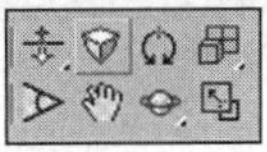

◄ Fig. 4.14 : *Vue caméra*

Tab. 4.19 : Mode caméra	
Bouton	Action
	Permet de zoomer en mode *Field of View* (champ visuel).
	Zoom en mode *Dolly Camera*, en mode *Dolly Target*, en mode *Camera + Dolly*.
	Zoom en mode perspective (la caméra se rapproche ou s'éloigne de la cible).
	Pour régler le roulement de la caméra (rotation).
	Rotation de la caméra autour de sa cible, tout en gardant la même orbite, et vice versa.

Les icônes en bas de l'interface

En bas de l'interface de 3ds max, vous avez 2 zones de textes, fournissant des informations sur l'action actuelle.

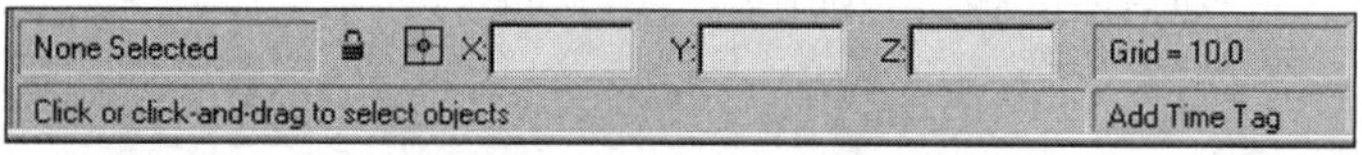

▲ Fig. 4.15 : *Bas de l'interface de 3ds max*

Vous avez par ailleurs quelques icônes, dont voici l'utilité :

Tab. 4.20 : Icônes diverses		
Icône	Nom	Fonction
	*Selection Lock Toggle*	Permet que l'objet sélectionné le demeure même si vous cliquez ailleurs, dans les fenêtres de vues. Pratique pour les scènes complexes.

Tab. 4.20 : Icônes diverses

Icône	Nom	Fonction
	*Absolut Mode Transform Type-in*	Choix du mode d'entrée de valeurs littérales (cf. l'image des champs suivant ce tableau).

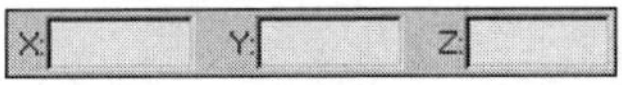

Ces champs permettent de taper respectivement les valeurs littérales de déplacement, de rotation ou de taille de l'objet sélectionné, en fonction du mode choisi avec les icônes *Select and Move*, *Select and Rotate* et *Select and Uniform Scale*.

Ce champ permet de définir une étiquette (un nom) à un instant T, afin d'y accéder plus rapidement via le menu contextuel de ce champ. Si vous cliquez dessus, vous accéderez au menu contextuel suivant.

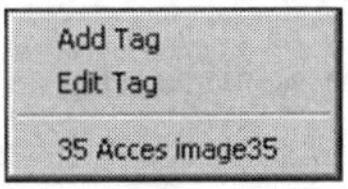

◄ Fig. 4.16 : *Options de Time Tag*

Ce champ indique le pas actuel de la grille.

4.3 Personnalisation de l'interface

En mode *mono-écran* (un seul moniteur), il n'y a pas beaucoup de possibilités de personnalisation de l'interface, si ce n'est l'affichage des fenêtres de vues (viewport).

C'est en mode *multi-écran* (affichage sur un, deux, trois, voire quatre moniteurs) que les possibilités de personnalisation de l'interface de 3ds max 6 sont très intéressantes. On peut séparer presque tous les menus et fenêtres de la fenêtre principale de 3ds max, pour les faire apparaître sur un autre écran. C'est très pratique pour des menus tels le panneau de commande, l'éditeur de matériaux, la fenêtre de vue piste des animations (**Track View**) et la fenêtre de rendu, qui prennent beaucoup de place sur l'interface.

Personnalisation de l'interface avec le menu Customize

Par ce menu, vous pouvez customiser toute l'interface de 3ds max 6, mais également les paramètres de préférence de 3ds max.

Nous verrons ici uniquement les paramètres qui touchent l'interface.

Les menus

La personnalisation de l'interface utilisateur via ces menus est très compliquée à mettre en œuvre, car il faut bien maîtriser 3ds max pour pouvoir bien apprécier les possibilités offertes à cette fin.

Pour utilisateurs avertis ! il est fortement déconseillé de modifier l'interface utilisateur lors de l'apprentissage du logiciel (pour un bonne compréhension des indications de ce livre).

Pour accéder à la boîte de dialogue de personnalisation de l'interface utilisateur, allez dans la barre de menu de 3ds max, et choisissez dans le menu **Customize** la commande **Customise User Interface**.

La boîte de dialogue **Customize User Interface** suivante s'ouvre alors.

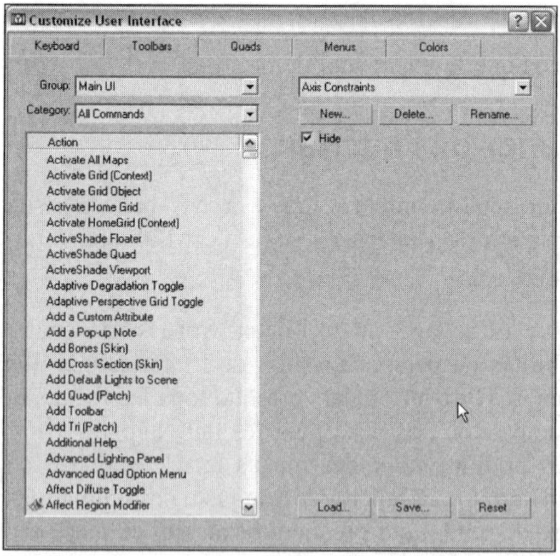

▲ Fig. 4.17 : *Fenêtre Customize User Interface (UI)*

Cette boîte de dialogue vous permet de personnaliser complètement 3ds max. Vous pouvez, en effet, personnaliser :

- Les raccourcis clavier, sous l'onglet **Keyboard** ;
- Les barres d'outils, sous l'onglet **Toolbars** ;
- Les *Quad menus*, sous l'onglet **Quads**, c'est-à-dire les menus contextuels que l'on obtient lorsque l'on clique du bouton droit sur les objets de la scène ;
- Les menus, sous l'onglet **Menus** ;
- Les couleurs de l'interface, sous l'onglet **Colors**.

Vous pouvez alors, à votre guise, personnaliser l'interface et enregistrer ses nouveaux paramètres avec le bouton **New...**, de façon à pouvoir retourner à l'interface par défaut, puis revenir à votre interface personnalisée, sans avoir à tout reparamétrer.

Il est possible de charger des personnalisations d'interface préenregistrées avec le bouton **Load...**. Vous pourrez faire votre choix parmi ces types d'interfaces personnalisées :

- *3DSMaxR3*, qui permet de retrouver l'interface de la version 3 de 3ds max. Pour que les aficionados de l'ancienne version ne soient pas déroutés.
- *CoolGray*, qui est une variante au niveau des couleurs.
- *DefaulUI*, qui permet de revenir à l'interface par défaut de 3ds max 6.
- *Discreet-dark*, qui est une variante de type interface du logiciel Discreet Combustion, au niveau des couleurs.
- *Discreet-light*, qui est une autre variante de type interface du logiciel Discreet Combustion, au niveau des couleurs.
- *MaxStart*, qui est l'interface actuelle qu'active 3ds max 6 lors de son démarrage.

Il y a 5 formats de sauvegarde des informations de personnalisation de l'interface utilisateur, selon les parties que l'on y modifie :

- *.cui* : stocke les information d'arrangement de l'interface utilisateur (UI layout), la barre d'icône principale (tab panel), et les boutons personnalisés (custom buttons).

- *.clr* : stocke tous les paramètres de couleurs (sauf celles du Quad menu).
- *.mnu* : stocke les contenus de la barre de menu et des Quad menus.
- *.qop* : stocke les couleurs des Quad menus, layout et behavior.
- *.kbd* : stocke paramètres de raccourcis clavier.

RENVOI

Vous trouverez la liste complète des raccourcis clavier par défaut au chapitre *Raccourcis clavier par défaut*.

REMARQUE

Personnalisation

En règle générale, les personnalisations de l'interface utilisateur se font principalement au niveau des raccourcis clavier, pour faciliter la modélisation. Elles conviennent par ailleurs lors de l'utilisation de 2 écrans, pour profiter pleinement de leur surface ainsi étendue.

Les fenêtres de vues (viewport)

Pour changer la disposition des fenêtres de vues, choisissez la commande **Customize/Viewport Configuration**, et cliquez sur l'onglet **Layout**.

La boîte de dialogue **Viewport Configuration** s'ouvre ; vous pouvez alors choisir visuellement la disposition (layout) de vos fenêtres de vues.

REMARQUE

Unité de mesure

Il est également possible de personnaliser les unités de mesures de 3ds max 6, qui sont par défaut en unité générique. Mais cela est déconseillé en cas d'utilisation d'une même scène sur plusieurs stations de travail différentes.

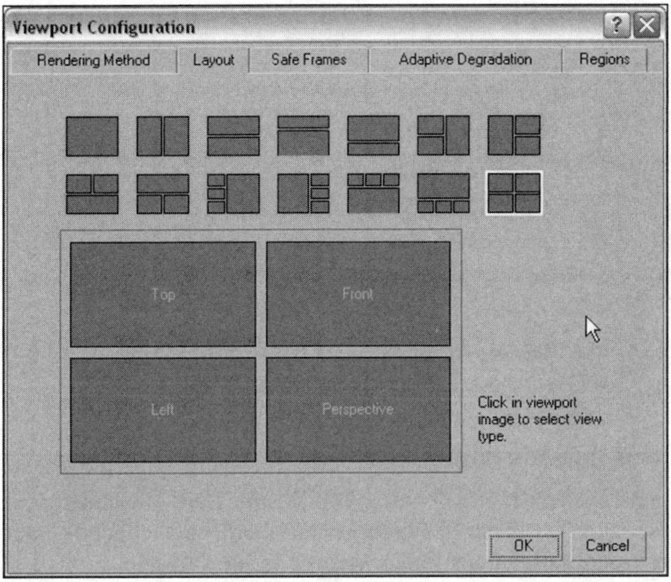

▲ Fig. 4.18 : *Personnalisation de l'interface : viewport*

Personnalisation de l'interface avec la souris

C'est la manière la plus pratique et la plus intuitive de personnaliser l'interface.

Les menus

Pour réaliser ces personnalisations, il suffit de viser avec le curseur de la souris le bord des menus, et de cliquer-glisser ou de cliquer-déplacer pour positionner et désolidariser le menu sélectionné de l'interface.

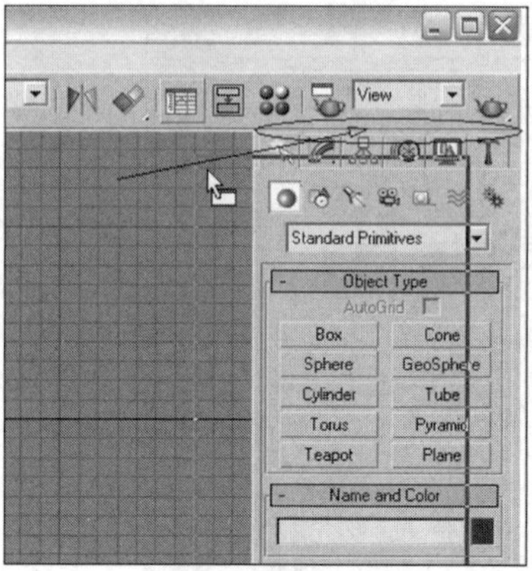

◄ Fig. 4.19 : *Personnalisation de l'interface : déplacement du Panneau de Commande*

Les fenêtres de vues (viewport)

Pour personnaliser les fenêtre de vues (**Top**, **Front**, **Left**, **Viewport**...), il suffit de viser avec le curseur de la souris leur rebord, et de cliquer-glisser ou de cliquer-déplacer, comme montré dans l'image suivante.

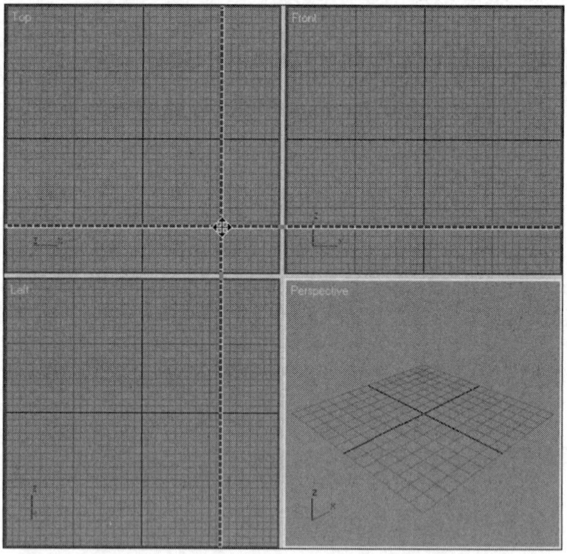

▲ Fig. 4.20 : *Personnalisation de l'interface : viewport*

Chacune de ces fenêtres peut afficher un autre point de vue. Pour cela, il suffit de cliquer du bouton droit sur le titre de cette fenêtre, pour faire apparaître un menu contextuel permettant de choisir le mode de vue désiré.

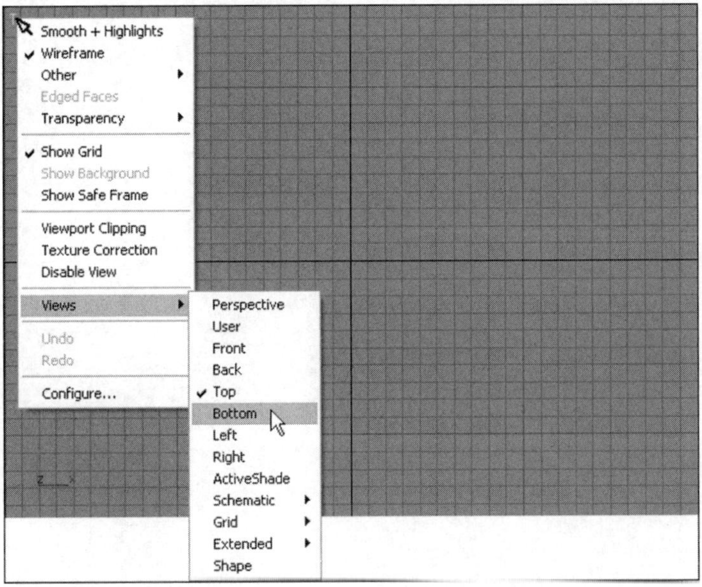

▲ Fig. 4.21 : *Personnalisation de l'interface : changement de vue*

Chapitre > 5

Modélisation

5.1 Méthode de création d'un objet 125

5.2 Les manipulateurs de déplacement, rotation, redimensionnement des objets 127

5.3 Création d'objets géométriques 3D 133

5.4 Les Shapes 147

5.5 Le panneau de modifications (Modify) 149

5.6 Conseils avant de partir vers la modélisation d'une scène complète 165

5.7 Les différentes techniques de modélisation 165

Maintenant que nous avons assimilé l'interface de 3ds max, nous pouvons passer à la première étape de création d'une scène 3D : la modélisation. Pour cela, nous allons commencer par créer des formes géométriques simples comme les boîtes et les sphères. Puis nous apprendrons à les modifier pour pouvoir leur donner la forme que nous voulons créer. En effet, la modélisation 3D s'apparente beaucoup à la sculpture. On commence souvent la création d'un objet 3D par une forme simple.

Avant de passer à la modélisation d'un objet ou d'un personnage, il faut savoir exactement ce que l'on veut faire pour éviter de partir dans les excès dus aux possibilités du logiciel. Il faut donc avoir devant soi, soit l'objet en lui-même, soit un croquis. Cela permet de choisir plus efficacement la technique de modélisation qui paraît être la plus adaptée à la création de l'objet ou du personnage. Cela permet aussi d'éviter de faire des erreurs graves de proportions.

Nous allons donc par ce chapitre faire connaissance avec les diverses commandes de création et de modification d'objet. Puis nous ferons quelques exercices en utilisant les plus caractéristiques de ces commandes qui fonctionnent toutes sur le même principe. Il serait en fait trop long de montrer des exemples d'utilisation de toutes ces commandes.

5.1 Méthode de création d'un objet

À quelques exceptions près, les étapes suivantes permettent de créer n'importe quel type d'objet à partir du panneau **Create**.

Choisissez la catégorie d'objets

1. Cliquez sur l'onglet **Create** (créer) pour afficher le panneau du même nom.
2. Cliquez sur le bouton **Geometry** (géométrie) dans la partie supérieure du panneau **Créer**.
3. Choisissez la sous-catégorie **Standard Primitives** (primitives standard) dans la liste.

Des boutons apparaissent sur le panneau déroulant **Type d'objet**.

Choisissez un type d'objet

Cliquez sur le bouton correspondant au type d'objet voulu.

Le bouton prend la couleur jaune, indiquant qu'il est actif. Quatre panneaux déroulants apparaissent : **Name and Color** (nom et couleur), **Creation Method** (méthode de création), **Keyboard Entry** (entrée au clavier) et **Parameters** (paramètres).

Créez l'objet

Cliquez dans une fenêtre pour positionner l'objet à l'endroit voulu.

RENVOI

Reportez-vous à la rubrique *Création d'objets géométriques 3D* pour en savoir plus.

REMARQUE

Création des objets dans la fenêtre vue Top

Choisissez de préférence la fenêtre de vue (Viewport) Top (Dessus). En effet, lorsque l'on crée un objet dans 3ds max, il lui donne des valeurs de hauteur, de largeur et de profondeur en fonction de l'axe de la fenêtre de vue. Lorsque vous créez un objet dans une autre fenêtre de vue comme les vues Left ou Top, les notions de hauteur, de largeur, de profondeur sont faussées par rapport à l'axe x,y,z de la scène.

Nommez l'objet (facultatif)

Sélectionnez le nom par défaut de l'objet dans le panneau déroulant **Name and Color** et remplacez-le par celui de votre choix.

Vous pouvez aussi modifier la couleur d'affichage de l'objet en cliquant sur le sélecteur de couleur en choisissant une nouvelle couleur dans la boîte de dialogue **Object Color** (couleur d'objet).

Ajustez les paramètres

Modifiez les paramètres de création immédiatement après avoir terminé l'objet alors qu'il est encore sélectionné. Une fois l'objet créé, le panneau déroulant **Parameters** disparaît du panneau **Create**. Dans ce cas, il faut passer au panneau **Modify** pour ajuster les paramètres de création de l'objet.

RENVOI

Pour plus de détails, reportez-vous aux rubriques suivantes de ce chapitre.

5.2 Les manipulateurs de déplacement, rotation, redimensionnement des objets

3ds max 5 a inauguré une nouvelle manière de manipuler les objets de la scène que 3ds max 6 continue d'utiliser. En effet, de nouveaux "gizmos" (outils d'aide à la manipulation) nous permettent d'appliquer des déplacements, rotations et redimensionnements sur les objets de façon plus intuitive et visuelle.

Pour vous permettre de mieux comprendre le mode de fonctionnement de ces manipulateurs, il vous faut créer un objet dans la scène :

1. Allez dans le *panneau de commande* (Command Panel) et choisissez **Create**.
2. Cliquez sur **Geometry** et choisissez *Standard Primitive* si ce n'est pas déjà fait.
3. Dans le panneau déroulant *Object Type*, choisissez **Teapot** pour créer une tasse de thé.
4. Dans le panneau déroulant *Keyboard Entry* entrez un rayon de 40,0 dans le champ *Radius*.
5. Cliquez sur le bouton **Create** pour créer la tasse de thé.

Vous verrez alors apparaître dans vos fenêtres de vue la tasse de thé sous tous ses angles.

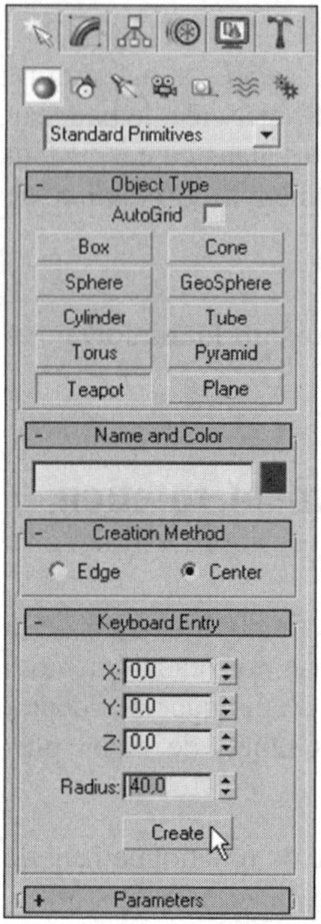

Fig. 5.1 :
Teapot

REMARQUE

Codes couleurs des axes de manipulation

Pour faciliter les manipulations 3ds max 6 utilise des codes couleurs pour les axes X, Y et Z : rouge pour l'axe des X, vert pour l'axe des Y et bleu pour l'axe des Z.

Manipulateur "move" pour les déplacements

Ce manipulateur est beaucoup plus visuel et plus intuitif pour choisir les axes de déplacement.

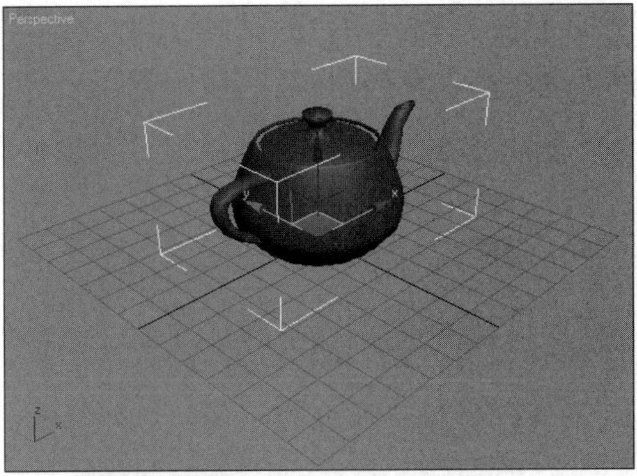

▲ Fig. 5.2 : *Manipulateur pour les déplacements*

Selon l'axe que vous sélectionnez et déplacez à l'aide du clic droit de la souris, l'objet se déplacera selon la contrainte de déplacement sur les axes, x, y, z , xy, xz ou yz.

En effet, il est possible aussi, plutôt que de choisir l'un des 3 axes principaux (x, y ou z), de choisir des axes combinés xy, xz ou yz. Pour les sélectionner, il suffit de sélectionner le rectangle formé par les deux axes voulus. Pour mieux comprendre ce système, faites survoler la souris en vous référant au schéma suivant :

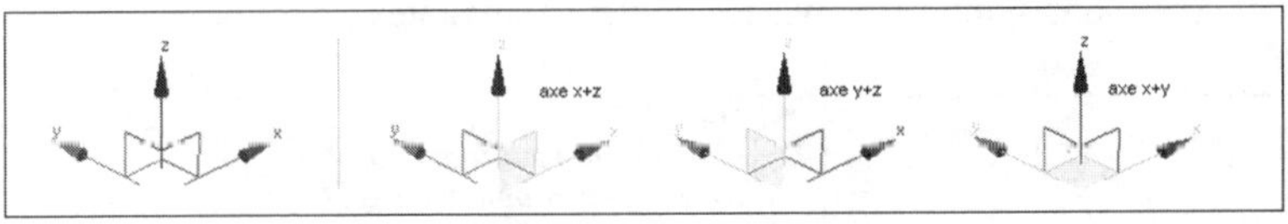

▲ Fig. 5.3 : *Choix des axes combinés.*

REMARQUE

Distance de l'objet

Le "gizmo" de déplacement change de taille lorsque vous éloignez l'objet sélectionné.

Manipulateur "rotate" pour les rotations

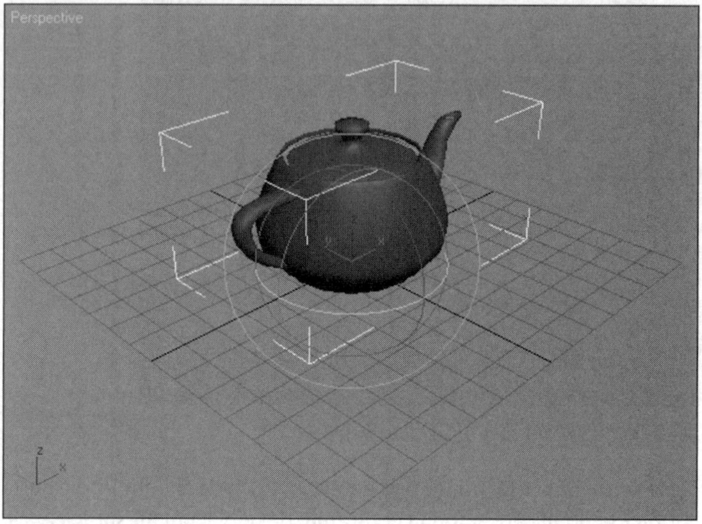

▲ Fig. 5.4 : *Manipulateur pour les rotations*

Nous retrouvons en mode rotation deux nouveaux axes dédiés à la vue perspective. Ils permettent de faire tourner les sélections avec plus de précision. Lorsque vous sélectionnez un des axes en cliquant dessus avec le bouton droit et que vous déplacez le curseur tout en laissant le bouton gauche enfoncé, vous appliquez une rotation contrainte selon l'axe choisi.

Les axes sont symbolisés par les couleurs suivantes :

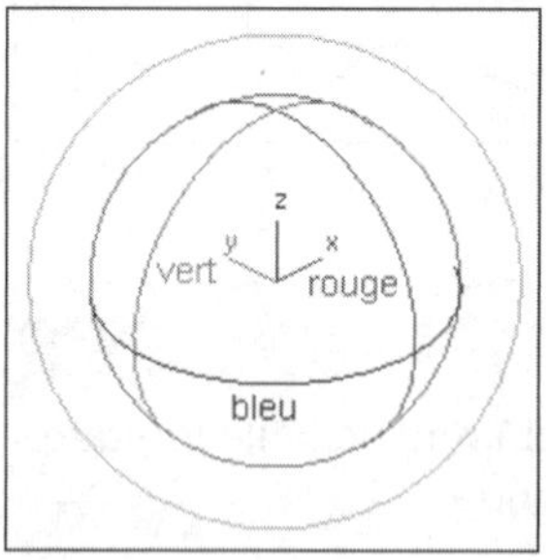

◄ Fig. 5.5 :
Gestion de rotation selon les axes : x en rouge, y en vert et z en bleu.

Tab. 5.1 : Codes couleurs et fonctions des axes.		
Axe	couleur	Fonction
X	rouge	Rotation sur l'axe des X
Y	vert	Rotation sur l'axe des Y
Z	bleu	Rotation sur l'axe des Z
Objet	gris foncé	Le cercle intérieur permet une rotation libre sur l'axe de l'objet
Vue	gris clair	Le cercle externe permet une rotation libre sur l'axe de la vue

Lors de la rotation, 3ds max 6 affiche la zone de rotation par un système de surimpression "camembert" accompagné aussi d'un affichage précis des paramètres de rotation, comme le montre l'image suivante.

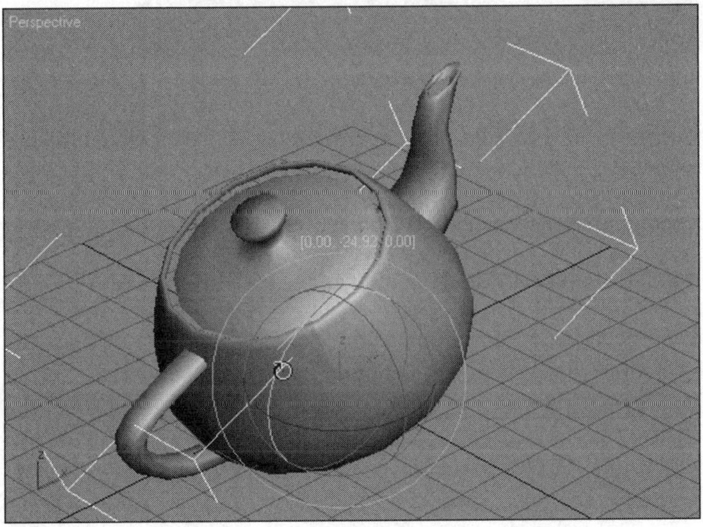

▲ Fig. 5.6 : *Surimpression et affichage temps réel des paramètres de rotation*

Lorsqu'on effectue une rotation de plus de 360°, la surimpression s'accentue de plus en plus au fur et à mesure que la rotation multiplie les dépassements de 360°.

Manipulateur "scale" pour les changements d'échelle

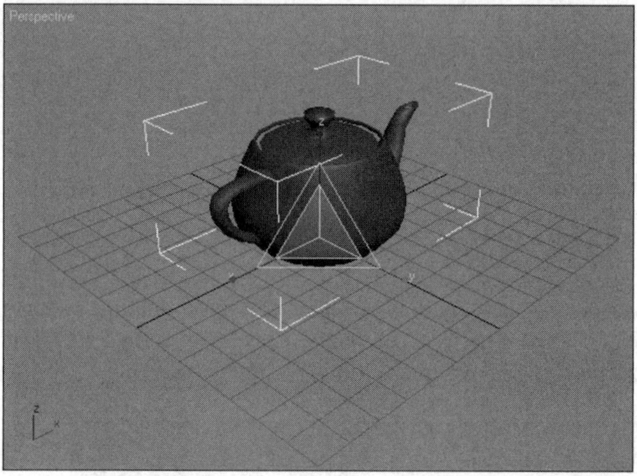

▲ Fig. 5.7 : *Manipulateur pour les redimentionnements*

La modification de l'échelle propose trois modes visuels et intuitifs de changement de l'échelle :

1. La modification de l'échelle sur un seul axe.
2. La modification de l'échelle homothétique (la plus utilisée).
3. La modification de l'échelle libre sur 2 axes en fonction du choix de déformation : homothétique, non homothétique ou "Squash".

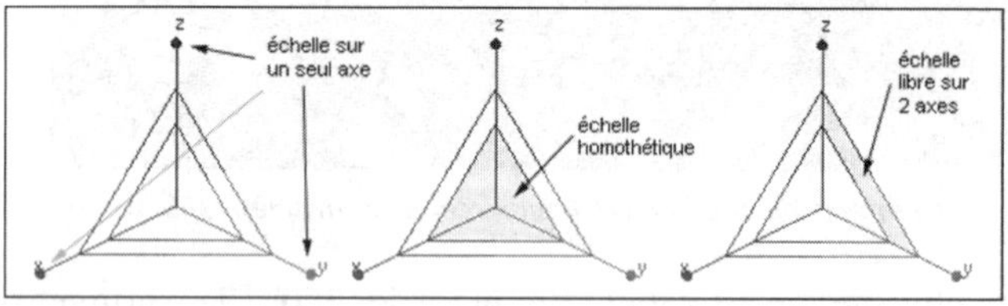

▲ Fig. 5.8 : *Modification d'échelle.*

ATTENTION

Modification d'échelle non homothétique

Ne jamais modifier une échelle non uniforme sur tout objet d'une hiérarchie ou tout autre élément dépendant ou ancêtre. Utilisez plutôt le modificateur XFORM (transformation) afin de créer un nouvel "espace objet".

5.3 Création d'objets géométriques 3D

3ds max peut créer 7 types de géométries. Nous allons étudier chacun de ces types et découvrir leur utilité dans la pratique de la modélisation d'objets 3D.

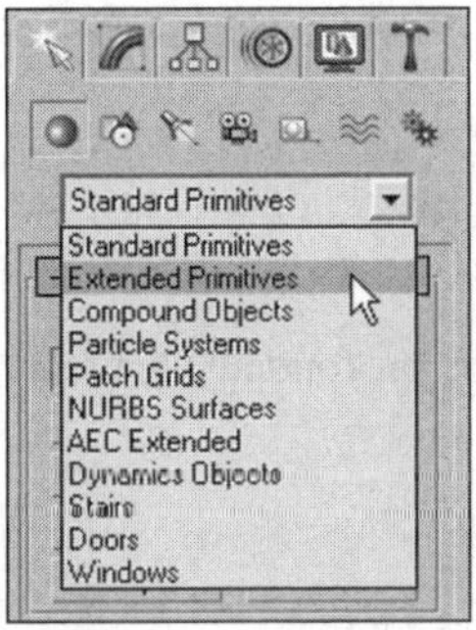

◄ Fig. 5.9 : *Choix du type d'objet géométrique à créer*

Standard Primitives

Les Standard Primitives (primitives standard) sont les objets 3D les plus simples et les plus caractéristiques de la 3D : boîtes, sphères, cylindres, cônes, etc.

REMARQUE

La théière : l'emblème de la 3D !

La théière fait aussi partie des primitives car elle est en quelque sorte l'objet mascotte de l'image de synthèse. En effet, la première image célèbre de l'imagerie 3D était la représentation d'une théière.

Pour créer un objet sous 3ds max, nous passons par le panneau de commande par l'onglet **Create** en mode Geometry. Il est par défaut actif lorsqu'on ouvre 3ds max.

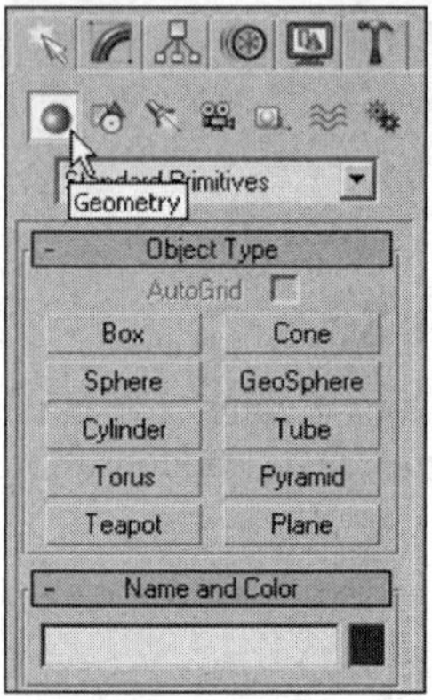

◄ Fig. 5.10 :
Menu de création d'objets simples

Il y a 2 manières de créer une primitive sous 3ds max :

- approximativement à l'aide de la souris ;
- précisément en entrant ses paramètres (largeur, profondeur, hauteur) au clavier.

À la souris

Pour créer la pyramide à la souris, cela se fait en 3 temps :

1. Cliquez sur le bouton **Pyramid**.
2. Cliquez/glissez sur la zone de vue Top de façon à créer et à dimensionner la base de la pyramide.
3. Une fois le bouton relâché, déplacez la souris de manière à définir la hauteur de la pyramide et cliquez pour appliquer lorsqu'elle a atteint la hauteur voulue.

Voilà, la pyramide est créée !

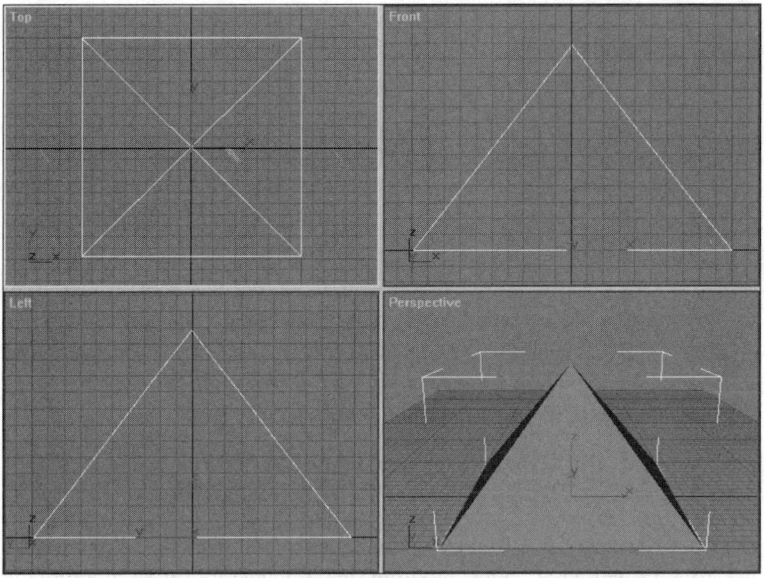

▲ Fig. 5.11 : *Les 4 fenêtres de vue représentant la pyramide créée*

REMARQUE

Création d'objet 3D

La création d'un objet 3D demande au minimum 3 informations : la largeur, la hauteur et la profondeur. C'est pourquoi la création à la souris se fait en au moins 2 étapes.

Au clavier

Cette technique a l'avantage d'être extrêmement précise :

1. Lorsque vous cliquez sur le bouton **Pyramid**, 3 nouveaux groupes de fonctions se déroulent dans le panneau de commande : Creation Method, Keyboard Entry et Parameters.

2. Cliquez sur *Keyboard Entry* pour dérouler ses paramètres.

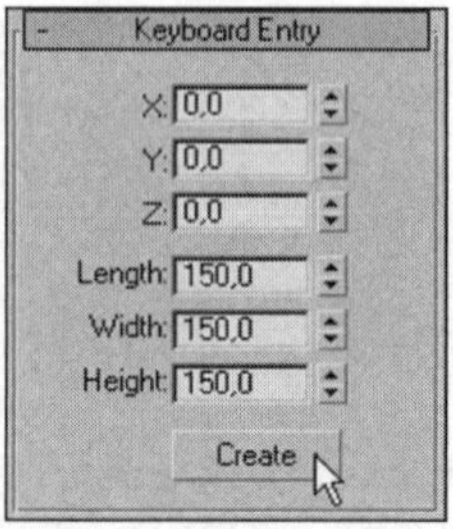

◄ Fig. 5.12 :
Menu Keyboard Entry

3. Vous pouvez alors saisir au clavier les dimensions voulues dans les champs *Width* (largeur), *Depth* (profondeur) et *Height* (hauteur), et cliquer sur le bouton **Create** pour créer la pyramide. Vous l'apercevez tout de suite dans les différentes fenêtres de vue.

Les champs *X*, *Y* et *Z* vous permettent de positionner l'objet à créer sur les axes X, Y et Z.

Vous pouvez accéder à d'autres paramètres par la fonction **Parameters** une fois l'objet créé, pour modifier les dimensions et le nombre de segments de l'objet afin d'augmenter son nombre de faces.

La case *Generate Mapping Coords* permet de générer des coordonnées de mapping pour que les textures s'appliquent correctement à l'objet.

RENVOI

Vous pouvez vous reporter au chapitre *Textures* pour en savoir plus sur les coordonnées de mapping des objets.

REMARQUE

Entraînez-vous !

Une fois la pyramide créée, profitez-en pour vous familiariser avec les fenêtres de vue et leur menu de contrôle de navigation de façon à bien maîtriser le déplacement de l'angle de vue autour des objets.

Extended Primitives

Les Extended Primitives (primitives étendues) sont un groupe d'objets 3D simples souvent utilisés en 3D. Elles sont toutes paramétrables et se créent de la même manière que les primitives standard. Elles sont juste plus compliquées et ont donc plus de paramètres à gérer.

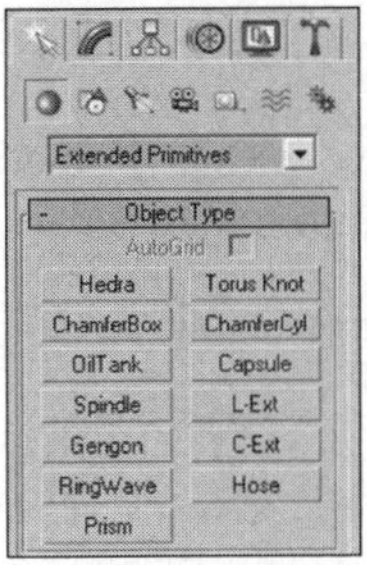

◄ Fig. 5.13 :
Menu des Extended Primitives

REMARQUE

Entraînez-vous !

Les primitives étendues se créent exactement de la même manière que les primitives standard. Amusez-vous à toutes les essayer en manipulant leurs divers paramètres pour vous entraîner à la création d'objets basiques.

Compound Objects

Les Compound Objects (objets composés) se créent à partir de plusieurs objets. Il existe 9 types d'objets composés.

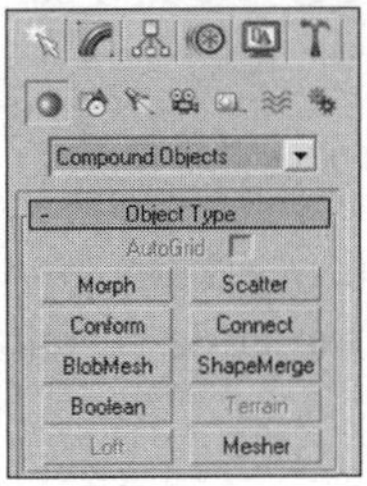

◄ Fig. 5.14 :
Menu des Compound Objects

Morph

Cette fonction **Morph** permet de créer des étapes de morphing pour l'animation de l'objet.

On préférera utiliser le Morpher dans les Modifiers car il est plus pratique et plus souple à utiliser.

Scatter

La fonction **Scatter** permet de disperser une multitude de copies de l'objet sélectionné de façon structurée ou sur la surface d'un autre objet.

Cette fonction est très pratique pour éparpiller des arbres sur un sol vallonné.

Conform

Cette fonction **Conform** permet de modifier un objet pour le faire se conformer à la surface d'un autre objet.

Par exemple, faire coller une route à un sol vallonné.

Connect

La fonction **Connect** permet de connecter deux objets en les reliant par les trous (faces manquantes pour créer un objet fermé) de leur structure.

C'est une variante de la fonction **Boolean**.

BlobMesh

La fonction **BlobMesh** permet de faire de la modélisation organique en créant des formes en fonction de plusieurs sphères BlobMesh. Pour l'utiliser, il faut :

1. Créer plusieurs sphères BlobMesh assez proches les unes des autres ;

2. Sélectionner une des sphères et aller dans ses paramètres de modification afin de lui ajouter les autres sphères BlobMesh et de ce fait créer une forme de type "Blob".

C'est une nouveauté de 3ds max 6.

ShapeMerge

La fonction **ShapeMerge** permet de faire une opération booléenne (union, soustraction…) sur un objet 3D à partir d'un ou plusieurs shapes, c'est-à-dire une forme 2D (par exemple un cercle).

Boolean

L'outil **Boolean** permet de générer des opérations booléennes entre des objets contigus. Une booléenne est, comme en mathématiques, le résultat de la combinaison de deux objets.

Cette fonction est très pratique pour créer des objets complexes. Mais elle a ses limites. En effet, le résultat escompté est souvent loin du résultat obtenu dans le cas d'une booléenne entre deux objets complexes. De plus, pour des objets n'étant pas totalement fermés, c'est-à-dire comportant des trous (*holes*), le résultat sera faussé. Heureusement, il existe un Modifier pour boucher ces trous, le Cap Holes, mais il a ses limites lui aussi.

RENVOI

Reportez-vous en fin de chapitre à la section *Les différentes techniques de modélisation* pour voir un exemple de création d'objet complexe avec l'outil booléenne.

Terrain

L'outil **Terrain** permet de générer un relief à partir de splines (outil **Create/Shapes**) et de le colorer en fonction de l'altitude. Il est moins lourd à gérer que le "modifier" Displace qui modifie un mesh à partir d'un fichier image. On l'utilisera pour générer un terrain en fonction de courbes d'altitude.

Loft

L'outil **Loft** permet de créer un objet 3D à partir d'une ou plusieurs formes 2D (*shape*) et d'une ou plusieurs splines donnant la trajectoire que doi(ven)t suivre la (les) forme(s) 2D pour donner un seul et unique objet 3D.

RENVOI

Reportez-vous en fin de chapitre à la section *Les différentes techniques de modélisation* pour voir un exemple de création d'un objet complexe avec l'outil Loft.

Mesher

L'outil **Mesher** est principalement destiné aux systèmes de particules (*particle systems*) mais il peut être aussi appliqué à d'autres objets.

Il a pour utilité de pouvoir convertir des objets procéduraux comme les systèmes de particules en *mesh objects* et donc de pouvoir y appliquer des modifiers du type bend ou UVW Map qui seront gérables en animation.

REMARQUE

Avantage de l'outil Mesher

Appliqué à des objets, il peut être aussi une alternative aux instances qui prennent plus de ressources pour les objets ayant une pile de modificateur très longue.

Particle systems

Les systèmes de particules (*Particle Systems*) permettent de gérer les effets de poussière, de fumée, de gaz, de liquide, de pluie en générant un grand nombre de petits objets animés aléatoirement ayant une durée de vie limitée.

Un système de particule est considéré comme un seul et unique objet et s'utilise principalement en animation.

En effet, pour connaître l'effet visuel d'un système de particules, il faut se déplacer dans la barre de défilement du temps pour voir l'animation des particules.

Vous pouvez donner un chemin à suivre aux particules en utilisant le space warp path follow.

Voici la liste des 6 systèmes de Particule Emitter (ou émetteurs de particules) qui sont par défaut dans 3ds max.

◄ Fig. 5.15 :
Les systèmes de particules

PF Source

Le **PF Source** permet créer un assistant d'objet de particules gérés à l'aide de la boîte de dialogue **Particle View**.

C'est une nouveauté de 3ds max 6.

Spray

Le **Spray** permet de simuler de la pluie ou un jet d'eau.

Snow

Le **Snow** permet de simuler la neige qui tombe ou encore des confettis. Il est assez similaire au spray, si ce n'est qu'il gère en outre la chute de la neige et possède des paramètres de rendu différents.

Blizzard

Le **Blizzard** est une version avancée de snow avec beaucoup plus de paramètres permettant de simuler des effets de mouvement de particules rapides.

PArray (Particle Array)

Le **PArray** permet de fournir deux types d'effet de particules :

- pour émettre des particules en fonction d'un objet géométrique sélectionné en fonction de sa structure filaire ;
- pour générer des explosions perfectionnées d'objets.

PCloud (Particle Cloud)

Le **PCloud** permet de générer un nuage de particules dans un volume défini. Vous pouvez générer ces particules à partir d'objets 3D déjà modélisés.

Super Spray

Le **Super Spray** est une version améliorée du simple spray.

Patch Grids

Les **Patch Grids** sont des grilles surfaciques qui peuvent être utilisées pour créer des surfaces semblables aux sols.

Quand on crée une grille surfacique, elle est plate. Une fois créée, on peut la modifier à souhait pour lui donner du relief en utilisant le modificateur Edit Patch ou en écrasant la pile des modificateurs (*modifiers stack*) en *Editable Patch* via le panneau **Modify** (voir le chapitre correspondant).

Les objets modélisés en mode Patch sont une alternative aux *meshes* et aux *nurbs*.

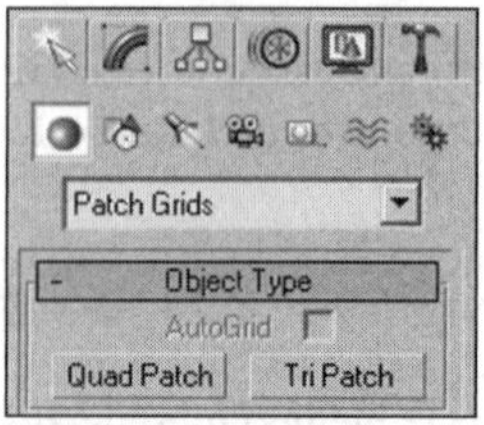

◄ Fig. 5.16 : *Les Patch Grids*

Quad Patch

L'outil **Quad Patch** permet de créer des grilles surfaciques formées de 36 faces rectangulaires. Ces faces rectangulaires sont composées en fait de 2 triangles dont la diagonale est invisible.

Tri Patch

L'outil **Tri Patch** permet de créer des grilles surfaciques formées de 72 faces triangulaires.

Nurbs Surfaces

Les NURBS (*Non Uniform Rational B-Splines*) sont des surfaces que l'on peut modifier grâce à des enveloppes virtuelles. C'est-à-dire que, pour modifier une surface NURBS, on ne la modifie pas elle-même directement, mais on déplace des points enveloppant la surface.

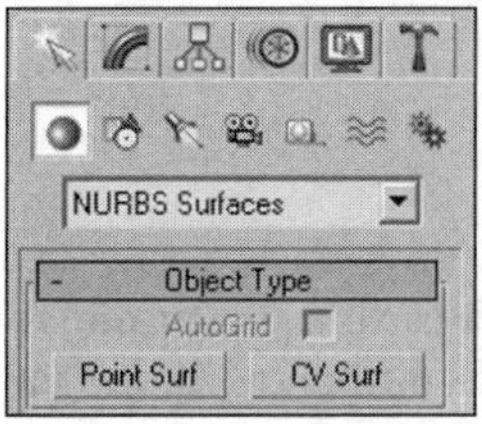

◄ Fig. 5.17 :
Les surfaces NURBS

Lorsque l'on modifie un NURBS pour lui donner une autre forme, une boîte d'outils spécifique s'ouvre automatiquement.

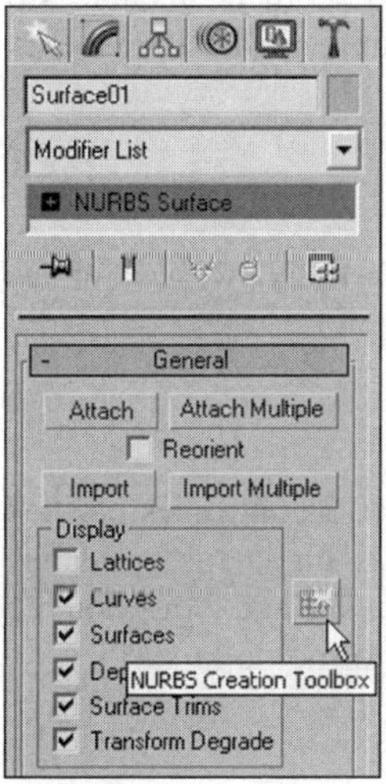

◄ Fig. 5.18 :
Accès à la boîte d'outils NURBS

Si elle ne s'ouvre pas automatiquement, il suffira de passer en mode de modification de l'objet et de cliquer sur le bouton vert **Nurbs Creation Toolbox**.

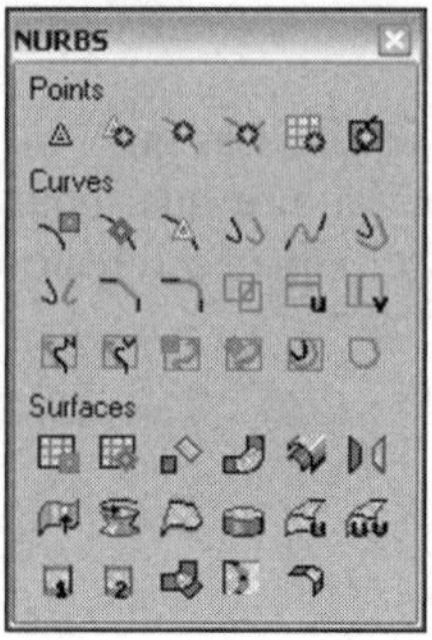

◄ Fig. 5.19 :
Boîte d'outils NURBS

Vous pouvez également créer une surface NURBS à partir d'une primitive géométrique 3ds max. Cliquez à cet effet, à l'aide du bouton droit, sur l'objet et choisissez **Convert to/Convert to NURBS**.

Une surface NURBS initiale est conçue pour être éditée. Pour cette raison, ses paramètres de création ne sont pas affichés sur le panneau **Modifier**. Les objets surface NURBS diffèrent en cela des autres objets 3ds max. Le panneau **Modifier** propose d'autres méthodes pour modifier les valeurs définies dans le panneau **Créer**.

Point Surf

Les surfaces de points (*Point Surf*) sont des surfaces NURBS dont les points sont contraints sur la courbe.

CV Surf

Les surfaces CV (*CV Surf*) sont des surfaces NURBS contrôlées par des sommets de contrôle (CV). Les CV ne figurent pas sur la surface. Elles définissent une enveloppe de contrôle qui entoure la surface. Vous pouvez ajuster les points de chaque CV pour modifier la forme de la surface.

AEC Extended

Les AEC Extended sont des objets de décors destinés à l'architecture. Vous avez 3 types d'objet :

- les Foliages : c'est-à-dire les arbres et arbustes,

- les Railings : c'est-à-dire les rails,
- les Wall, c'est-à-dire les murs.

Ces objets ont la particularité d'être optimisables au niveau du nombre de faces. C'est d'ailleurs indispensable pour la gestion des arbres qui peuvent posséder un nombre très élevé de faces.

C'est une nouveauté de 3ds max 6, héritée de 3ds Viz version 4.

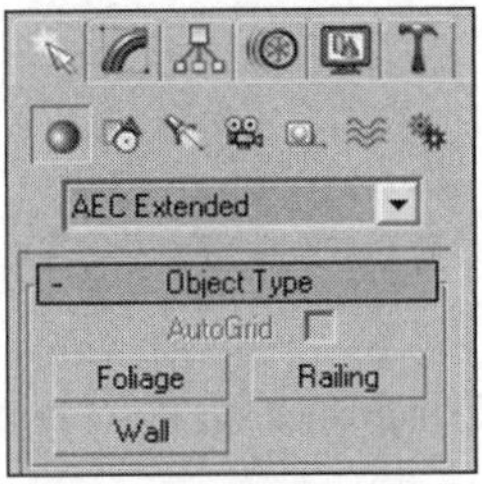

◄ Fig. 5.20 :
Les objets AEC Extended

Dynamics Objects

Les **Dynamics Objects** (objets dynamiques) sont des *meshes* qui peuvent réagir en fonction de l'animation des objets auxquels ils sont reliés. Ils peuvent aussi fournir des forces réactives dans une simulation de dynamiques (*dynamics simulation*).

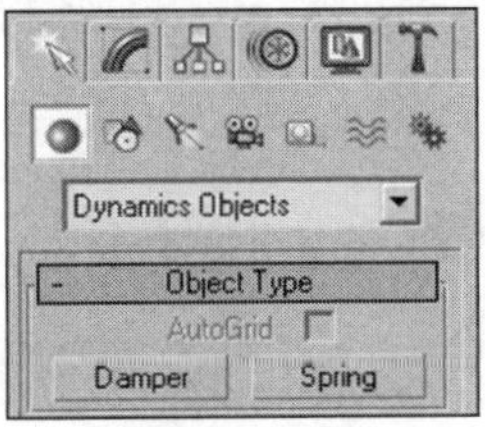

◄ Fig. 5.21 :
Les objets dynamiques

Damper

Le **Damper** est un amortisseur ou encore un piston.

Spring

Le **Spring** est un ressort.

Stairs

Les **Stairs** sont des escaliers paramétrables prêts à être disposés sur la scène.

C'est une nouveauté de 3ds max 6, héritée de 3ds Viz version 4.

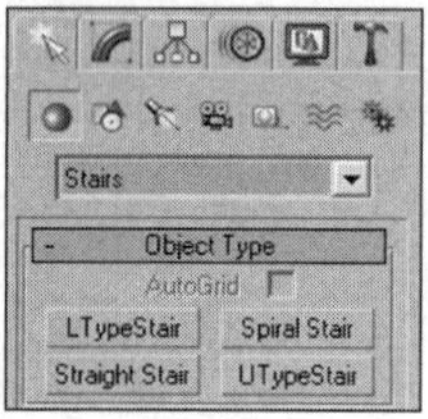

◄ Fig. 5.22 :
Les objets AEC Extended

Doors

Les **Doors** sont des portes paramétrables prêtes à être disposées sur la scène.

C'est une nouveauté de 3ds max 6, héritée de 3ds Viz version 4.

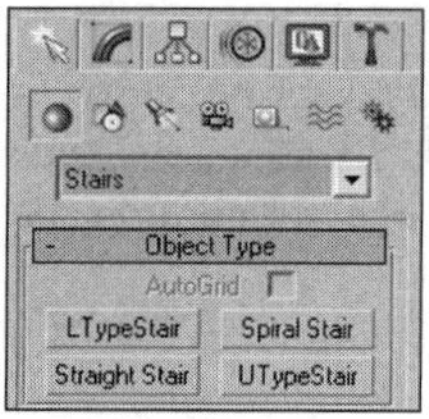

◄ Fig. 5.23 :
Les objets AEC Extended

Windows

Les **Windows** sont des fenêtres paramétrables prêtes à être disposées sur la scène.

C'est une nouveauté de 3ds max 6, héritée de 3ds Viz version 4.

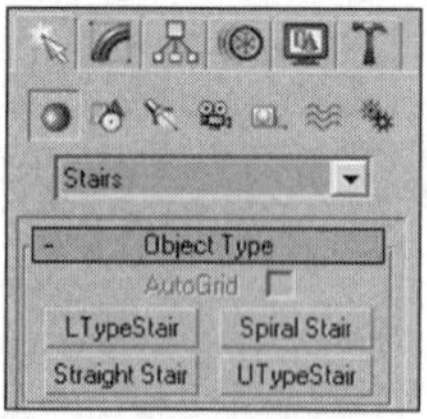

◄ Fig. 5.24 :
Les objets AEC Extended

5.4 Les Shapes

Les **Shapes** (formes) sont les objets filaires qui, lorsqu'on les crée, ne forment pas de surface. Ils sont donc invisibles au rendu lors de leur création.

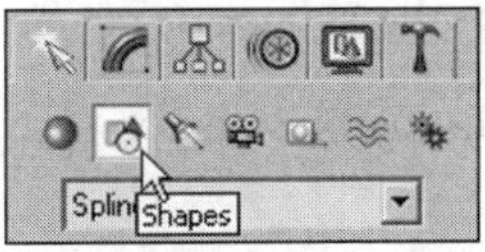

◄ Fig. 5.25 :
Les shapes

Pour transformer les *shapes* en surfaces visibles lors du rendu, il suffit de leur appliquer un modificateur ou de préciser dans leurs paramètres qu'ils sont *renderable*.

Splines

Les **Splines** sont les formes 2D basiques. Il y en a 11 différentes.

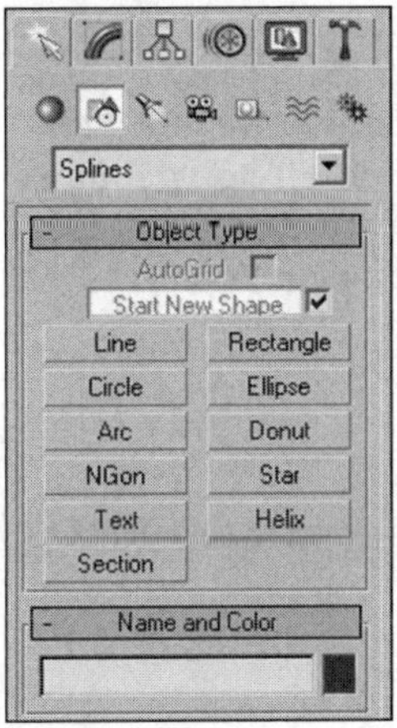

◄ Fig. 5.26 :
Panneau Create/Shapes/Splines

La case *AutoGrid* permet de créer les *splines* dans le même plan que l'objet précédemment sélectionné.

Une *shape* peut être composée de une à plusieurs splines.

Le bouton **Start New Shape** (actif quand la case à sa droite est désactivée) permet, lorsque l'on clique dessus, de passer à la création d'une autre shape. Si on ne clique pas sur ce bouton, toutes les splines que l'on créera feront partie de la même shape.

La case *Start New Shape* permet, quand elle est activée, de recréer une nouvelle forme chaque fois que l'on crée une nouvelle spline.

Vous pouvez essayer de créer chacune des splines disponibles pour voir ce qu'elles donnent dans les fenêtres de vue.

Vous remarquerez que l'on peut régler le nombre d'étapes de la spline avec les groupes d'options **Interpolation**. Cela permet d'affiner et d'optimiser le trait.

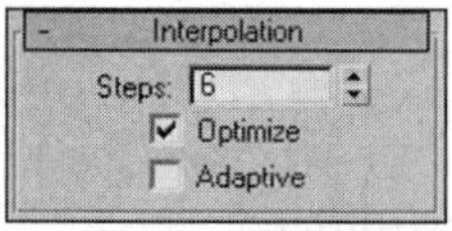

◄ Fig. 5.27 :
Groupe d'options d'interpolation

ASTUCE

Créez des logos facilement

Vous trouverez l'outil **Text** qui permet d'entrer des textes avec la fonte de votre choix. Il vous suffira alors d'y ajouter le modificateur d'extrusion (Extrude) pour en faire simplement un logo en 3D.

Nurbs Curves

Les *Nurbs Curves* permettent de créer des courbes en mode NURBS.

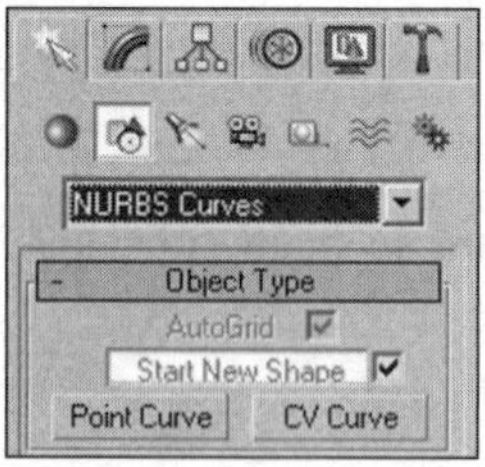

◄ Fig. 5.28 :
Panneau Create/Shapes/Nurbs Curves

Il existe deux types de courbes NURBS : les **Point Curves** et les **CV Curves**.

Point Curve

Les **Point Curves** sont des courbes NURBS que l'on manipule par des points placés sur la courbe.

CV Curve

Les **CV Curves** sont des courbes NURBS que l'on manipule par des points d'enveloppe qui figurent autour de la courbe.

5.5 Le panneau de modifications (Modify)

Lorsque vous modélisez un objet, vous commencez par créer un objet basique avec le panneau **Create**. Pour modifier les paramètres des objets basiques un fois qu'ils ont été créés, vous devez passer par le panneau **Modify**. Ce panneau personnalisé affiche uniquement les paramètres modifiables et applicables à l'objet sélectionné.

◄ Fig. 5.29 : *Panneau Modify*

Par ce panneau vous accédez aussi à une fonction très importante de 3ds max : les *Modifiers* ("modificateurs"). Cette fonction a été remaniée dans 3ds max 6. En effet, le nombre de modificateurs applicables aux objets est très grand. Il fallait donc un système de listage de ces modificateurs plus convivial.

Changer les paramètres d'un objet basique

Sélectionnez un objet basique dans votre scène (par exemple une sphère). Allez dans le panneau **Modify**. Vous voyez apparaître la liste des paramètres modifiables de la sphère. Vous pouvez alors changer le rayon et le nombre de faces de votre sphère comme vous le voulez. Et d'autres paramètres spécifiques aux sphères que vous pouvez essayer de modifier pour comprendre leur utilité.

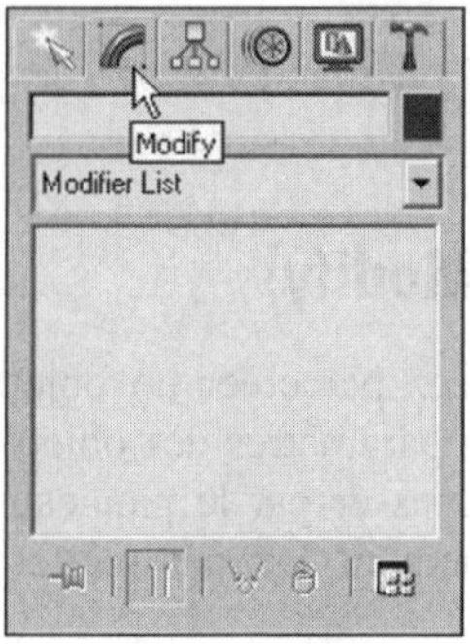

◄ Fig. 5.30 :
Le panneau de commande Modify

REMARQUE

Résolution en nombre de faces d'un objet

Si vous réduisez le nombre de segments de votre sphère, vous remarquerez qu'elle possède alors une forme moins sphérique et plus anguleuse. Cela montre bien qu'en imagerie de synthèse, plus un objet a de faces, plus il a un aspect détaillé et/ou lisse. Malheureusement, plus une scène comporte de faces, plus elle est lourde à gérer pour l'ordinateur. Un bon infographiste 3D saura gérer le meilleur rapport qualité/face pour optimiser le temps de rendu.

La pile des modificateurs Modifiers stack

La pile des modificateurs (Modifier Stack) affiche la liste des modificateurs appliqués à un objet. Grâce à cette pile, on peut gérer tous ces modificateurs et en modifier les paramètres indépendamment les uns des autres (dans la plupart des cas). On peut aussi effacer certains modificateurs appliqués à un objet sans modifier les autres.

Il est possible d'écraser la pile de modificateurs si on n'a plus besoin de modifier les paramètres des modificateurs. Cela permet à l'objet de prendre moins de ressources pour l'ordinateur et aussi de modifier directement le mesh de l'objet vertex par vertex.

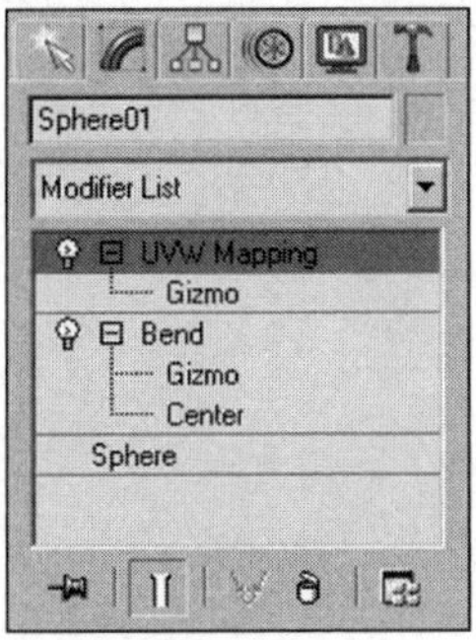

◄ Fig. 5.31 :
La pile des modificateurs

Le bouton **Pin Stack** (attacher pile) permet de verrouiller la pile au niveau de l'objet actuellement sélectionné de sorte qu'elle demeure avec cet objet, quelles que soient les modifications apportées ensuite à la sélection.

Le bouton **Show end result on/off toggle** (afficher résultat final) permet d'afficher l'objet sélectionné tel qu'il apparaîtra lorsque toutes les modifications auront été apportées à la pile, quelle que soit votre position courante dans la pile.

Le bouton **Make Unique** (rendre unique) permet de convertir une instance de modificateur en une copie unique pour l'objet courant.

Le bouton **Remove Modifier from the Stack** (supprimer le modificateur de la pile) permet de supprimer le modificateur courant ou de délier le *space warp* (la déformation spatiale) courant.

Le bouton **Configure Modifier Sets** (configuration des jeux de modificateurs) fait apparaître le menu contextuel que nous allons décrire maintenant.

Ce menu permet de paramétrer l'interface de la liste de modificateurs en affichant un jeu de boutons servant de raccourcis vers les modificateurs les plus utilisés. Vous pouvez choisir les modificateurs que vous voulez faire afficher dans ce jeu de raccourcis. C'est donc un paramétrage qui permet d'améliorer l'ergonomie des modificateurs.

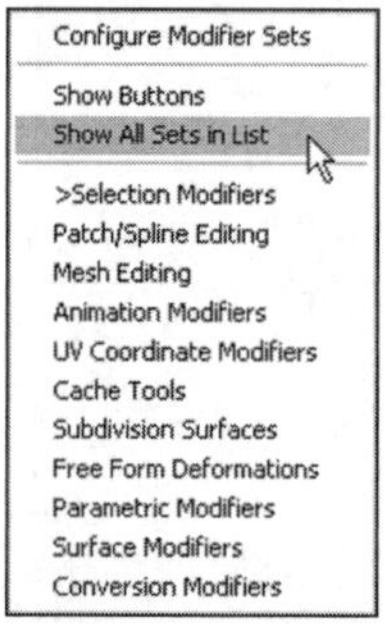

◄ Fig. 5.32 : *Menu contextuel de configuration des paramètres du modificateur en cours*

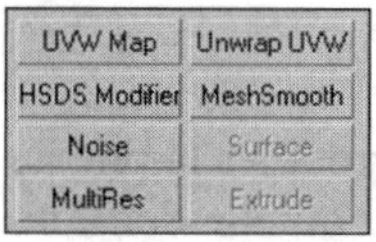

◄ Fig. 5.33 : *Les boutons de raccourcis vers des modificateurs*

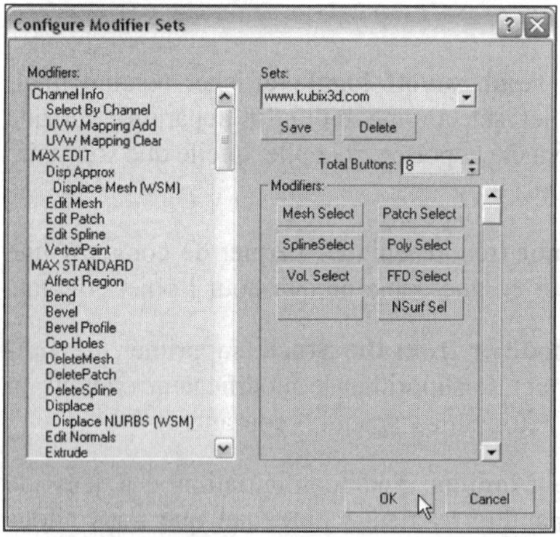

▲ Fig. 5.34 : *La boîte de dialogue Configure Modifier Sets*

Quand vous cliquez à l'aide du bouton droit sur un étage (ou sur un modificateur) de la pile des modificateurs, le menu contextuel suivant apparaît :

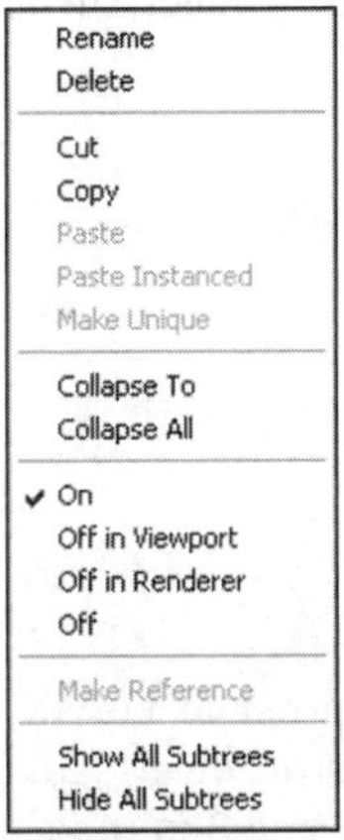

◄ Fig. 5.35 :
Menu contextuel de la pile des modificateurs

Ce menu contextuel permet de gérer les modificateurs qui sont dans la pile. Dans ce menu, deux commandes sont importantes :

- **Collapse To** :

Cette fonction permet d'écraser la pile des modificateurs qui sont situés en dessous du modificateur sélectionné, y compris celui-ci. Cela donne un nouveau mesh qui ne possède plus que les modificateurs qui étaient situés au-dessus du modificateur à partir duquel on a écrasé la pile.

- **Collapse All** :

Cette fonction permet d'écraser totalement la pile des modificateurs. Cela génère un nouvel objet qui ne possède plus de modificateurs.

ATTENTION

Fonction Collapse (écraser)

Écraser la pile des modificateurs signifie que l'on ne pourra plus revenir sur les modificateurs qui avaient été précédemment appliqués à l'objet.

La Modifier List

Voici la liste des modificateurs (*Modifier List*) selon leurs principaux types.

Pour accéder à la liste de modificateurs, il vous suffit de cliquer sur le menu déroulant **Modifier List**.

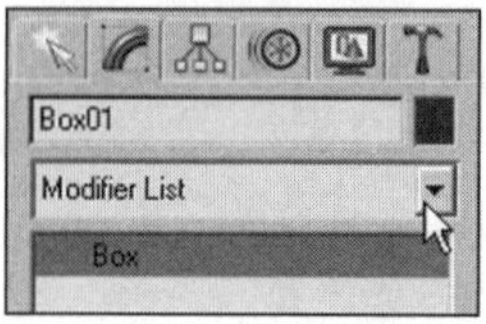

Fig. 5.36 : *Accès à la liste des modificateurs*

REMARQUE

Les modificateurs

Un des modificateurs les plus utilisés est le UVW Map. Il permet d'appliquer et de paramétrer les coordonnées de texture de l'objet afin que 3ds max lui applique la texture correctement en fonction de sa forme lors du rendu. N'oubliez pas de l'appliquer à vos objets avant un rendu.

Selection Modifiers

Les modificateurs de sélection permettent de sélectionner des parties d'objets et d'appliquer d'autres modificateurs uniquement à ces sélections sans que les autres parties de l'objet en soit affectées.

Tab. 5.2 : Les modificateurs de Sélection

Modificateur	Fonction
Mesh Select	Permet de faire passer une sélection de sous-objet de Mesh au-dessus de la pile de modificateurs de façon à pouvoir appliquer uniquement à cette sélection d'autres modificateurs.
Patch Select	Permet de faire passer une sélection de sous-objet de Patch au-dessus de la pile de modificateurs de façon à pouvoir appliquer uniquement à cette sélection d'autres modificateurs.

Tab. 5.2 : Les modificateurs de Sélection

Modificateur	Fonction
Spline Select	Permet de faire passer une sélection de spline dans une shape au-dessus de la pile de modificateurs de façon à pouvoir appliquer uniquement à cette sélection d'autres modificateurs. (valable uniquement pour les splines)
Poly Select	Le modificateur Polygon Select permet de faire passer une sélection de sous-objet au-dessus de la pile afin d'appliquer uniquement à cette sélection d'autres modificateurs.
Vol. Select	Le modificateur Volume Select permet de faire passer une sélection de vertex (sommet) au-dessus de la pile de modificateurs de façon à pouvoir appliquer uniquement à cette sélection d'autres modificateurs.

World-Space Modifiers

Les World Space Modifiers ou encore WSM

Les modificateurs précédés d'un astérisque (*) sont en fait des "modificateurs espace univers". Ils agissent comme des déformations spatiales (*space warp*) basées sur les objets. Ils suivent l'objet mais utilisent l'espace univers plutôt que l'espace objet pour leurs effets.

Tab. 5.3 : Les modificateurs World-space

Modificateur	Fonction
Camera Map	Crée des coordonnées de mapping planaire basées sur la caméra spécifiée et l'image courante.
Displace Mesh	Permet de prévisualiser l'effet du mapping de déplacement sur les meshes éditables et les objets sur lesquels est appliqué le modificateur Displace Approximation.
MapScaler	Garde la taille d'une texture appliquée à un objet pour permettre de modifier la taille de l'objet sans altérer celle de la texture.
PatchDeform	Permet de rendre l'objet sélectionné dépendant des modifications que l'on fait à une Patch Grid sans que celle-ci soit influencée par cet objet.
PathDeform	Déforme un objet qui utilise une spline ou une courbe NURBS comme chemin.

Tab. 5.3 : Les modificateurs World-space	
Modificateur	Fonction
Point Cache	Permet de stocker l'animation du modificateur dans un fichier sur le disque dur qui n'enregistre que les changements de position de vertex. L'animation peut alors être lue uniquement à partir des informations stockées dans ce fichier au lieu d'interpréter les données des images clés du modificateur. C'est pratique dans les scènes lourdes qui ne pourraient pas lire cette animation du modificateur sans saccade car trop gourmandes en ressources système de l'ordinateur.
Subdivide	Permet de modifier les surfaces planes d'un objet en les subdivisant en triangles équilatéraux de façon à optimiser les rendus de radiosité. Il est appliqué automatiquement aux objets d'une scène lors d'un rendu utilisant de la radiosité.
Surface Mapper	Prend une texture assignée à une surface NURBS et la projette sur le (les) objet(s) modifié(s).
SurfDeform	Permet de rendre l'objet sélectionné dépendant des modifications que l'on fait à un NURBS Point ou à une CV Surface sans que ceux-ci soient influencés par cet objet.

Object-Space Modifiers

Tab. 5.4 : Les modificateurs object-space	
Modificateur	Fonction
Auto Flatten UV's	Complément de l'Unwrap UVW.
Affect Region	Permet d'utiliser un gizmo en forme de flèche comportant deux parties servant à affecter une région d'un objet par une translation d'une zone de vertex, afin de former une bulle ou une entaille à la surface d'un objet.
Bend	Permet de courber un objet jusqu'à 360 degrés selon l'axe de votre choix.
Bevel	Permet de créer, par extrusion, un objet en 3D à partir d'une forme 2D, puis de tailler les bords de cet objet en biseau (bevel) droit ou arrondi et ce sur 4 niveaux au maximum. Ce modificateur est particulièrement utile à la création de textes et de logos en 3D, mais il peut s'appliquer à tout type de forme.

Tab. 5.4 : Les modificateurs object-space

Modificateur	Fonction
Bevel Profile	Permet d'extruder une shape en utilisant une autre shape comme chemin représentant le profil de biseautage. Cela ressemble un peu à du Loft mais en version Bevel.
Camera Map	Crée des coordonnées de mapping planaire basées sur la caméra spécifiée et l'image courante.
Cap Holes	Permet de boucher, de mettre un couvercle sur les trous (*cap holes*) dans des surfaces imparfaites. Ce modificateur est pratique à utiliser sur un objet imparfait que l'on veut employer dans une booléenne. En effet, les booléennes ne tolèrent pas les objets possédant des trous.
CrossSection	Le modificateur **Section de Capture** permet de connecter les vertex (sommets) de splines 3D de façon à leur donner une "peau". Il s'utilise en combinaison avec le modificateur **Surface** qui transformera cette peau en surface 3D. Les modificateurs **CrossSection** et **Surface** forment ensemble les outils que l'on appelle les **Surface Tools** (outils de surface).
DeleteMesh	Efface les sous-objets sélectionnés du mesh. Permet d'effacer les faces d'un mesh sélectionnées au niveau d'un sous-objet de la pile de modificateurs (stack).
DeletePatch	Efface les sous-objets sélectionnés du patch.
DeleteSpline	Efface les sous-objets sélectionnés du spline.
Disp Approx	Permet de définir les paramètres du *displacement mapping* ("mapping de déplacement" ou encore "approximation de déplacement") sur un objet dans la pile de modificateurs. Il convertit l'objet en mesh de façon à pouvoir utiliser ce modificateur pour ajouter un mapping de déplacement à tout objet éditable en mesh.
Displace	Permet de déplacer les points d'une surface en fonction d'une image et de ses niveaux de couleur. Il agit à la façon d'un champ de forces qui repousse et remodèle la géométrie d'un objet.
Edit Mesh	Permet de modifier le mesh (maillage) de l'objet auquel ce modificateur s'applique en fonction de ses *sub-objects* ("sous-objets").
Edit Mesh	Permet d'appliquer les fonctions d'édition du mesh comme s'il n'avait pas encore été affecté par des modificateurs. Cela permet d'éviter d'avoir à activer la fonction **Collapse All**, c'est-à-dire d'écraser la pile de modificateur.

Tab. 5.4 : Les modificateurs object-space

Modificateur	Fonction
Edit Patch	Permet de modifier les *patches* ("carreaux") de l'objet auquel ce modificateur s'applique en fonction de ses sub-objects (sous-objets).
Edit Spline	Permet de modifier le maillage de l'objet auquel ce modificateur s'applique en fonction de ses sub-objects (sous-objets).
Edit Normals	Ce modificateur vient rajouter une autre dimension à la modélisation polygonale. Ce modificateur fait apparaître des "normales", sorte de vecteurs modifiables au niveau de chaque vertex de l'objet, permettant de modifier l'apparence du polygone.
Extrude	Permet d'ajouter de la profondeur à une forme et d'en faire un objet paramétrable en profondeur en faisant une extrusion.
Face Extrude	Permet d'extruder des faces et de créer le long des côtés de l'extrusion de nouvelles faces qui relient les faces extrudées. On préférera utiliser la fonction **Extrude** disponible directement dans le menu déroulant **Edit Geometry** des paramètres de modification des mesh, patch et polygones.
FFD 2x2x2	Crée une enveloppe en forme de boîte ayant 2 points de contrôle sur chaque côté, soit un total de 8 points de contrôle.
FFD 3x3x3	Crée une enveloppe en forme de boîte ayant 3 points de contrôle sur chaque côté, soit un total de 27 points de contrôle.
FFD 4x4x4	Crée une enveloppe en forme de boîte ayant 4 points de contrôle sur chaque côté, soit un total de 64 points de contrôle.
FFD (box)	Crée une enveloppe en forme de boîte pour laquelle on peut définir le nombre de points de contrôle sur chaque côté.
FFD (cyl)	Crée une enveloppe en forme de cylindre pour laquelle on peut définir le nombre de points de contrôle sur chaque côté.
Fillet/Chamfer	Permet de travailler les coins entre des segments rectilignes dans les shapes pour les arrondir ou leur couper les angles (**Raccord/Chanfrein**).
Flex	Le modificateur **Flex** (élastique) permet de simuler des dynamiques de corps souples via un ressort virtuel qui retient et traîne les vertex de l'objet quand on l'éloigne du ressort pour simuler de l'élasticité.

Tab. 5.4 : Les modificateurs object-space

Modificateur	Fonction
HSDS	Cette nouvelle fonctionnalité de 3ds max qui implémente les Subdivisions Hiérarchiques de Surfaces permet de fignoler les objets modélisés en méthode Low-Polygon (peu de polygones) en les lissant de façon adaptative (en fonction de la forme de l'objet). Ce qui permet de ne pas augmenter inutilement le nombre de faces dans les zones n'ayant pas besoin d'être lissées. Dans cette nouvelle version de 3ds max, le HSDS offre un historique des subdivisions opérées, donnant ainsi plus de liberté à la modélisation.
Lathe	Le modificateur **Lathe** (tour) permet de créer un objet 3D par rotation paramétrée d'une shape (forme) ou d'une NURBS Curve (courbe NURBS). Cet outil est très pratique pour créer des récipients comme les verres, bouteilles, vases, etc.
Lattice	Permet de convertir les segments ou les arêtes d'une forme ou d'un objet en treillis. Les sommets du treillis peuvent être joints.
Linked Xform	Permet de rendre l'objet sélectionné dépendant des modifications que l'on apporte à un autre objet sans que celui-ci soit influencé par le premier.
Material	Permet d'animer ou de modifier simplement l'affectation des identificateurs (ID) des matériaux sur un objet. L'animation de changement d'ID est brutale d'une image à la suivante. Pour la rendre progressive, il faut utiliser les paramètres Mix dans un matériau Blend.
MaterialByElement	Permet d'appliquer différents identificateurs de matériaux par éléments composant un objet complexe, aléatoirement ou en fonction d'une règle. Cet effet est pratique pour des applications telles qu'une tour d'immeuble dont les fenêtres s'illuminent et s'éteignent la nuit de façon aléatoire.
Melt	Fait fondre l'objet sélectionné. L'effet est gérable en animation pour simuler par exemple un glaçon qui fond.
Mesh Select	Permet de faire passer une sélection de sous-objet de Mesh au-dessus de la pile de modificateurs de façon à pouvoir appliquer uniquement à cette sélection d'autres modificateurs.
MeshSmooth	Permet de lisser les formes géométriques de l'objet sélectionné en ajoutant des faces et en arrondissant les coins et les arêtes. Pratique pour donner une forme plus complexe à un objet modélisé par extrusions et donc possédant peu de faces. Contrairement au modificateur HSDS, le MeshSmooth ne s'adapte pas en fonction de la forme de l'objet. Il génère donc plus de faces.

Tab. 5.4 : Les modificateurs object-space

Modificateur	Fonction
Mirror	Permet de faire une copie symétrique de l'objet comme s'il se réfléchissait dans un miroir. Il est possible d'animer cet effet via son gizmo.
Morpher	Permet de faire une transition de morphing de l'objet sélectionné vers sa copie qui a été préalablement modifiée. On peut le faire vers plusieurs copies différentes pour par exemple obtenir plusieurs expressions d'un visage et pouvoir, grâce au Morpher, les mixer et les animer.
MultiRes	Réduit la quantité de mémoire système nécessaire au rendu des modèles en réduisant le nombre de vertex et de polygones. C'est intéressant non seulement pour l'utilisation de 3ds max en allégeant les scènes en cours d'utilisation mais aussi pour les scènes destinées aux jeux et aux sites web. Il est similaire au modificateur **Optimize** mais possède des paramètres plus intéressants et est en outre plus rapide.
Noise	Permet de déformer aléatoirement avec un "bruit" la surface de l'objet sélectionné.
Normal	Permet d'unifier ou de faire basculer les normales d'un objet sans appliquer le modificateur Edit Mesh.
Normalize Spl.	Le modificateur **Normalize Spline** (normaliser spline) permet de normaliser une spline en ajoutant de nouveaux points de contrôle à intervalles réguliers. Il n'est pas possible d'animer cette fonction.
Optimize	Optimise le nombre de faces d'un objet pour le rendre moins lourd à gérer dans la scène.
Patch Select	Permet de faire passer une sélection de sous-objet de Patch au-dessus de la pile de modificateurs de façon à pouvoir appliquer uniquement à cette sélection d'autres modificateurs.
PatchDeform	Permet de rendre l'objet sélectionné dépendant des modifications que l'on fait à une Patch Grid sans que celle-ci soit influencée par cet objet.
PathDeform	Déforme un objet qui utilise une spline ou une courbe NURBS comme chemin.
Physique	Modificateur spécifique à Character Studio qui lorsqu'il est appliqué à un maillage permet les mouvements de celui-ci en fonction du squelette qui lui a été attribué.

Tab. 5.4 : Les modificateurs object-space

Modificateur	Fonction
Point Cache	Permet de stocker l'animation du modificateur dans un fichier sur le disque dur qui n'enregistre que les changements de position de vertex. L'animation peut alors être lue uniquement à partir des informations stockées dans ce fichier au lieu d'interpréter les données des images clés du modificateur. C'est pratique dans les scènes lourdes qui ne pourraient pas lire cette animation du modificateur sans saccade car trop gourmandes en ressources système de l'ordinateur.
Poly Select	Le modificateur Polygon Select permet de faire passer une sélection de sous-objet au-dessus de la pile afin d'appliquer uniquement à cette sélection d'autres modificateurs.
Preserve	Permet de conserver, dans la mesure du possible, les longueurs des arêtes, les angles des faces et le volume d'un objet maillage modifié et déformé, en utilisant une copie inchangée de l'objet avant déformation.
Push	Permet de "pousser" les sommets d'un objet vers l'extérieur ou vers l'intérieur le long des normales des vertex. Cela produit un effet de gonflement qu'il n'est pas possible d'obtenir autrement.
Reactor AttachToRB	Modifiacteur spécifique à Reactor le plug-in de gestion des collisions et dynamiques intégré à 3ds max 6.
Reactor Cloth	Modificateur spécifique à Reactor le plug-in de gestion des collisions et dynamiques intégré à 3ds max 6. Ici pour la simulation de mouvements de vêtements.
Reactor SoftBody	Modificateur spécifique à Reactor le plug-in de gestion des collisions et dynamiques intégré à 3ds max 6.
Relax	Donne un effet de relâchement de la tension de surface apparente d'un mesh en rapprochant ou en éloignant leurs vertex avoisinants. Ce modificateur peut être une alternative aux modificateurs de subdivision de surface car il a pour effet de lisser et de diminuer légèrement la taille de l'objet.
Ripple	Permet de produire un effet de ride concentrique sur la surface de l'objet sélectionné.
Skew	Permet d'incliner l'objet en produisant un décalage uniforme de la géométrie de celui-ci.
Skin	Le modificateur **Skin** (peau) est un outil de déformation schématique. Il vous permet de déformer un objet à l'aide d'un autre objet.

Tab. 5.4 : Les modificateurs object-space	
Modificateur	Fonction
Slice	Permet de découper un objet selon un plan représenté par un gizmo. Cette découpe est paramétrable pour la gestion des vertex obtenus au niveau de la découpe. C'est pratique pour montrer la tranche d'un objet.
Smooth	Permet d'exécuter une fonction de lissage automatique animé. Vous pouvez appliquer de nouveaux groupes de lissage à des objets, image par image.
Spherify	Permet de rendre sphérique l'objet, c'est-à-dire de lui donner une forme de sphère. Ce modificateur permet de paramétrer la force de mise en sphère de l'objet de 0 à 100 %. Cela donne en animation un effet de morphing très rapide mais limité uniquement à un résultat de sphère.
Squeeze	Permet d'appliquer aux objets un effet de compression qui tasse le filaire.
STL Check	Vérifie un objet pour voir s'il est exportable vers un format de fichier *.stl* (format de stéréographie).
Stretch	Permet d'étirer l'objet en simulant les effets d'animation d'étirement et d'écrasement traditionnels.
Subdivide	Permet de modifier les surfaces planes d'un objet en les subdivisant en triangles équilatéraux de façon à optimiser les rendus de radiosité. Il est appliqué automatiquement aux objets d'une scène lors d'un rendu utilisant de la radiosité.
Surface	Génère un patch (carreau) créé à partir des contours d'un réseau de splines. Le patch est créé à l'endroit où les segments des splines entrelacées forment des polygones à 3 ou 4 côtés. Les modificateurs **CrossSection** et **Surface** forment ensemble les outils que l'on appelle les **Surface Tools** (outils de surface).
SurfDeform	Permet de rendre l'objet sélectionné dépendant des modifications que l'on fait à un NURBS Point ou à une CV Surface sans que ceux-ci soient influencés par cet objet.
Symmetry	C'est à la fois l'outil "miroir" et "Boolean", tout en pouvant changer l'axe de symétrie. La jointure de symétrie est optimisée de façon à éviter qu'elle soit visible lors du rendu.
Taper	Permet d'effiler l'objet en produisant un contour effilé en mettant à l'échelle les deux extrémités de la géométrie d'un objet, l'une étant agrandie et l'autre réduite.

Tab. 5.4 : Les modificateurs object-space	
Modificateur	Fonction
Tessellate	Permet de "polygonaliser" (subdiviser) les faces de la sélection en cours. Cela augmente donc le nombre de faces de l'objet. C'est très utilisé pour assouplir des faces recourbées.
Trim Extend	Ce modificateur **Ajuster/Prolonger** permet d'éviter les chevauchements ou les splines ouvertes dans une forme (patch) multispline, afin que les lignes se croisent en un seul point.
Turn to Poly	Convertit l'objet sélectionné en polygone.
Turn to Patch	Convertit l'objet sélectionné en patch.
Turn to Mesh	Convertit l'objet sélectionné en mesh.
Twist	Applique une torsion (telle que l'essorage d'un chiffon mouillé) de tout l'objet.
Unwrap UVW	Permet d'assigner des textures planaires à des sélections de sous-objets et d'éditer les coordonnées UVW de ces sélections. Les coordonnées UVW existantes d'un objet peuvent être également développées et éditées. Les textures peuvent être ajustées aux meshes, patches ou NURBS. Il peut être utilisé comme mappeur UVW autonome ou comme éditeur de coordonnées UVW, ou conjointement avec le UVW Map.
UVW Map	Ce modificateur permet d'appliquer à l'objet sélectionné des coordonnées de mapping que l'on peut paramétrer en fonction de formes simples par défaut. Il est indispensable d'appliquer des coordonnées de mapping à un objet non basique, sous peine de recevoir un message d'erreur lors du rendu de la scène. En effet, 3ds max ne peut pas appliquer automatiquement des coordonnées de mapping à un objet complexe. Il faut donc le faire manuellement avec le modificateur UVW Map.
UVW Xform	Ajuste le recouvrement et le décalage dans les coordonnées de mapping UVW existantes. Ce modificateur permet de parfaire le réglage de ces coordonnées.
Vertex Weld	Similaire à l'outil présent dans le modificateur "Edit Mesh", il permet de souder des vertex séparés par une distance inférieure à la limite que vous avez fixée. Cela permet de simplifier des maillages dans des zones très étroites où certains points ne sont pas utiles.
VertexPaint	Permet d'appliquer la couleur de vertex (sommet) à un objet.

Tab. 5.4 : Les modificateurs object-space

Modificateur	Fonction
Vol. Select	Le modificateur Volume Select permet de faire passer une sélection de vertex (sommet) au-dessus de la pile de modificateurs de façon à pouvoir appliquer uniquement à cette sélection d'autres modificateurs.
Wave	Permet de générer un effet d'onde sur la surface de l'objet sélectionné.
Xform	Permet d'effectuer une transformation paramétrée de l'objet avec les outils habituels de modification : outils de déplacement (*move*), de rotation (*rotate*) et de taille (*scale*).

REMARQUE

Les textures dans les jeux

La fonction Unwrap UVW est très pratique pour la gestion des textures dans les jeux vidéo. En effet, elle est gérée par certains moteurs de rendu temps réel (comme les Quake-like) pour le positionnement des textures sur l'objet.

Unassigned Modifiers

Cette partie liste les modificateurs qui proviennent des plug-ins que vous avez installés dans 3ds max.

On y trouvera par exemple des modificateurs optionnels comme Illustrate, Greeble, etc.

REMARQUE

Résolution en nombre de faces des objets

Certains modificateurs que vous appliquerez à des objets n'ayant pas beaucoup de faces ne donneront pas de résultat visible puisqu'ils agissent sur les vertex de ces objets. Il faut donc vérifier, avant d'appliquer un modificateur comme le Noise (bruit), que l'objet auquel il s'applique possède un nombre correct de faces.

5.6 Conseils avant de partir vers la modélisation d'une scène complète

Avant de débuter la modélisation d'une scène, donnez-vous un objectif précis. Ayez par exemple un modèle de l'objet que vous voulez modéliser, ou préparez un croquis de la scène.

Faites attention aux proportions, n'hésitez pas à créer un cube parfait qui vous servira de référence par rapport à la réalité.

Nommez tous les objets créés de façon organisée pour éviter d'être perdu. Utilisez les couleurs pour différencier les meshes.

Soyez méthodique lors de la modélisation d'un objet de façon à utiliser la technique de modélisation la plus adaptée.

Sauvegardez vos fichiers *.max* le plus souvent possible. N'hésitez donc pas à utiliser la fonction de sauvegarde incrémentale. En effet, il arrive fréquemment qu'un plantage occasionné par un bug de 3ds max ou d'un plug-in altère votre fichier *.max* de façon irrémédiable.

Pensez au cadrage pour éviter de modéliser des objets ou des parties d'objets qui ne seraient pas dans le cadre.

5.7 Les différentes techniques de modélisation

Édition du mesh des objets primitifs

Il existe 2 manières d'éditer le mesh d'un objet primitif :

1. Ajoutez-lui le modificateur **Edit Mesh**

   Pour cela, sélectionnez l'objet et activez l'onglet **Modify** du panneau de commande puis choisissez le modificateur *Edit Mesh* dans la *Modifier List*.

2. Convertissez l'objet en mesh éditable

Cliquez à cet effet à l'aide du bouton droit dans la pile des modificateurs sur l'objet primitif et sélectionnez la fonction *Convert to : Editable Mesh.*

Il est conseillé d'utiliser la première méthode si vous voulez pouvoir revenir sur votre décision plus tard.

Exemple : édition d'une boîte

1. Activez l'onglet **Create** du panneau de commande, cliquez sur le bouton **Geometry** et dans le panneau déroulant **Object Type**, choisissez *Box*.

2. Allez dans le Viewport (la fenêtre de vue) "Top" et créez votre boîte.

3. Dans le panneau déroulant **Parameters**, faites passer les 3 champs *Segs* de 1 à 3 pour augmenter le nombre de faces de la boîte.

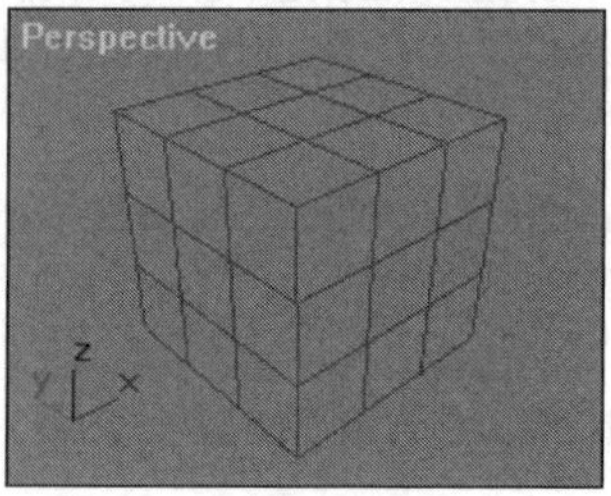

Fig. 5.37 :
Boîte ayant 3 segments de hauteur, largeur et profondeur

4. Allez dans l'onglet **Modify** et, dans la *Modifier List*, choisissez le modificateur *Edit Mesh*.

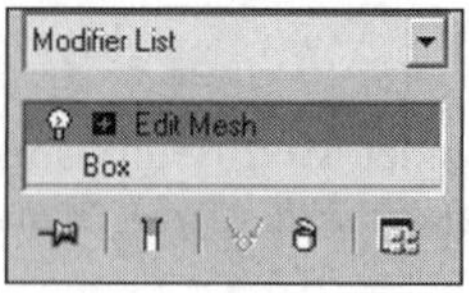

Fig. 5.38 :
Boîte avec modificateur Edit Mesh

5. Dans le panneau déroulant **Selection** des paramètres du modificateur **Edit Mesh**, dans l'onglet **Modify** du panneau de commande, cliquez sur le bouton **Polygon** pour passer en mode d'édition par polygone.

REMARQUE

Mode d'édition des modificateurs

Dans la pile des modificateurs, le modificateur Edit Mesh devient surligné en jaune. Cela signifie qu'il est en mode d'édition. En effet, lorsque vous êtes en mode d'édition des propriétés d'un modificateur, il est surligné en jaune. Si vous voulez ne plus l'éditer et passer à d'autres choses, vous devez impérativement désactiver le mode d'édition du modificateur. Pour cela, il vous suffit de cliquer une fois dessus dans la pile des modificateurs.

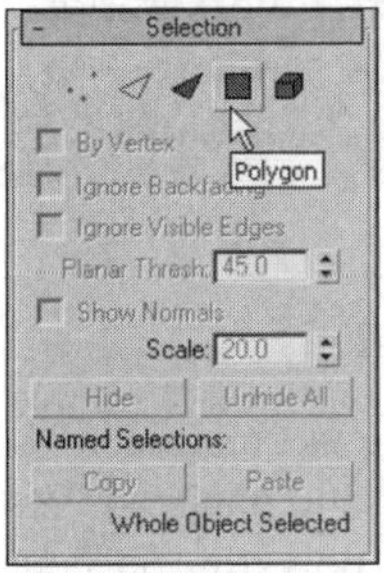

◄ Fig. 5.39 : *Passage en mode d'édition du mesh par polygones*

6. Vérifiez que vous êtes bien en mode Select and Move ("sélection et déplacement") et sélectionnez un ou plusieurs polygones puis déplacez-les.

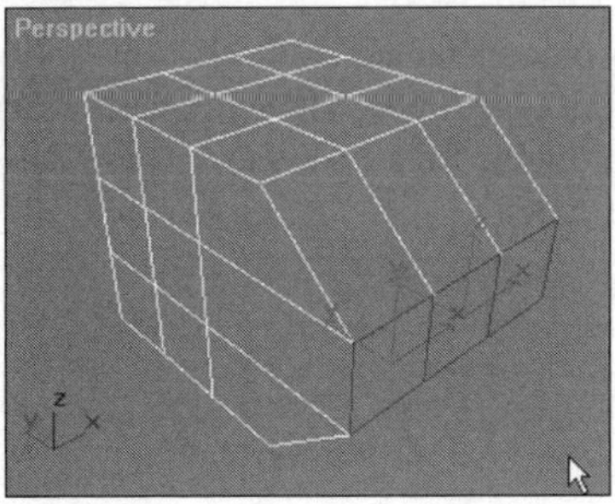

◄ Fig. 5.40 : *Boîte modifiée*

Vous remarquerez que ces faces se déplacent et que les segments à côté suivent et que par la même occasion la boîte se déforme. Vous pouvez modifier le mesh de tout objet de cette manière ou en passant par les autres modes d'édition par les vertex, les edges, les faces ou encore les éléments de l'objet.

◄ Fig. 5.41 :
Autres modes d'édition du mesh

REMARQUE

Sélection de plusieurs polygones éloignés

Pour sélectionner plusieurs polygones éloignés, vous pouvez les sélectionner en maintenant la touche Ctrl pour les ajouter. Si vous voulez inversement désélectionner certains polygones, il suffit de les sélectionner en maintenant la touche Alt appuyée.

Modélisation en technique Low Polygon

La modélisation Low Polygon commence toujours par la création d'un objet primitif dont on a augmenté le nombre de faces en changeant ses paramètres de segments. Pour la modélisation en low polygon, on peut commencer comme dans l'exercice précédent par modifier une boîte via le panneau déroulant **Selection** du modificateur Edit Mesh.

On peut ensuite utiliser les fonctions avancées du modificateur **Edit Mesh** qui figurent dans le panneau suivant **Edit Geometry**.

En reprenant la suite de l'exercice précédent, nous allons vous montrer comment utiliser certaines de ces fonctions intéressantes comme l'extrusion et l'inclinaison de faces et comment finir un objet en utilisant les modificateurs d'assouplissement du mesh.

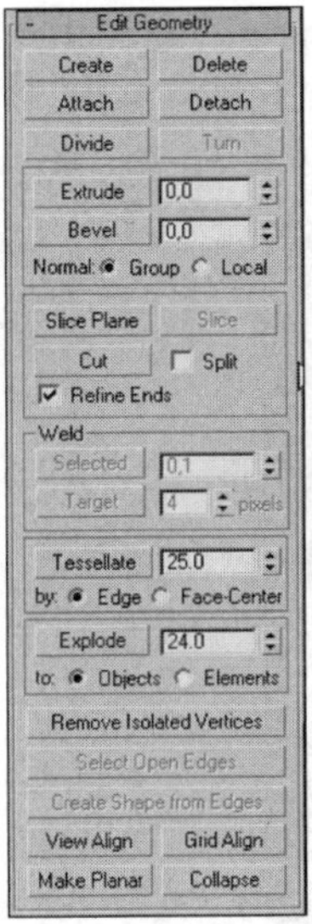

◄ Fig. 5.42 : *Panneau déroulant Edit Geometry du modificateur Edit Mesh*

1. Toujours en mode d'édition des polygones du modificateur **Edit Mesh**, sélectionnez un ou plusieurs polygones et, dans le panneau déroulant **Edit Geometry**, cliquez sur le bouton **Extrude** et augmentez ou diminuez à votre guise le champ à droite du bouton **Extrude** ou, directement dans les fenêtres de vue, appliquez l'extrusion (une icône spéciale extrusion apparaît).

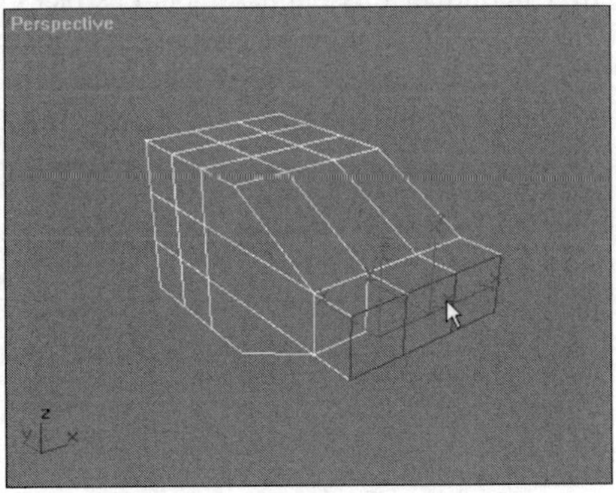

▲ Fig. 5.43 : *Extrusion de polygones d'un objet*

2. Vous pouvez maintenant modifier cette extrusion grâce à la fonction **Bevel** que vous pouvez appliquer juste en cliquant sur le bouton **Bevel** et en modifiant son intensité.

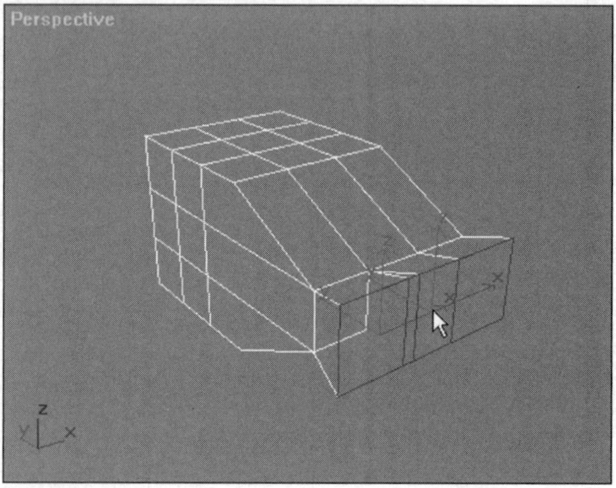

▲ Fig. 5.44 : *Inclinaison (Bevel) de polygones extrudés*

Pour assouplir le mesh, il vous suffit d'utiliser un des modificateurs de subdivision de surface.

3. Pour cela, désactivez le mode d'édition du modificateur **Edit Mesh** (à moins que vous ne vouliez appliquer l'assouplissement des faces que sur une partie bien définie du mesh). Pour cela, il vous suffit juste de désactiver le bouton **Polygon** dans le panneau déroulant **Selection**. Ou encore de cliquer dans la pile des modificateurs sur le modificateur **Edit Mesh**.

4. Ajoutez à l'objet le modificateur **HSDS Modifier** en le sélectionnant dans la *Modifier List*.

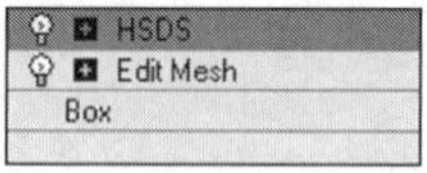

◄ Fig. 5.45 : *Ajout du modificateur HSDS Modifier*

5. Dans le panneau déroulant **HSDS Parameters** du modificateur **HSDS**, cliquez sur le bouton **Adaptive Subdivision**.

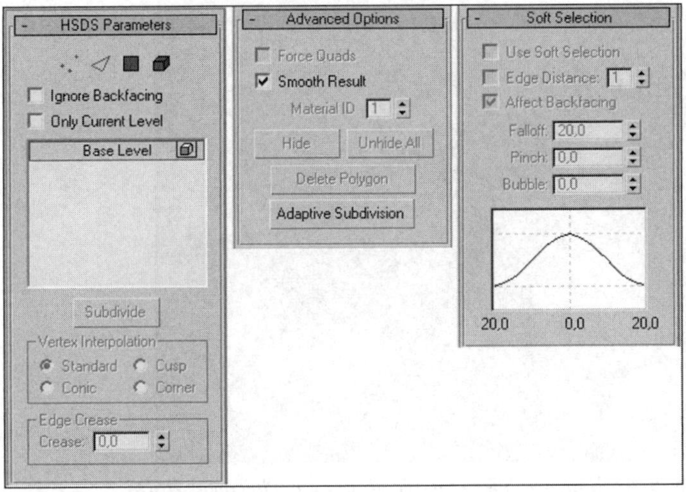

▲ Fig. 5.46 : *Panneau déroulant HSDS Parameters du modificateur HSDS*

6. La boîte de dialogue **Adaptive Subdivision** apparaît. Cochez la case *Add* dans la zone *Detail* et la case *High* dans la zone *Parameters*. Puis cliquez sur le bouton OK.

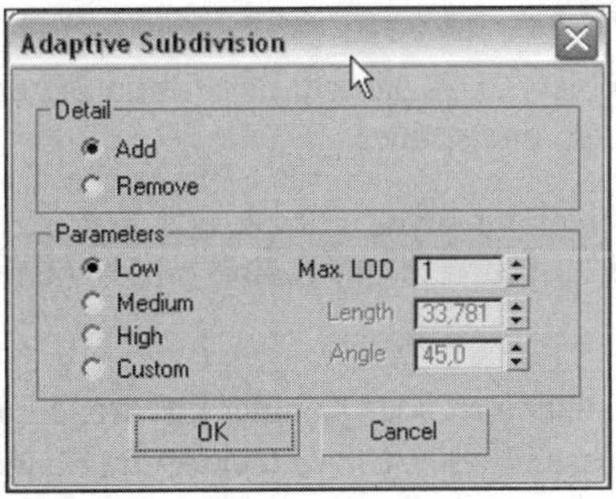

◄ Fig. 5.47 : *Boîte de dialogue Adaptive Subdivision*

Vous voyez alors la boîte que nous avons déformée dans une forme totalement nouvelle qui vous donne une idée des possibilités offertes de l'utilisation de la modélisation en low polygon associée à un modificateur de subdivision de surface.

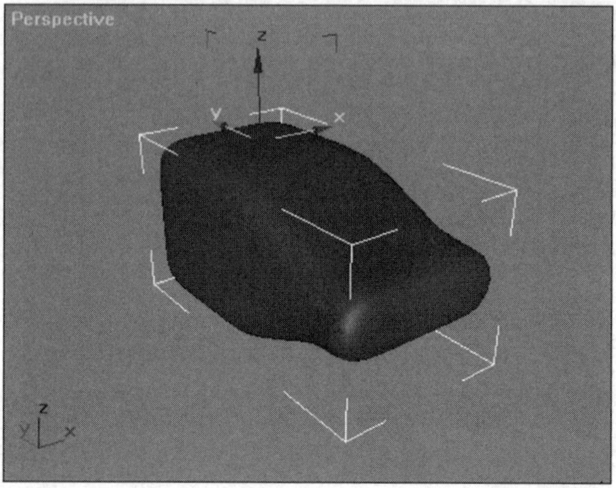

▲ Fig. 5.48 : *Boîte modifiée et lissée grâce au modificateur HSDS*

Une fois que vous aurez maîtrisé l'utilisation des subdivisions en testant toutes les options, vous pourrez réaliser la plupart des objets ayant des formes non géométriques.

Loft et extrusion de formes

Le loft permet de modéliser des objets 3D à partir d'une forme 2D en le faisant suivre un chemin défini avec une spline.

Dans cet exemple, nous allons créer un tuyau complexe à partir d'un cercle représentant le diamètre du tuyau et d'une spline représentant le chemin que suit le tuyau.

1. Allez dans le panneau de commande et, sous l'onglet **Create**, cliquez sur le bouton **Shapes** et choisissez l'objet *Circle* (cercle) du panneau déroulant **Object Type**. Créez le cercle dans le viewport Front.

◄ Fig. 5.49 : *Création d'un cercle*

2. Toujours dans le panneau déroulant **Object Type**, choisissez **Line** (bouton au-dessus du bouton **Circle**) et créez toujours dans le viewport Front une ligne souple composée de plusieurs points, comme le montre la capture d'écran ci-dessous.

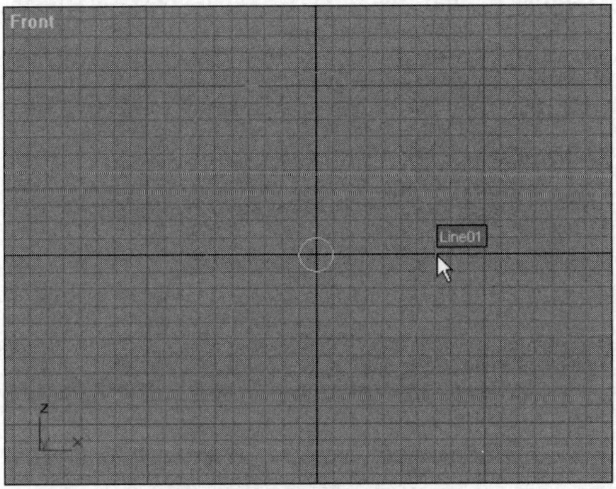

▲ Fig. 5.50 : *Shape en forme de cercle et chemin (path) en spline souple*

3. Allez dans le panneau de commande, onglet **Create**, cliquez sur le bouton **Geometry** et, dans la liste déroulante de type d'objet à créer, choisissez **Compound Objects**.

Sélectionnez le cercle précédemment créé. Puis cliquez sur le bouton **Loft**.

◄ Fig. 5.51 : *Création d'un loft*

4. Dans le panneau déroulant **Creation Method**, cliquez sur le bouton **Get Path** (prendre le chemin) puis, dans le viewport Front, cliquez sur la spline de chemin du tuyau que vous avez créée ou cliquez sur le bouton **Get Shape** (prendre la forme) si vous avez sélectionné le spline de chemin et cliquez sur le cercle

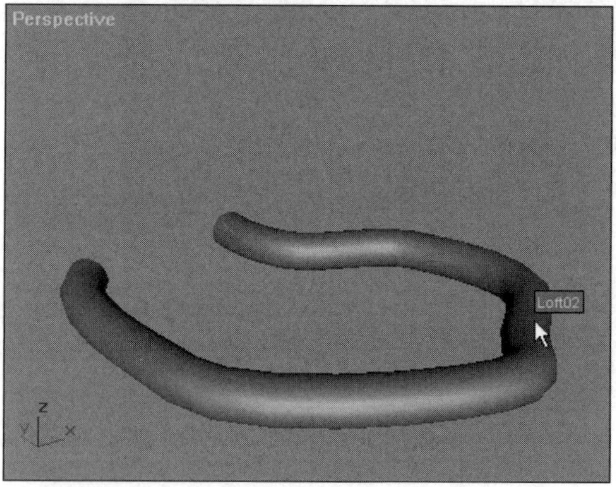

▲ Fig. 5.52 : *Loft généré par un chemin et une forme 2D*

5. Vous pouvez maintenant aller dans la zone *Options* du panneau déroulant **Skin Parameters** pour augmenter à votre guise le nombre d'étapes du chemin pour le rendre moins anguleux via le champ *Path Steps*. Vous pouvez faire la même chose avec le *Shape Steps*. Les autres options comme *Optimize Shapes* et autres peuvent s'avérer utiles pour optimiser le loft aussi bien en nombre de faces qu'en qualité (souplesse) de la forme. La fonction *Flip Normals* va vous permettre de remettre à l'endroit un objet loft vous paraissant "creu".

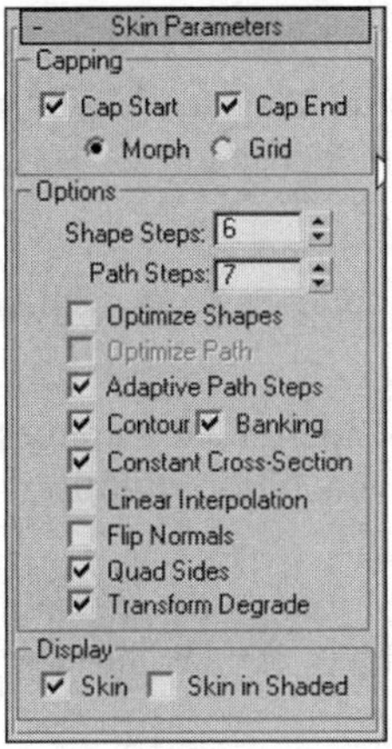

◄ Fig. 5.53 :
Paramètres d'optimisation du loft

6. Le panneau déroulant **Deformations** permet aussi d'affiner de façon très précise le loft.

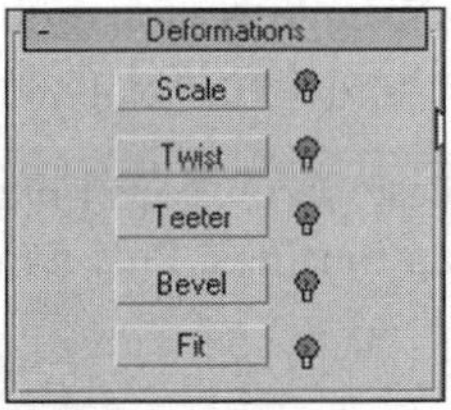

◄ Fig. 5.54 :
Panneau déroulant Deformations

L'intérêt des lofts est que les shapes et splines existent toujours. De plus, si on les modifie, l'objet loft varie en fonction des changements.

REMARQUE

Loft à base de plus de 2 splines et formes

Pour la création de loft complexes, il faut partir de la base de cet exercice puis passer par l'onglet **Modify** du panneau de commande pour pouvoir ajouter les contraintes d'autres formes.

Les Surface Tools

L'outil **Surface Tools** était à l'origine un plug-in de 3ds max. L'efficacité de ce plug-in l'a rendu indispensable pour la modélisation de certains objets et même pour la modélisation de visages.

Il est composé en fait de deux modules qui s'appliquent à des splines : **Surface** et **CrossSection**.

- Surface permet de donner du volume à des shapes et à des splines en les transformant en objets 3D. Avec comme condition d'utiliser des formes comportant au maximum 4 faces.
- CrossSection est un complément à Surface : il permet de préparer les shapes et les splines à être transformés en objets 3D par Surface.

Préparation

Pour bien travailler en mode Surface Tools, il faut se mettre en mode Snap (accroche) en fonction des vertex.

1.  Cliquez sur cette icône *3D Snap Toggle* avec le bouton droit de la souris. La boîte de dialogue **Grid and Snap Settings** apparaît.
2. Désactivez la case *Grid Points* et activez la case *Vertex* sous l'onglet **Snaps** de la boîte de dialogue **Grid and Snap Settings**. Puis fermez cette boîte de dialogue.

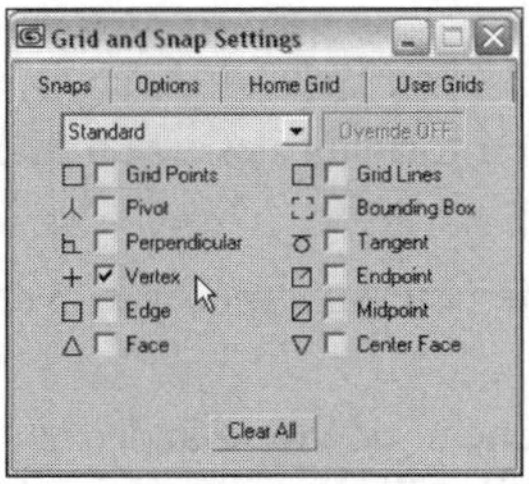

◄ Fig. 5.55 : *Onglet Snaps de la boîte de dialogue Grid and Snap Settings*

3.  Activez le mode Snap en cliquant cette fois-ci normalement avec le bouton gauche de la souris sur ce bouton **3D Snap Toggle**.

4. Pour les objets créés, cliquez à l'aide du bouton droit sur eux et, dans le quad panel, choisissez la fonction **Properties** pour faire apparaître la boîte de dialogue **Object Properties**.

   Cochez la case *Vertex Ticks* de la zone *Display Properties* afin de faire apparaître les vertex de façon plus évidente dans la scène.

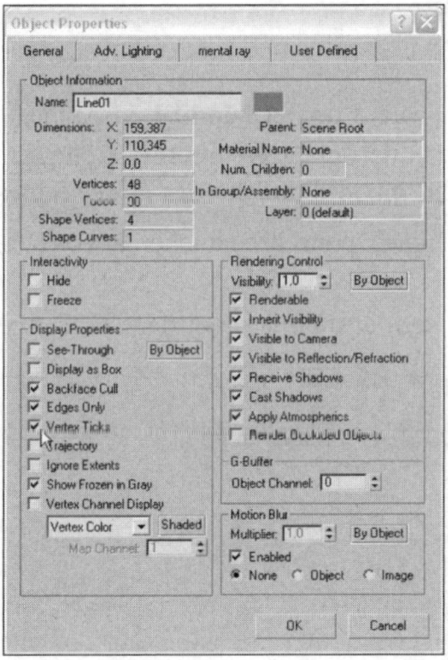

▲ Fig. 5.56 : *Boîte de dialogue Object Properties*

Surface

1. Créez dans la vue front plusieurs lignes en formant des quadrilatères contigus comme dans l'image suivante.

   La fonction Snap va vous faciliter la tâche pour superposer les vertex contigus.

   Pour cela, ouvrez l'onglet **Create** du panneau de commande, bouton **Shapes** et, dans le panneau déroulant **Object Type**, cliquez sur *Line*.

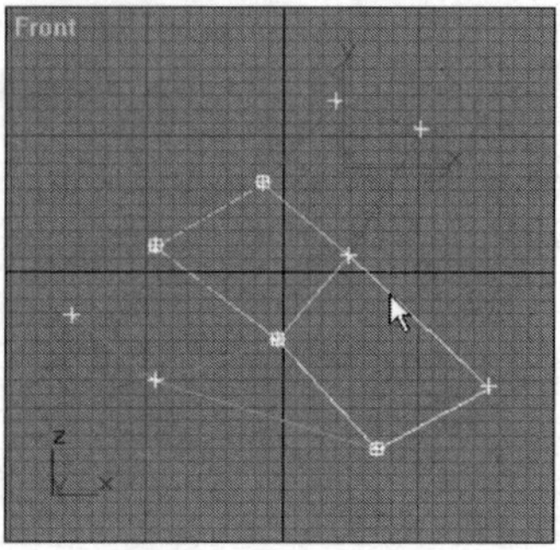

◄ Fig. 5.57 : *Cinq lignes formant des quadrilatères contigus (et un triangle)*

2. Sélectionnez une des lignes et, sous l'onglet **Modify** du panneau de commande, allez dans le panneau déroulant **Geometry** et cliquez sur le bouton **Attach** pour passer en mode d'attache des autres lignes.

   Puis cliquez sur les 4 autres lignes pour les attacher à votre ligne principale.

   Vous n'avez maintenant qu'un seul et unique objet dans votre scène.

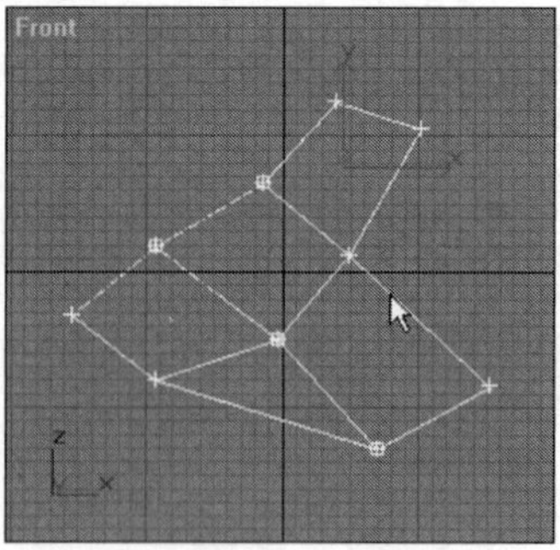

◄ Fig. 5.58 : *Les 5 lignes regroupées en un seul objet 2D*

3. Déplacez certains points superposés dans la vue Top pour donner à l'objet 2D une troisième dimension, comme le montre l'image suivante (de façon à mieux comprendre l'intérêt de l'outil **Surface**).

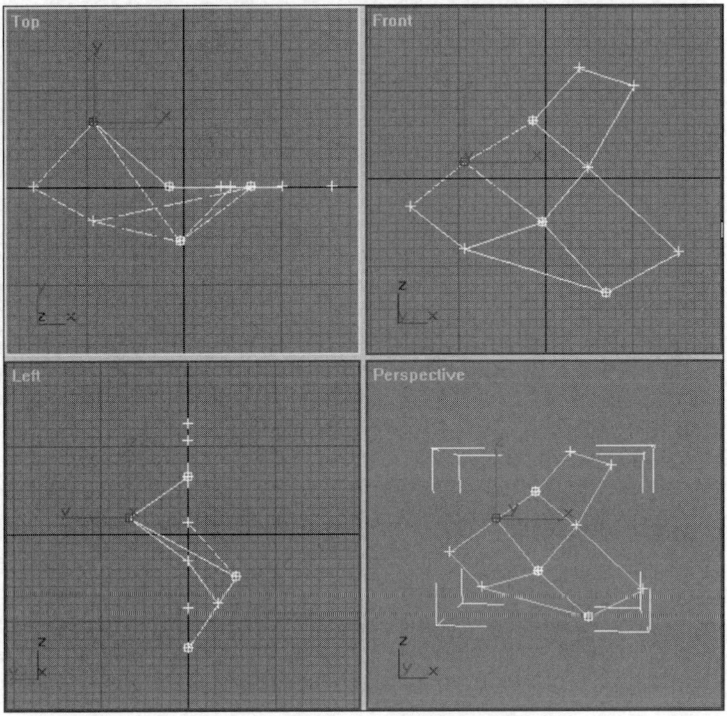

▲ Fig. 5.59 : *Donnons un peu de relief à l'objet 2D créé*

4. Vous pouvez maintenant appliquer le modificateur Surface.

   Pour cela allez dans la *Modifier List* de l'onglet **Modify** du panneau de commande et choisissez le modificateur **Surface** dans le groupe de modificateurs *Patch/Spline Editing*. Si vous avez bien fait les choses, vous verrez tout de suite le résultat suivant.

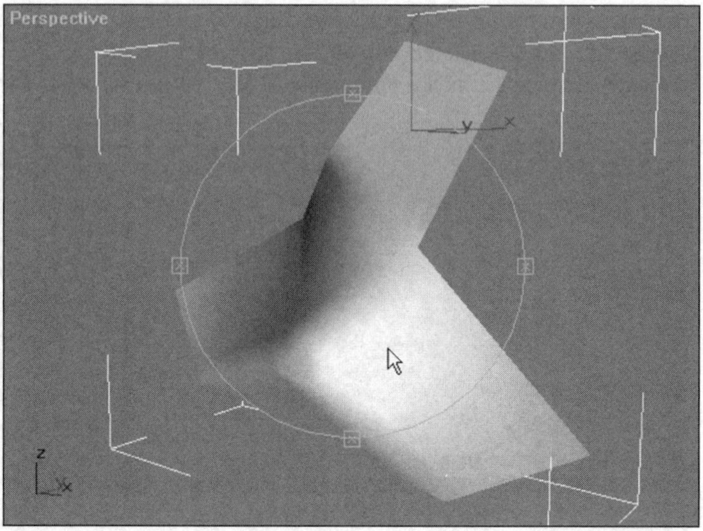

▲ Fig. 5.60 : *Objet créé avec Surface Tools*

REMARQUE

Inconvénient des Surface Tools

Le principal inconvénient des Surface Tools est qu'ils nécessitent une préparation méthodique et précise. En effet, il suffit que 2 vertex ne se superposent pas pour que des faces ne soient pas générées par le modificateur Surface.

Exemple de modélisation avec Surface Tools

En poussant l'utilisation des Surface Tools, il est possible de créer des visages, comme le montrent les captures d'écran suivantes de filaire représentant le visage d'une statue.

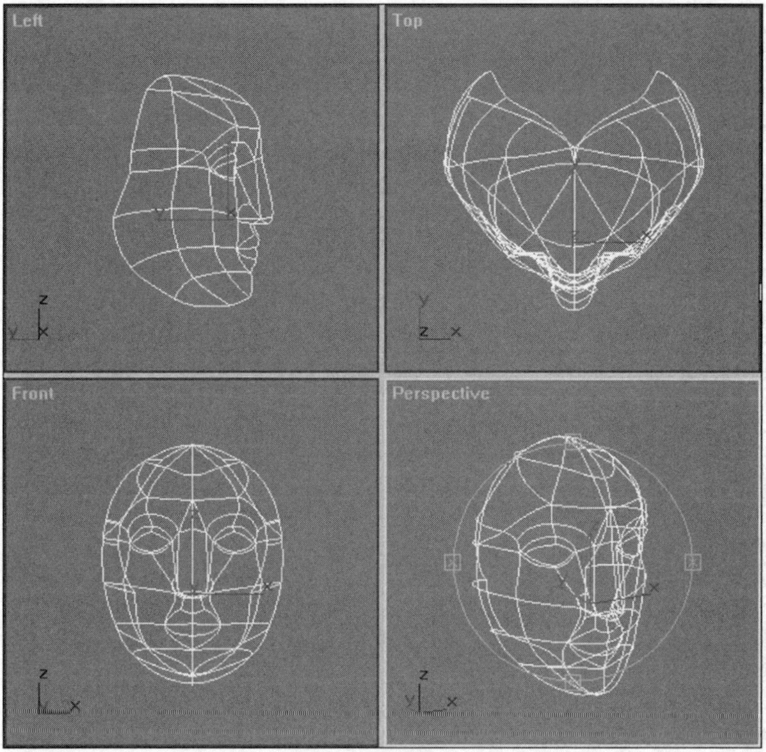

▲ Fig. 5.61 : *Visage en splines sans volume et sans Surface Tools*

Ce visage a été réalisé à partir des contours de la vue de face, de profil et de dessus du visage préalablement dessiné avant de passer à la 3D.

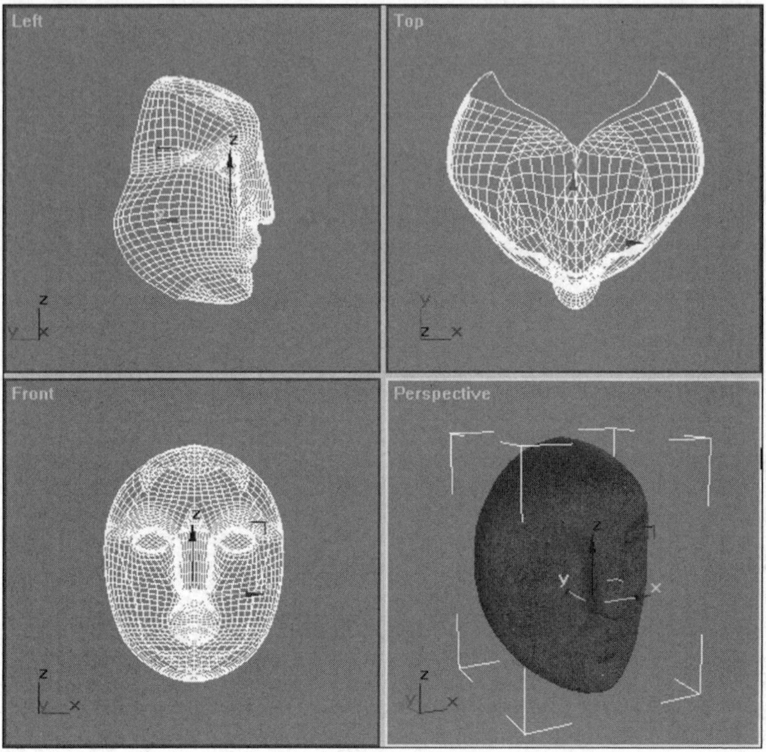

▲ Fig. 5.62 : *Le même visage après l'application du modificateur Surface*

Les booléennes

Dans cet exemple, nous allons créer une sphère percée par un trou triangulaire. Il faudra donc utiliser la soustraction comme opération booléenne.

1. Créez une sphère et un prisme (*Extended Primitive*) et disposez-les comme dans l'image suivante.

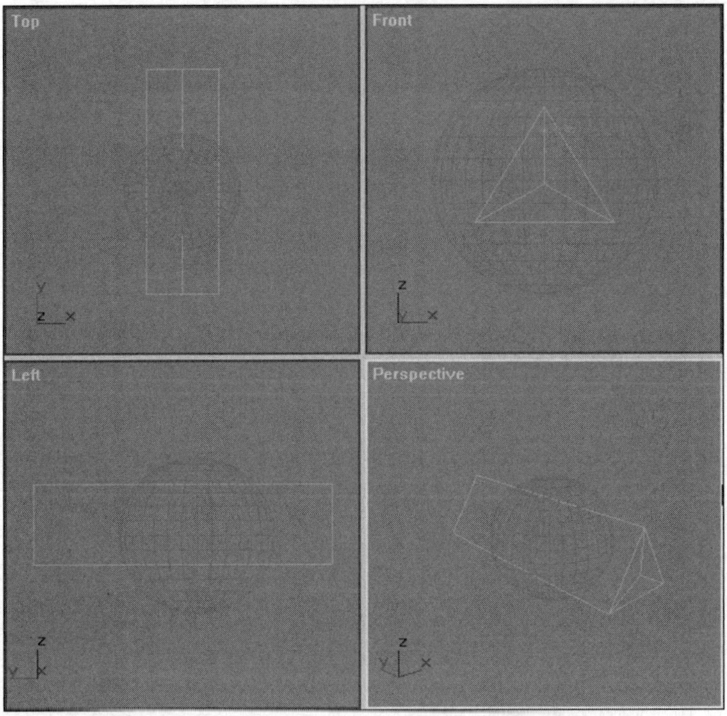

▲ Fig. 5.63 : *Sphère et prisme pour une opération booléenne*

2. Sélectionnez la sphère et allez dans le panneau de commande, onglet **Create**. Sélectionnez *Compound Object* dans la liste déroulante puis cliquez sur le bouton **Boolean**.

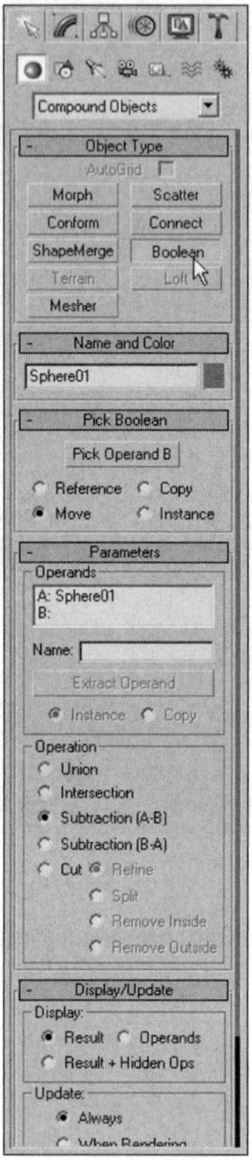

◄ Fig. 5.64 :
Appliquer la fonction booléenne

3. Dans le panneau déroulant **Parameters**, choisissez le type d'opération booléenne que vous voulez effectuer, en l'occurrence *Substration (A-B)*. Puis, dans le panneau déroulant **Pick Boolean**, cliquez sur le bouton **Pick Operand B** (vérifiez que la case *Move* est bien cochée).

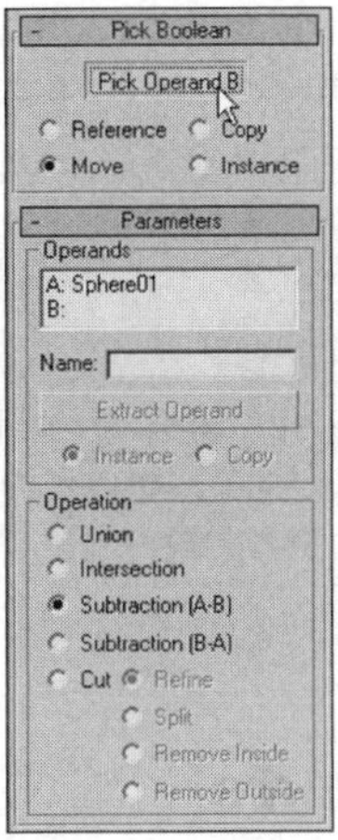

◄ Fig. 5.65 : *Paramétrage de la booléenne avant de définir l'opérande B*

4. Cliquez sur le prisme pour le définir comme opérande B.

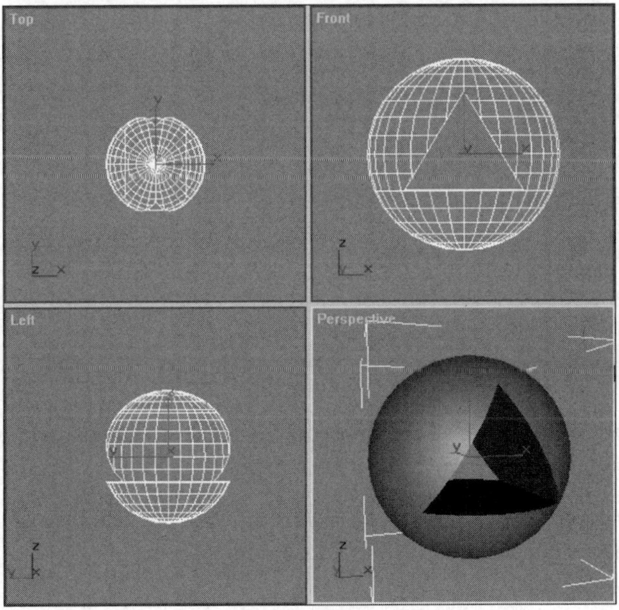

▲ Fig. 5.66 : *Résultat de l'opération booléenne*

Il est toujours possible de modifier les opérandes et donc de modifier le résultat de l'opération booléenne tant que la pile des modificateurs n'a pas été écrasée.

REMARQUE

Optimisation de la scène

Les opérations booléennes complexes sont gourmandes en ressources système. Il est donc conseillé d'écraser la pile des modificateurs une fois que votre objet généré avec une opération booléenne a été modélisé de façon définitive.

Boîte à outils du mode d'édition des Nurbs

Après avoir créé l'un ou l'autre type de courbe Nurbs, si vous passez en mode d'édition (*Modify*), vous avez automatiquement une boîte d'outils Nurbs qui s'affiche. Celle-ci vous permet d'accéder rapidement aux principales fonctions de modélisation Nurbs.

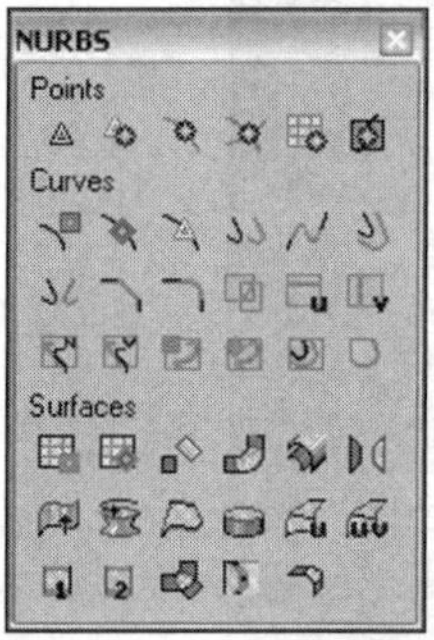

◄ Fig. 5.67 : *Boîte d'outils NURBS*

Cette boîte d'outils NURBS regroupe trois types de fonctions de modélisation Nurbs :

1. Les fonctions d'édition en mode *Points*. Elles permettent de modifier les surfaces Nurbs selon leurs points d'édition.

Tab. 5.5 : Groupe de fonctions Points de la boîte d'outils NURBS

Icône	Nom	Fonction
	Create Point	Permet de créer un point indépendant.
	Create Offset Point	Permet de créer un point de doublure dépendant d'un point original.
	Create Curve Point	Permet de créer un point dépendant sur une courbe uniquement. Ce point est sur cette courbe et peut glisser sur toute sa longueur comme un chemin.
	Create Curve-Curve Point	Permet de créer un point dépendant à l'endroit où deux courbes se croisent.
	Create Surf Point	Permet de créer un point dépendant sur une surface.
	Create Surface-Curve Point	Permet de créer un point dépendant à l'endroit où une courbe et une surface se croisent.

2. Les fonctions d'édition en mode *Curves*. Elles permettent de modifier les surfaces Nurbs en fonction de leurs sous-objets courbes.

Tab. 5.6 : Groupe de fonctions Curves de la boîte d'outils NURBS.

Icône	Nom	Fonction
	Create CV Curve	Permet de créer une courbe CV (control vextex) indépendante.
	Create Point Curve	Permet de créer un point indépendant sur une courbe.
	Create Fit Curve	Permet d'ajuster une courbe entre des points existants. À partir de quatre points de surface (surface points), il est possible de les transformer en courbe, avec cet outil. C'est une des fonctions les plus utiles de la boîte à outils Nurbs.
	Create Transform Curve	Permet de créer une courbe de transformation dépendante.
	Create Blend Curve	Permet de créer une courbe dépendante, générée entre deux autres courbes, pour n'en former qu'une seule.

Tab. 5.6 : Groupe de fonctions Curves de la boîte d'outils NURBS.

Icône	Nom	Fonction
	*Create Offset Curve*	Permet de créer une courbe de doublure dépendante d'une courbe originale.
	*Create Mirror Curve*	Permet de créer une courbe miroir dépendante de l'original.
	*Create Chamfer Curve*	Permet de créer une courbe de cannelure dépendante, entre deux courbes, pour les relier.
	*Create Fillet Curve*	Permet de créer une courbe ruban dépendante, entre deux courbes, pour les relier de façon souple.
	*Create Surface-Surface Intersection Curve*	Permet de créer une courbe qui définit l'intersection entre deux surfaces.
	*Create U Iso Curve*	Permet de créer une courbe dépendante en fonction des lignes de repère orthonormé d'une surface, selon l'axe des X (U).
	*Create V Iso Curve*	Permet de créer une courbe dépendante suivant un axe en fonction des lignes de repère orthonormé d'une surface selon l'axe des Y (V).
	*Create Normal Projected Curve*	Permet de créer la projection d'une courbe sur une surface en fonction de l'axe des normales de celle-ci.
	*Create Vector Projected Curve*	Permet de créer la projection d'une courbe sur une surface en fonction de l'axe d'un vecteur dont vous avez le contrôle.
	*Create CV Curve on Surface*	Permet de créer une courbe CV dépendante sur la surface.
	*Create Point Curve on Surface*	Permet de créer une courbe dépendante en mode point sur une surface.
	*Create Surface Offset Curve*	Permet de créer une courbe dépendante de doublure de surface.
	*Create Surface Edge Curve*	Permet de créer une courbe dépendante qui suit les limites (bordures) d'une surface.

3. Les fonctions d'édition en mode *Surfaces*.

Elles permettent de modifier les surfaces Nurbs elles-mêmes, et également d'en créer en fonction de leurs sous-objets courbes.

Tab. 5.7 : Groupe de fonctions Surfaces de la boîte d'outils NURBS

Icône	Nom	Fonction
	*Create CV Surface*	Permet de créer une surface CV indépendante, comme avec le bouton **CV Surf** du panneau déroulant *Object Type* de création de surfaces Nurbs.
	*Create Point Surface*	Permet de créer un point de surface indépendant.
	*Create Transform Surface*	Permet de créer une copie d'une surface qui sera dépendante de cette même surface, lors des transformations comme les modifications de position, de rotation ou de taille.
	*Create Blend Surface*	Permet de créer une surface dépendante de connexion entre plusieurs surfaces (mélange – blend).
	*Create Offset Surface*	Permet de créer une copie de surface dépendante de la première, dont les transformations (déplacement pour **Move**, rotation pour **Rotate** et taille pour **Scale**) se font en fonction des normales de la surface d'origine.
	*Create Mirror Surface*	Permet de créer une surface dépendante de miroir. Pratique pour la réalisation d'un objet symétrique, comme un visage ou un avion.
	*Create Extrude Surface*	Permet de créer des surfaces Nurbs par extrusion d'un sous-objet courbe Nurbs. Agit un peu comme le modificateur habituel **Extude**.
	*Create Lathe Surface*	Permet de créer des surfaces Nurbs en faisant le tour d'un sous-objet courbe Nurbs. Agit un peu comme le modificateur habituel **Lathe**.
	*Create Ruled Surface*	Permet de créer des surfaces Nurbs à partir de deux sous-objet courbes Nurbs. Par exemple, deux courbes parallèles.
	*Create Cap Surface*	Permet de couvrir une courbe fermée ou les extrémités d'une surface fermée. Par exemple : couvrir une surface Nurbs résultant d'une courbe Nurbs extrudée.

Tab. 5.7 : Groupe de fonctions Surfaces de la boîte d'outils NURBS

Icône	Nom	Fonction
	*Create U Loft Surface*	Permet de créer une surface Nurbs interpolée, en fonction de plusieurs sous-objets courbes Nurbs. Agit un peu comme avec les Lofts normaux, en prenant plusieurs courbes selon un chemin défini, mais sans avoir besoin de celui-ci.
	*Create UV Loft Surface*	Permet de créer une surface Nurbs comme avec la fonction **Create U Loft Surface**, mais avec en plus le paramètre d'axe V (axe des Y).
	*Create 1-Rail Sweep*	Permet de créer une surface Nurbs à partir d'au moins deux courbes. Une courbe Nurbs appelée rail définira un bord de la surface comme un chemin dans les Lofts normaux. Les autres courbes Nurbs définiront les formes de l'objet selon le rail toujours comme dans les Lofts normaux, en prenant plusieurs courbes selon un chemin défini.
	*Create 2-Rail Sweep*	Permet de créer une surface Nurbs à partir d'au moins trois courbes Nurbs. Dans ce cas, il y a deux courbes de rails qui définissent les deux bords de la surface. Les autres courbes définissent les sections de croisement (cross sections) de la surface.
	*Create a Multisided Blend Surface*	Permet de créer une seule et unique surface Nurbs à partir de trois ou quatre autres sous-objets courbes Nurbs ou surfaces Nurbs.
	*Create a Multicurve Trimmed Surface*	Permet de modifier une surface Nurbs en la taillant (perçant, trouant) en fonction de plusieurs courbes engendrant une forme fermée délimitant la zone à trouer.
	*Create Fillet Surface*	Permet de créer une surface de coin arrondi pour connecter deux surfaces Nurbs ensemble.

REMARQUE

Notion de dépendance et d'indépendance des objets Nurbs

Une notion importante à connaître liée aux Nurbs, c'est celle de point, de courbe ou de surface *dépendants* et *indépendants*. Beaucoup de ces éléments que vous allez créer auront leurs caractéristiques et formes qui dépendront d'autres surfaces, point ou courbes. Ce sont des objets dépendants. Tout cela se passe un peu comme avec les instances d'objets, à la différence qu'il n'est pas possible de modifier directement les objets dépendants. Pour cela, il faut agir sur les objets dont ils sont issus, ou alors les transformer en objets indépendants ; mais, dans ce cas, ils ne seront plus du tout influencés par leurs sous-objets.

Chapitre > 6

Matériaux (Textures)

6.1 Le Material Editor (éditeur de matériaux) 195

6.2 Les six principaux groupes de paramètres de l'éditeur de matériaux 201

6.3 Les coordonnées de mapping 211

6.4 Les plug-ins 216

6.5 Les règles à suivre 216

6.6 Textures procédurales 217

6.7 Exemples de création de textures 219

Voici une étape importante de la création de scènes 3D réalistes. Ne la négligez pas en utilisant les textures toutes faites comme en propose le CD-Rom de 3ds max 5. En effet, pour faire une bonne texture, il faut créer une texture spécifique à l'objet. Une texture qui colle parfaitement à l'objet.

Avant de passer à des exercices pratiques de mapping (application d'une texture) sur un objet complexe, nous allons décortiquer le Material Editor (l'éditeur de matériaux ou de textures).

6.1 Le Material Editor (éditeur de matériaux)

Ce bouton de la barre de tâches permet d'accéder à la boîte de dialogue **Material Editor** (éditeur de matériaux). Le raccourci clavier pour y accéder est la touche M.

Comme vous pouvez le voir ci-dessous, le Material Editor est très complexe et rempli de paramètres.

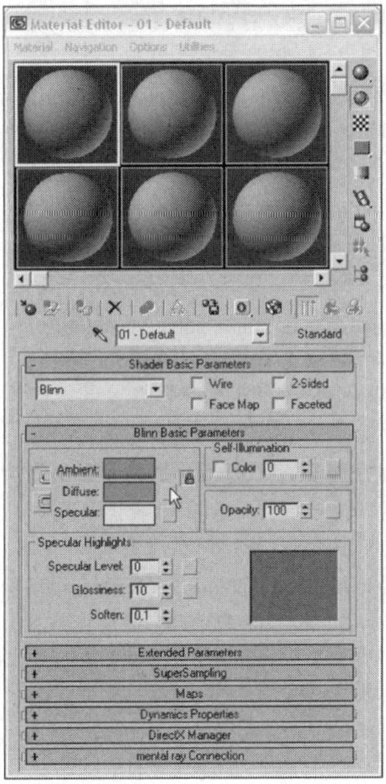

◄ Fig. 6.1 : *La boîte de dialogue Material Editor*

Cette boîte de dialogue comporte deux zones principales :

- les sphères de prévisualisation des textures avec les icônes de commandes ;
- les six principaux groupes de paramètres.

Les icônes du Material Editor

Ces icônes permettent de gérer les sphères donnant un aperçu de l'aspect des textures.

Tab. 6.1 : Barre d'icônes située à droite des sphères

Icône	nom	signification
	Sample Type	Permet de choisir le type d'objet sur lequel on veut prévoir la texture (sphère, cylindre ou cube).
	Backlight	Permet de désactiver ou d'activer un éclairage par derrière de la prévisualisation de la texture. Activé par défaut.
	Background	Permet d'afficher un arrière-plan sous forme de damier de façon à mieux voir la transparence de la texture.
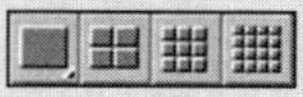	Sample UV Tiling	Permet de choisir le mode de prévisualisation de répétition de la texture (1 x 1, 2 x 2, 3 x 3 ou 4 x 4).
	Video Color Check	Permet d'activer la fonction de simulation d'affichage de la texture en mode de couleur compatible avec la palette de couleurs vidéo PAL ou NTSC.
	Make Preview	Ouvre la boîte de dialogue **Create Material Preview**. Pour voir une prévisualisation de l'animation d'une texture animée.
	Options	Ouvre la boîte de dialogue **Material Editor Options** permettant de changer les paramètres par défaut de l'éditeur de matériaux.

Tab. 6.1 : Barre d'icônes située à droite des sphères		
Icône	nom	signification
	Select by Material	Ouvre la boîte de dialogue **Select Objects** pour sélectionner la texture correspondant à l'objet choisi dans la liste.
	Material/Map Navigator	Ouvre la boîte de dialogue **Material/Map Navigator** qui permet de naviguer dans toutes les textures de la scène pour en trouver une.

Tab. 6.2 : Barre d'icônes située en dessous des sphères		
Icône	nom	signification
	Get Material	Ouvre la boîte de dialogue **Material/Map Browser** qui permet de choisir le type de map désiré.
	Put Material to Scene	Met à jour la texture dans la scène sur les objets sur lesquels elle s'applique une fois celle-ci modifiée.
	Assign Material to Selection	Assigne la texture sélectionnée à l'objet sélectionné.
	Reset Map	Remet aux paramètres par défaut les paramètres de la texture en cours de sélection.
	Make Material Copy	Remplace la texture actuellement sélectionnée par son double identique sans effacer l'ancienne. Il suffit alors de renommer la texture pour ne pas créer de conflit avec la première qui existe toujours dans le Material/Map Navigator.
	Make Unique	Transforme un *sub-material* d'instance en un unique *sub-material*.
	Put to Library	Ajoute la texture sélectionnée dans la librairie en cours.

Tab. 6.2 : Barre d'icônes située en dessous des sphères

Icône	nom	signification
	Material Effects Channel	Permet d'attribuer un numéro de canal à une texture (de façon à pouvoir lui appliquer des effets en fonction de ce numéro de canal).
	Show Map in Viewport	Permet de prévisualiser la texture sur l'objet dans les fenêtres de vue. Très utile pour voir si les coordonnées de mapping sont correctes.
	Show End Result	Permet de voir la prévisualisation de la texture même si on édite un sub-material au lieu de ne voir que la prévisualisation de ce sub-material si on désactive cette fonction.
	Go to Parent	Remonte d'un niveau dans la texture en cours.
	Go Forward to Sibling	Permet de passer à l'édition du sub-material suivant au même niveau que le sub-material en cours.
	Pick Material from Object	Permet d'afficher (de prendre) la texture qui correspond à l'objet que l'on va sélectionner à l'aide de la **Pipette**.

Ce champ permet de nommer la texture. Il est très important de nommer les textures pour éviter d'être perdu dans les scènes complexes possédant plusieurs dizaines de textures.

Ce bouton permet de choisir le type de texture.

Il ouvre la boîte de dialogue **Material/Map Browser**.

La boîte de dialogue Material/Map Browser

Cette boîte de dialogue permet de créer une texture à partir d'un des 12 types de textures ou de choisir une texture toute faite dans les librairies disponibles.

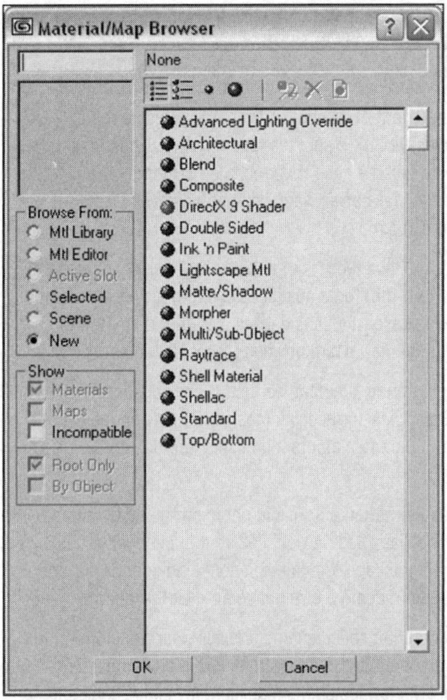

Fig. 6.2 : *Boîte de dialogue Material/Map Browser*

Tab. 6.3 : Les différents types de matériaux.

Type de matériau	Fonction
Advanced Lighting Override	Nouveau matériau dédié à la radiosité et au light tracer. Il permet de contrôler directement les propriétés de radiosité d'un matériau. Il n'a aucun effet en mode rendu normal (non radiosity ou light tracer).
Architectural	Matériau proposant plusieurs textures simulant des textures courantes en architecture (Nouveauté 3ds max 6 héritée de 3ds Viz)
Blend (fusion)	Mélange deux matériaux sur une seule face d'une surface.
Composite	Les matériaux composés combinent jusqu'à 10 matériaux en utilisant des couleurs additives, soustractives ou une combinaison d'opacité.

Tab. 6.3 : Les différents types de matériaux.

Type de matériau	Fonction
DirectX 9 Shader	Ce matériau permet de choisir des paramètres de rendu compatibles DirectX 9 pour les textures de jeu vidéo par exemple de façon à avoir rune rendu en 3D temps réel optimisé avec les cartes vidéo compatibles avec DirectX 9 (Nouveauté 3ds max 6)
Double Sided	Le matériau "Deux faces" ou "double face" permet d'affecter des matériaux différents aux faces avant et arrière d'un objet. (alors que la case "double sided" de l'éditeur de matériau applique la même texture aux deux faces d'un objet)
Ink'n Paint	Nouveau matériau simulant les rendus cartoon (dessin animé) en remplaçant les surfaces pleines ombragées par des aplats de couleur unie et en ajoutant un liseré noir de contour de l'objet.
Lightscape Mtl	Ce nouveau matériau autorise le paramétrage de la radiosité sur des matériaux 3ds max qui l'on veut appliquer sur des maillages Lightscape. Comme son nom l'indique, ce matériau est uniquement dédié à être utilisé avec Lightscape.
Matte/Shadow (Matte/ombre)	C'est un matériau spécifiquement conçu pour transformer un objet en un objet mat révélant la texture d'environnement courante. En effet, les objets mats sont invisibles dans une scène, mais peuvent recevoir des ombres projetées par d'autres objets.
Morpher (Système d'interpolation)	Ce matériau utilise le modificateur "Morpher" (Système d'interpolation) pour gérer plusieurs matériaux dans le temps.
Multi/Sub-Object	Le matériau "Multi/sous-objet" utilise le niveau sous-objet pour affecter plusieurs matériaux à un seul objet, en fonction des valeurs d'ID matériaux. (Voir exercice en fin de chapitre)
Raytrace (lancer de rayon)	Permet de créer des réfractions et des réflexions définies intégralement par lancer de rayons. Il prend aussi en charge les effets de brouillard, de densité de couleur, de translucidité, de fluorescence, ainsi que d'autres effets spéciaux.
Shell Material	Ce nouveau matériau est à utiliser pour la fonction rendu vers texture ("render to texture" ou encore "texture baking"). Il permet d'assigner à un objet deux matériaux différents: un premier pour le rendu et un second pour la viewport.

Tab. 6.3 : Les différents types de matériaux.

Type de matériau	Fonction
Shellac	Superpose un matériau sur un autre en utilisant la composition additive.
Standard	Le matériau Standard est le matériau par défaut. Il s'agit d'un modèle de surface polyvalente offrant un grand nombre d'options.
Top/Bottom (Dessus/Dessous)	Permet d'affecter deux matériaux différents aux parties supérieure et inférieure d'un objet.

6.2 Les six principaux groupes de paramètres de l'éditeur de matériaux

Shader Basic Parameters (paramètres basiques d'ombrage)

Il existe plusieurs algorithmes de simulation de surface ayant des caractéristiques différentes. Selon la nature de la texture à réaliser, il faut d'abord choisir le bon type d'ombrage.

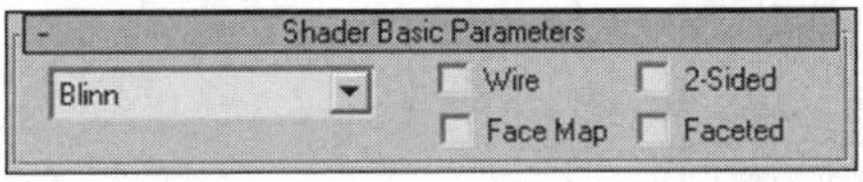

◄ Fig. 6.3 : *Groupe d'options Shader Basic Parameters*

Blinn Basic Parameters

En fait, ce menu change en fonction du type d'ombrage sélectionné précédemment. Il existe donc sept menus différents.

Anisotropic Basic Parameters

Le groupe de fonctions Anisotropic Basic Parameters présente les options possibles pour les effets d'ombrages de type Anisotrope. L'ombrage utilisant cette technique génère un effet de surface à reflets non circulaires.

On utilise ce type d'ombrage pour les textures de surfaces ayant des reflets elliptiques comme les cheveux, le verre ou le métal.

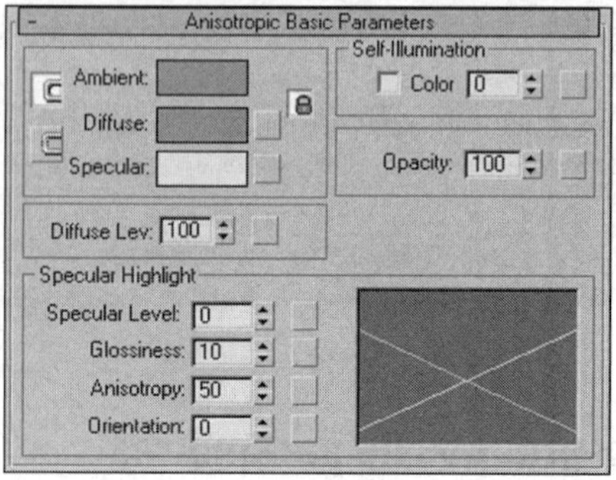

Fig. 6.4 : *Groupe d'options Anisotropic Basic Parameters*

Blinn Basic Parameters

Le groupe de fonctions **Blinn Basic Parameters** présente les options possibles pour les effets d'ombrage de type Blinn. L'ombrage utilisant la technique Blinn génère un effet de surface lisse doté d'une certaine brillance. Les effets sont plus ronds et doux que ceux de l'ombrage Phong.

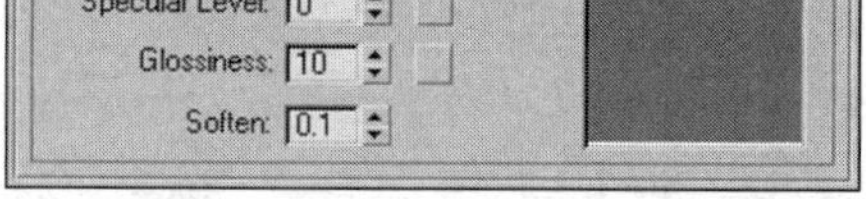

Fig. 6.5 : *Groupe d'options Blinn Basic Parameters*

Metal Basic Parameters

Le groupe de fonctions **Metal Basic Parameters** présente les options possibles pour les effets d'ombrage de type métallique. Ce type d'ombrage donne un effet métallique lustré à la texture. À utiliser pour générer des textures simulant le métal ou le chrome.

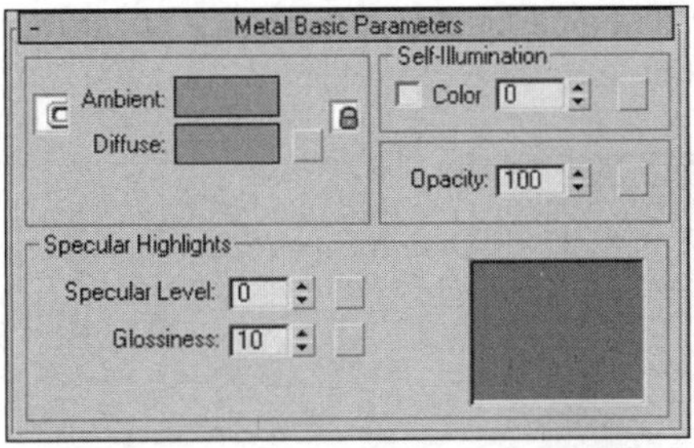

Fig. 6.6 : *Groupe d'options Metal Basic Parameters*

Multi-Layer Basic Parameters

Le groupe de fonctions **Multi-Layer Basic Parameters** présente les options possibles pour les effets d'ombrage de type multicouches. Ce type d'ombrage donne des reflets plus complexes que l'ombrage Anisotrope en appliquant un double reflet Anisotrope. On peut l'utiliser pour simuler le tissu ou la terre cuite.

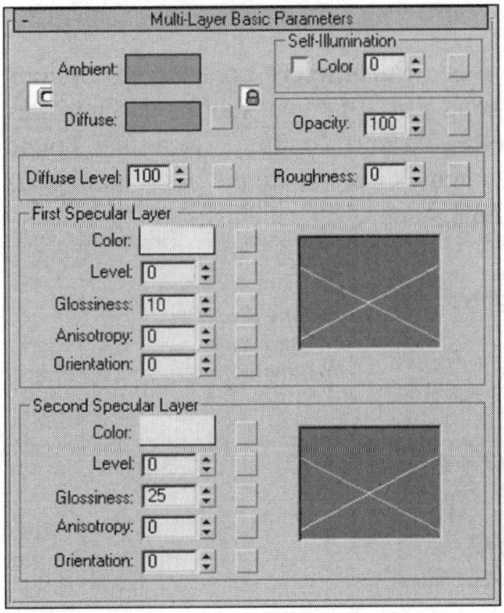

Fig. 6.7 : *Groupe d'options Multi-Layer Basic Parameters*

Oren-Nayar-Blinn Basic Parameters

Le groupe de fonctions **Oren-Nayar-Blinn Basic Parameters** présente les options possibles pour les effets d'ombrage de type mat. Ce type d'ombrage donne un aspect mat de bonne qualité à la surface et est très proche des ombrages de type Blinn.

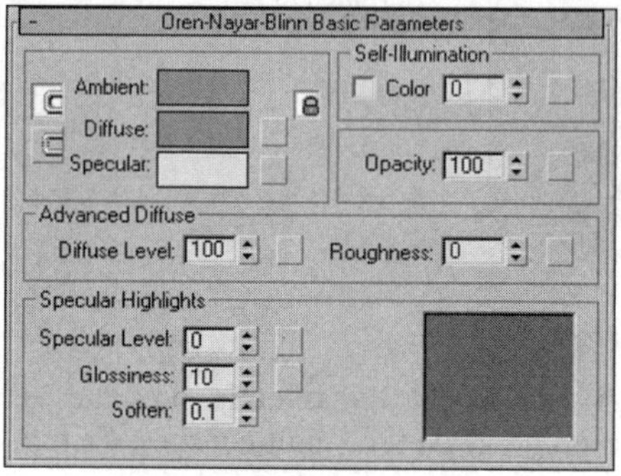

◄ Fig. 6.8 : *Groupe d'options Oren-Nayar-Blinn Basic Parameters*

Phong Basic Parameters

Les Phong Basic Parameters sont les mêmes que ceux des Blinn Basic Parameters.

Le groupe de fonctions **Phong Basic Parameters** présente les options possibles pour les ombrages Phong qui sont une subtile variante des ombrages Blinn. Il donne un effet de surface lisse ayant une bonne brillance et des reflets circulaires intenses mais ne donne pas d'aussi bons reflets que le type d'ombrage Blinn.

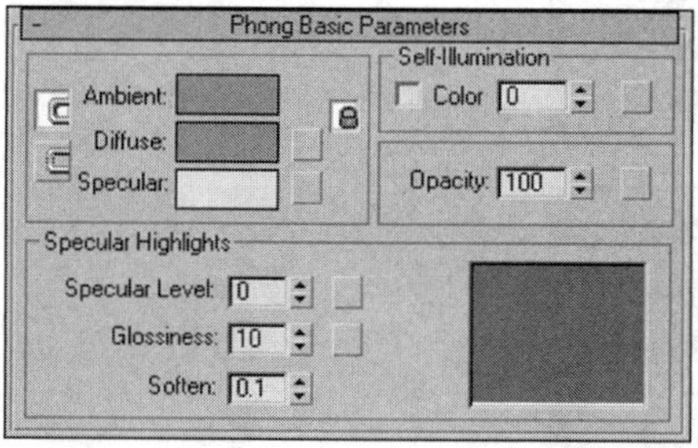

◄ Fig. 6.9 : *Groupe d'options Phong Basic Parameters*

Strauss Basic Parameters

Le groupe de fonctions **Strauss Basic Parameters** présente les options possibles pour les effets d'ombrage de type Strauss. Ce type d'ombrage donne des effets de surfaces métalliques et est simple à paramétrer.

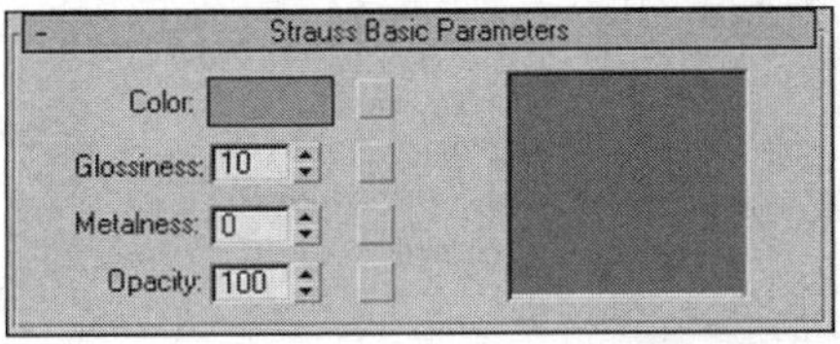

◄ Fig. 6.10 : *Groupe d'options Strauss Basic Parameters*

Translucent Basic Parameters

Le groupe de fonctions **Translucent Basic Parameters** présente les options possibles pour les effets d'ombrages translucides. Ce type d'ombrage permet de voir une ombre à travers une surface légèrement transparente.

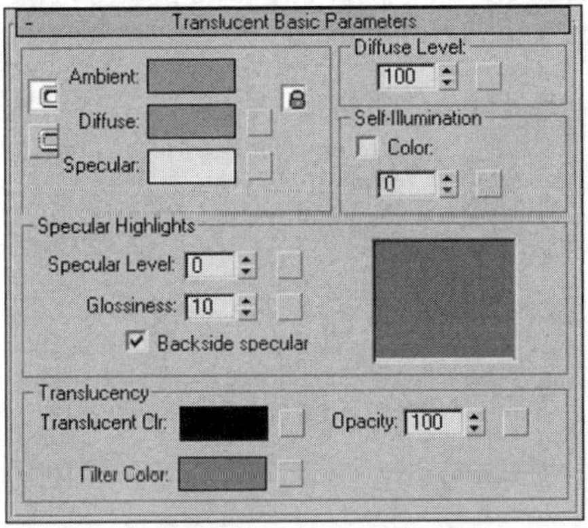

◄ Fig. 6.11 : *Groupe d'options Translucent Basic Parameters*

Extended Parameters (paramètres étendus)

Les *Extended Parameters* sont des paramètres supplémentaires pour la texture.

Ils permettent de gérer 3 types de paramètres :

- les fonctions Advanced Transparency pour la transparence ;
- les fonctions Wire pour régler l'épaisseur de la texture fil de fer si la case *Wire* est cochée dans le groupe **Shader Basic parameters** ;
- les fonctions Reflexion Dimming (estompage de la réflexion).

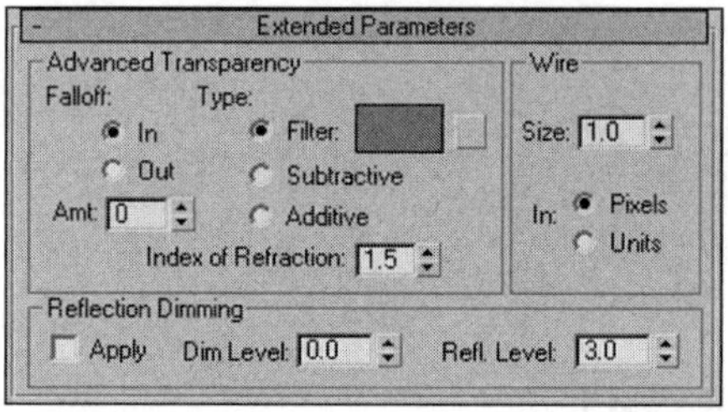

Fig. 6.12 : *Groupe d'options Extended Parameters pour les paramètres Blinn*

SuperSampling (super-échantillonnage)

Le SuperSampling est une des différentes techniques d'antialiasing (anti-crénelage) de 3ds max. C'est une étape supplémentaire facultative pour l'antialiasing. Il est utilisé très rarement mais peut être utile pour obtenir une texture avec du relief en très haute résolution.

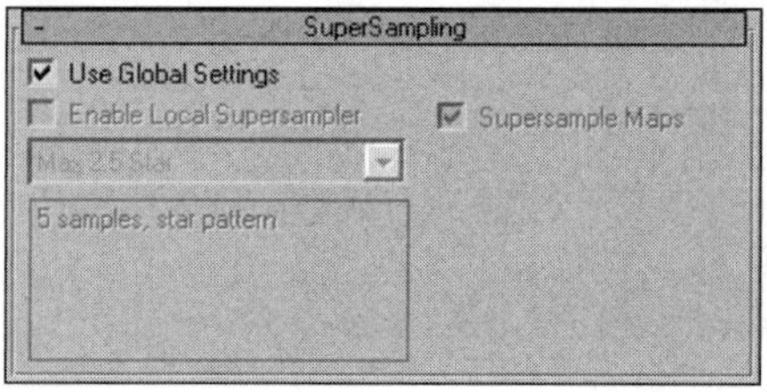

Fig. 6.13 : *Groupe d'options SuperSampling*

Maps

Les maps sont les images que l'on applique aux principaux types de paramètres affectant l'aspect de la texture comme la brillance, le relief, la réflexion, la réfraction, etc.

On peut jauger le niveau d'influence de ces maps grâce à la valeur située juste à côté du type de mapping.

Quand on veut appliquer une image plutôt qu'une couleur à la texture, on le fait dans la map Diffuse.

Certains de ces paramètres utilisent les nuances entre le noir et le blanc pour affecter la texture.

Par exemple pour l'opacité (*opacity*), la map qu'on lui appliquera sera gérée comme une image en noir et blanc pour laquelle tout ce qui sera dans le noir sera transparent et tout ce qui sera dans le blanc sera visible. Toutes les valeurs entre le noir et le blanc définissent le niveau de transparence.

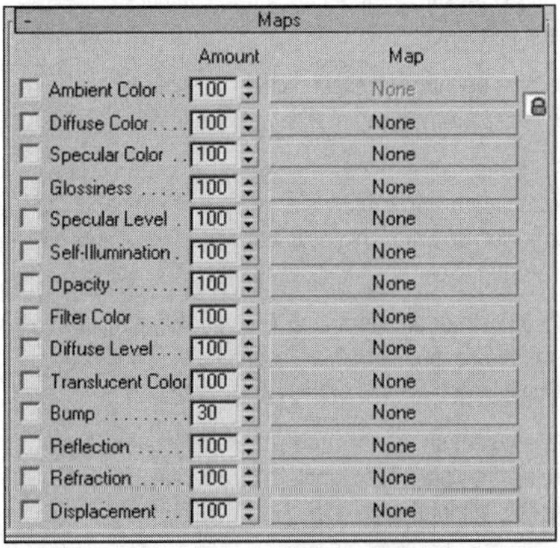

◄ Fig. 6.14 : *Groupe d'options Maps pour le type d'ombrage Blinn et Phong*

Tab. 6.4 : Liste des types de maps

Type	Fonction
Ambiant Color	Applique une image dans les parties ombrées de l'objet. La couleur ambiante est la couleur de l'objet lorsqu'il est placé dans l'ombre. Elle est rarement utilisée.
Diffuse Color	Applique une image à la place de la couleur diffuse de la texture. Les couleurs de la texture se substituent à la composante de couleur diffuse du matériau. C'est le type de mapping le plus courant.
Specular Color	Applique une image sur les composantes spéculaires de la texture. L'image de la texture n'apparaît que dans les zones des reflets spéculaires.

Tab. 6.4 : Liste des types de maps

Type	Fonction
Glossiness	Applique une image qui détermine les zones plus ou moins lustrées de la surface, en fonction de l'intensité des couleurs de la texture. Les pixels noirs de la texture peuvent produire un lustre total, tandis que les pixels blancs l'atténuent complètement.
Specular Level	Applique une image qui permet d'altérer l'intensité des reflets spéculaires.
Self-illumination	Applique une image pour définir l'auto-illumination de la texture. C'est-à-dire pour simuler un effet de lumière provenant de la texture. Les zones blanches de la texture sont entièrement auto-illuminées, contrairement aux zones noires.
Opacity	Applique une image pour définir la transparence de la texture. Les valeurs les plus sombres sont transparentes tandis que les plus claires sont opaques.
Filter Color	Applique un effet de couleur transparente sur la texture. Permet de simuler une couleur transmise à travers des matériaux transparents ou semi-transparents tels que le verre.
Diffuse level	Applique une image qui permet de paramétrer le niveau de diffusion. Les pixels blancs de la texture ne modifient pas le niveau diffus, tandis que les pixels noirs le réduisent à 0.
Bump	Applique une image simulant un relief et un effet bosselé à la texture. Les zones de texture les plus blanches semblent être surélevées et les zones les plus sombres semblent s'enfoncer.
Reflexion	Applique un effet de réflexion en fonction de l'un des trois paramètres possibles : une image, du *raytracing* (lancé de rayon) ou une réflexion plane. Ce paramètre augmente largement le temps de rendu de la scène mais la rend très réaliste.
Refraction	Le mapping de réfraction est proche du mapping de réflexion. Il mappe l'image sur la surface de façon que celle-ci semble être vue à travers la surface au lieu de se refléter sur celle-ci.
Displacement	Applique une image qui modifie la géométrie de la surface. Les textures de déplacement appliquent l'échelle des gris de la texture pour générer le déplacement. Les nuances plus claires de l'image produisent une poussée plus forte vers l'extérieur sur la géométrie que les nuances plus foncées.

Tab. 6.4 : Liste des types de maps

Type	Fonction
Anisotropy	Applique une image qui définit la forme du reflet anisotrope, grossièrement mais pas nécessairement à l'intérieur de la zone spécifiée par le paramètre Glossiness (lustre). Les valeurs noires et blanches ont peu d'effet.
Diffuse Roughness	Applique une image qui permet de contrôler le paramètre de dureté. Les pixels blancs de la texture augmentent sa dureté, tandis que les pixels noirs la réduisent à 0.
Metalness	Applique une image qui permet de contrôler le paramètre d'aspect métallique. Les pixels blancs de la texture augmentent son aspect métallique, tandis que les pixels noirs le réduisent à 0.
Orientation	Applique une image qui permet de modifier la position du reflet. Les valeurs noires et blanches ont peu d'effet. Les textures contenant un grand nombre de valeurs d'échelle de gris se révèlent très efficaces.
Shininess	Applique une image qui détermine les zones plus brillantes et moins brillantes de la surface, en fonction de l'intensité des couleurs de la texture. Les pixels noirs de la texture peuvent produire une brillance totale, tandis que les pixels blancs l'atténuent complètement. Les valeurs intermédiaires définissent le niveau de brillance.
Shininess Strenght	Applique une image qui altère l'intensité des reflets spéculaires, en fonction de l'intensité du bitmap.

Dynamics Properties (propriétés dynamiques)

Les Dynamics Properties permettent en animation de spécifier les propriétés de la surface lorsqu'elle est affectée par la collision avec un autre objet.

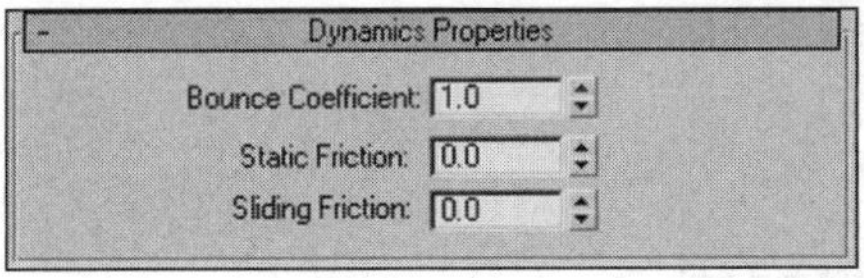

◄ Fig. 6.15 : *Groupe d'options Dynamics Properties*

DirectX Manager

Le paramètres DirectX Manager permettent de choisir le mode de rendu de la texture en cours d'édition. Ce paramètre est intéressant si vous êtes en mode d'affichage DirectX plutôt que OpenGL dans les viewports de 3ds max 6.

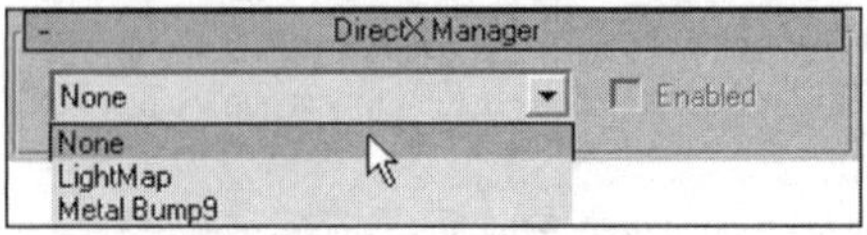

◄ Fig. 6.16 : *Groupe d'options DirectX Manager*

mental ray Connection

Le paramètres mental ray Connection permettent de paramétrer les textures lors de l'utilisation du moteur de rendu mental ray.

On peut considérer ces paramètres comme une nouveauté de 3ds max 6 ou plutôt comme l'implémentation du fameux plug-in de rendu hyperréaliste mental ray

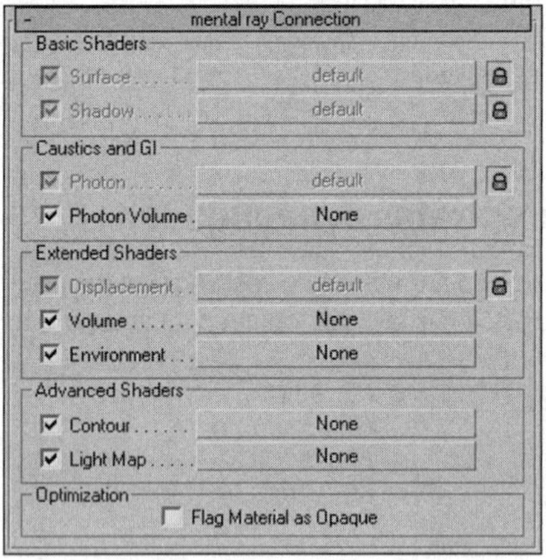

◄ Fig. 6.17 : *Groupe d'options mental ray Connection*

6.3 Les coordonnées de mapping

Les coordonnées de mapping, encore appelées UVW Map, permettent de paramétrer la manière dont la texture sera appliquée à l'objet.

Pour attribuer des coordonnées de mapping à un objet, il suffit d'aller dans l'onglet **Modify** et de sélectionner le modificateur *UVW Mapping* dans la liste des modificateurs.

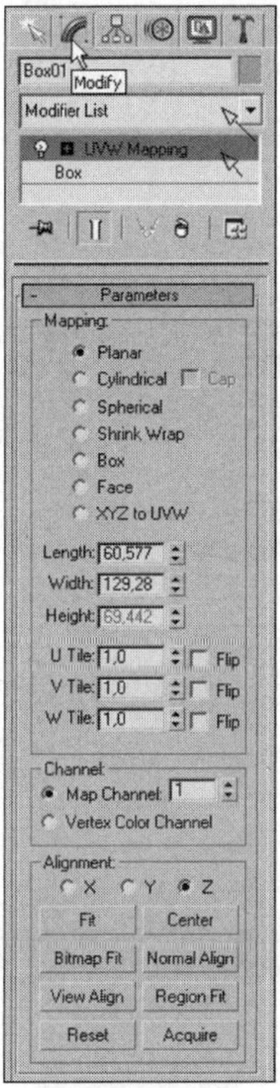

Fig. 6.18 : *Ajout du modificateur UVW Mapping.*

Les paramètres de mapping

Les coordonnées de mapping se font en fonction de sept types d'enveloppes de mapping prédéfinies qui permettent d'ajuster la texture de façon approximative à la plupart des objets de formes différentes.

Le groupe d'options Mapping

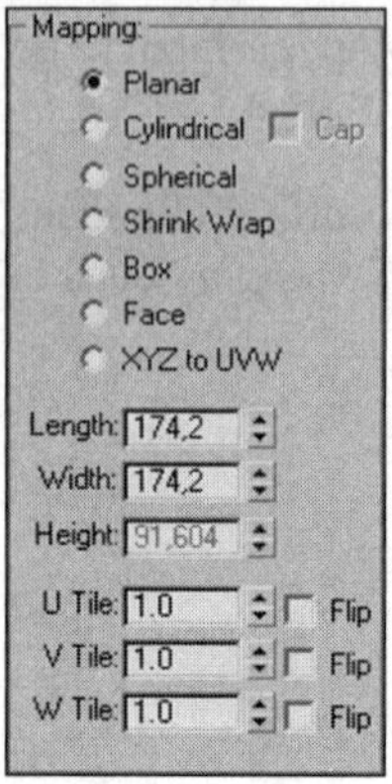

◄ Fig. 6.19 :
Les différents types de mapping

Tab. 6.5 : Les différents formats de mapping UVW

Type de mapping	Résultat
Planar	Projette la texture contre l'objet depuis un seul plan, à la façon d'une diapositive. La projection planaire est utile lorsqu'un côté seulement d'un objet doit être mappé. Elle sert également dans le cas d'un mapping oblique sur plusieurs côtés et d'un mapping sur deux côtés d'un objet symétrique.
Cylindrical	Projette la texture depuis un cylindre en l'enveloppant autour d'un objet. Les jointures où se réunissent les bords du bitmap sont visibles sauf si vous utilisez une texture sans jointure. La projection cylindrique est utile pour des objets de forme quasi cylindrique.
Spherical	Entoure l'objet en projetant la texture depuis une sphère. Une jointure et des singularités de mapping apparaissent dans les parties inférieure et supérieure de la sphère où les bords du bitmap se rejoignent aux pôles de la sphère. Le mapping sphérique est utile pour des objets de forme quasi sphérique.
Shrink Warp (emballage)	Utilise le mapping sphérique, mais les coins de la texture sont tronqués et se rejoignent en un seul pôle, créant une seule singularité. Le mapping de ce type est utile si vous voulez masquer la singularité de mapping.

Tab. 6.5 : Les différents formats de mapping UVW	
Type de mapping	Résultat
Box	Projette la texture depuis les six côtés d'une boîte. Chaque côté est projeté en tant que texture planaire et l'effet sur la surface est fonction de la normale de cette surface. Chaque face est mappée depuis la surface la plus proche de la boîte dont la normale est la plus parallèle à sa propre normale.
Face	Applique une copie de la texture à chaque face d'un objet. Des paires de faces partageant un bord caché sont mappées à la texture rectangulaire entière. Des faces simples, sans bord caché, sont mappées à une partie triangulaire de la texture.
XYZ to UVW	Cette option permet de faire suivre la surface animée d'un objet à une texture de traitement 3D, comme une texture cellulaire. Ainsi, si l'objet est étiré, la texture l'est avec. Cette option n'est pas disponible pour les NURBS.

Vous pouvez paramétrer la taille de l'enveloppe grâce aux champs *Length*, *Width* et *Height*.

Vous pouvez aussi paramétrer le nombre de répétitions de la texture selon l'enveloppe de mapping sur les différents axes orthonormés avec les champs *U Tile*, *V Tile* et *W Tile*.

Le groupe d'options Channel (Canal)

Vous pouvez contrôler individuellement le type de coordonnées de mapping et la position du gizmo de mapping pour chaque bitmap d'un matériau utilisant plusieurs images bitmap. Dans l'éditeur de matériaux, assignez un numéro de canal distinct à chaque texture, puis ajoutez plusieurs modificateurs de texture UVW à la pile des modificateurs de l'objet, chaque modificateur étant assigné à un canal différent. Pour changer le type de mapping ou la position du gizmo pour un bitmap donné, sélectionnez l'un des modificateurs de texture UVW dans la pile des modificateurs et modifiez les paramètres. Vous pouvez changer le nom d'un modificateur de texture UVW dans la boîte de dialogue **Edit Stack** (éditer pile de modificateurs) pour établir une corrélation entre le modificateur et le bitmap.

◄ Fig. 6.20 :
Le groupe d'options Channel

Map Channel fournit les coordonnées de mapping qui sont attribuées lorsque vous activez la case *Generate Mapping Coordinates* (générer coordonnées de mapping) dans les paramètres de création d'un objet. Le modificateur Texture UVW utilise par défaut le canal 1.

Vertex Color Channel : les couleurs des sommets peuvent être ajoutées à l'aide de la fonction Peinture sommet ou d'un matériau couleur sommet, ou encore à l'aide de l'utilitaire Affecter couleurs du sommet.

Le groupe d'options Alignment (alignement)

Ce groupe d'options permet de placer, selon des positions prédéfinies et les axes dans l'espace, l'enveloppe de mapping par rapport à l'objet.

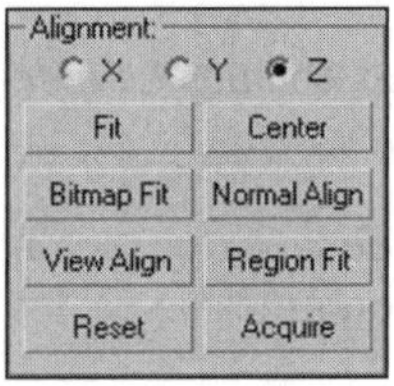

◄ Fig. 6.21 :
Le groupe d'options Alignment

Tab. 6.6 : Le groupe d'options Alignment

Fonction	Action
X/Y/Z	Sélectionnez l'un de ces 3 axes pour basculer l'alignement du gizmo de mapping. Chaque option définit l'axe du gizmo aligné par rapport à l'axe des Z local de l'objet.
Fit (ajuster)	Ajuste le gizmo (icône de mapping) aux dimensions de l'objet puis le centre de sorte qu'il soit fixé sur ces dimensions (hauteur, largeur, profondeur). C'est le bouton le plus utilisé de ce groupe d'options.
Center (centrer)	Déplace le gizmo de sorte que son centre corresponde à celui de l'objet.

Tab. 6.6 : Le groupe d'options Alignment

Fonction	Action
Bitmap Fit (ajuster bitmap)	Affiche l'explorateur de fichiers bitmap standard afin que vous puissiez choisir une image. Pour le mapping planaire, l'icône de texture est définie selon le rapport hauteur/largeur de l'image. Pour le mapping cylindrique, l'échelle de hauteur est modifiée en fonction de l'image bitmap, et non du rayon du gizmo. Pour obtenir des résultats optimaux, utilisez tout d'abord le bouton **Fit** (ajuster) pour adapter les rayons de l'objet et le gizmo, puis le bouton **Fit Bitmap** (ajuster bitmap).
Normal Align (aligner normale)	Cliquez et déplacez la souris sur la surface de l'objet auquel est appliqué le modificateur. L'origine du gizmo est placée à l'endroit de la surface désigné par le pointeur de la souris et le plan XY du gizmo s'aligne sur la face. L'axe des X du gizmo se trouve également sur le plan XY de l'objet.
View Align (aligner vue)	Réoriente l'icône de mapping face à la fenêtre de visualisation active. La taille de l'icône reste inchangée.
Région Fit (ajustage région)	Active un mode qui permet de se déplacer dans les fenêtres pour définir la région du gizmo. L'orientation du gizmo n'est pas modifiée.
Reset (réinitialiser)	Supprime le contrôleur courant qui contrôle le gizmo et en connecte un autre initialisé avec la fonction **Fit** (ajuster). Toute animation du gizmo sera perdue. Toutefois, comme toutes les options d'alignement, la réinitialisation ne peut pas être annulée.
Acquire (acquérir)	Copie les coordonnées UVW d'autres objets. Lorsque vous choisissez un objet dont vous souhaitez acquérir les coordonnées UVW, une boîte de dialogue vous demande si l'acquisition doit être effectuée de façon absolue ou relative.

REMARQUE

Coordonnées de mapping des objets basiques

Les objets basiques de 3ds max ont déjà par défaut des coordonnées de mapping qui leur sont appliquées. Si vous modifiez le mesh, l'objet en perd les coordonnées.

6.4 Les plug-ins

Quelques plug-ins facilitent la génération et l'application des textures comme Texporter.

RENVOI

Pour avoir plus d'informations sur les plug-ins en rapport avec les textures, reportez-vous au chapitre sur les *Plug-ins*.

6.5 Les règles à suivre

Pour créer une scène complète avec des textures adaptées à chacun des objets, il faut être bien organisé pour éviter d'être perdu car le nombre de textures augmente très vite en fonction du nombre des objets présents dans la scène.

Il faut donc dès le début donner un nom à chaque texture et si possible un nom permettant de retrouver l'objet auquel elle s'applique de façon intuitive. Il suffit juste de taper un nom dans le champ à droite de la **Pipette**.

Avant de commencer vos textures, il est préférable de créer dans le dossier dans lequel vous enregistrez votre scène un sous-dossier *Maps* dans lequel vous regrouperez toutes vos maps avant de les utiliser dans 3ds max. Cela vous permet d'utiliser votre scène sur un autre ordinateur sans qu'il vous manque de textures, ou encore de la sauvegarder sur CD-Rom sans oublier de copier des textures prises dans d'autres dossiers.

RENVOI

Pour ceux qui ont oublié de suivre ce conseil, voici une solution de secours : le plug-in Collector, dont vous pouvez découvrir l'utilité au chapitre sur les *plug-ins*.

REMARQUE

Nombre de textures affichables

Il faut savoir aussi que, même si l'éditeur de matériaux ne peut pas afficher plus de 24 textures en même temps, cela ne veut pas pour autant dire qu'on ne peut pas en créer d'autres.

6.6 Textures procédurales

Une image bitmap est générée par une matrice fixe de pixels colorés, comme une mosaïque. En revanche, les textures procédurales sont générées à l'aide d'un algorithme mathématique. C'est une texture qui est calculée lors du rendu d'une image. Elle ne requiert aucune image bitmap comme map.

Son principal avantage est qu'elle n'a pas besoin de coordonnées de mapping, et qu'elle recouvre n'importe quelle surface ou forme, et ce dans les 3 dimensions.

En revanche, son inconvénient majeur est qu'elle peut se révéler périodique (répétition d'un motif sur un modèle matriciel) et surtout plus monotone qu'une texture traditionnelle en bitmap. Cela engendre des effets de redondance lors de mapping sur de grandes surfaces et des effets de croisements de matrice quelque peu esthétiques, si la texture procédurale est mal paramétrée.

Pour accéder aux maps procédurales, il suffit d'aller dans le **Material/ Map Browser** du **Material Editor**. Cette fenêtre est accessible en cliquant sur le bouton situé à droite du nom de la map et de la pipette dans les paramètres de map.

Voici un tableau représentant la liste des maps procédurales dans 3ds max 5 :

Tab. 6.7 : La liste des maps procédurales

Icône	Nom	Commentaire
	*Cellular*	Pour générer des échantillons simulant des mosaïques, des surfaces de cailloux et même la mer.
	*Checker* (damier)	Pour générer des échiquiers composés de 2 couleurs.
	*Dent* (creux)	Pour générer un bruit fractal.
	*Gradient* (dégradé)	Pour générer des dégradés de couleurs selon 3 couleurs. Dégradés linéaires et sphériques.

Tab. 6.7 : La liste des maps procédurales

Icône	Nom	Commentaire
	*Gradient Ramp* (dégradé multicolore)	Génération de dégradés plus évolués que ceux du simple *Gradient*.
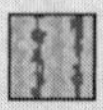	*Marble*	Pour produire des effets de marbre.
	*Noise* (bruit)	Pour ajouter du grain en introduisant un bruit paramétrable.
	*Perlin Marble*	Pour faire des effets de marbre moins linéaires que ceux de la map procédurale *Marble*.
	*Planet*	Permet de générer rapidement une simulation de texture d'une planète similaire à la planète Terre, à partir de groupes de couleurs de base de deux types : eau (water) et terre (land).
	*Smoke* (fumée)	Permet de générer rapidement une simulation de fumée, en fonction de deux couleurs et de plusieurs paramètres, dont la phase, qui est pratique pour la gestion des animations de fumée.
	*Speckle* (tache)	Permet de générer rapidement des effets de taches, en fonction de deux couleurs et du paramètre de taille.
	*Splat*	Permet de générer rapidement des effets de taches, comme si on lançait des gouttelettes de peinture sur un mur. Il se gère en fonction de deux couleurs et de trois autres paramètres.
	*Stucco*	Permet également de générer rapidement des effets de taches avec un effet de stuc.
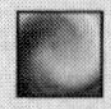	*Swirl* (Tourbillon)	Permet de générer un effet de tourbillon, en fonction de deux couleurs et de plusieurs autres paramètres avec, entre autres, des réglages de sa puissance.
	*Tiles*	Pour ériger rapidement un mur de briques (dans les versions précédentes des 3ds max, cette commande s'appelait *Bricks*).

Tab. 6.7 : La liste dés maps procédurales

Icône	Nom	Commentaire
	*Water*	Permet de générer facilement des effets de vagues, en fonction de deux couleurs. Ces paramètres se prêtent à l'animation, et peuvent être pratiques pour la simulation d'eau.
	*Wood*	Pour générer une texture de type bois coupé.

6.7 Exemples de création de textures

Voici quelques exemples de création et d'application de textures.

Exemple d'application de coordonnées de mapping sur un objet

Pour cela, nous allons créer un cône via le groupe *Geometry* de l'onglet **Create** du panneau de commande. Et nous allons lui appliquer des coordonnées de mapping.

L'application des coordonnées de mapping d'un objet se fait via le modificateur UVW Map.

1. Pour accéder à ce modificateur, il faut aller dans le panneau **Modify** du panneau de commande, puis dans le menu déroulant **Modifier List**, et dans le groupe de modificateurs *UV Coordinates Modifier*, afin de choisir le modificateur **UVW Map**.

Le modificateur **UVW Mapping** s'ajoute alors dans la pile des modificateurs et les paramètres suivants d'UVW Map s'affichent.

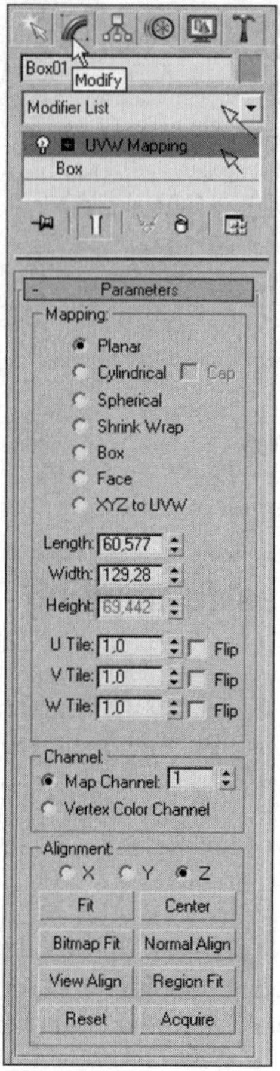

◄ Fig. 6.22 : *Paramètres d'UVW Mapping*

Vous pouvez maintenant choisir le type d'enveloppe de mapping qui se rapproche le plus de la forme de votre objet. Dans notre cas, l'enveloppe Cylindrical semble la plus appropriée.

2. Cliquez dans la case *Cylindrical* et sur la case *Cap* pour appliquer la texture aussi sur le dessous du cône.

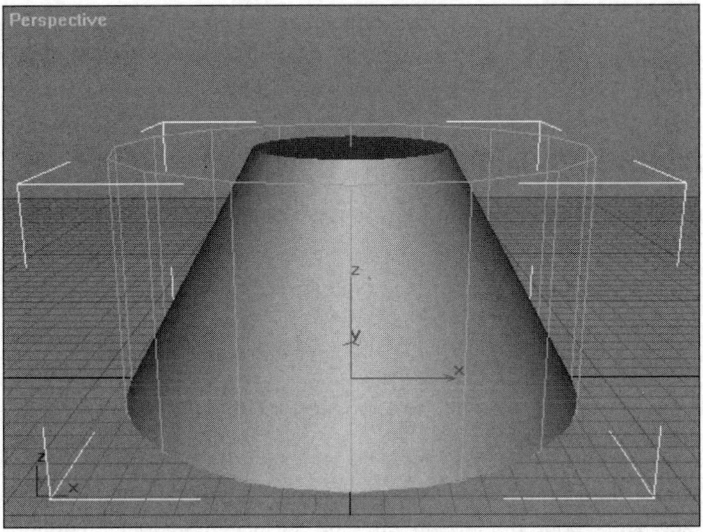

▲ Fig. 6.23 : *Cône avec son enveloppe de coordonnées de mapping de forme cylindrique*

Si besoin est, vous pouvez changer la taille de l'enveloppe et le nombre de répétitions de la texture.

Il est aussi possible de modifier la taille et la position de l'enveloppe directement avec les outils habituels de manipulation des objets.

3. Pour cela, rendez-vous dans la pile de modificateur. Sélectionnez-y l'**UVW Mapping**, cliquez sur le petit **+** situé juste devant pour faire apparaître le sous-élément **Gizmo** de l'UVW Mapping. Et sélectionnez le sous-élément *Gizmo*.

◄ Fig. 6.24 : *Sous-élément Gizmo sélectionné de l'UVW Mapping dans la pile de modificateur*

Vous passez alors en mode Sous-éléments Gizmo (surligné en jaune) et vous pouvez utiliser les outils de manipulation classiques précédents.

4. Une fois ces manipulations effectuées, vous devez fermer le mode Sous-éléments en désélectionnant le Gizmo dans la pile de modificateurs pour qu'il ne soit plus surligné en jaune.

Texture simple (normale)

Une texture normale est le plus souvent composée de trois paramètres basiques :

- la map de diffusion ;
- la map de bump ;
- l'aspect brillant ou mat.

Dans cet exemple, nous allons appliquer une texture de planète utilisant ces trois paramètres.

1. Créez une sphère ou une géosphère. Augmentez son nombre de segments pour donner un effet de surface lisse lors du rendu (en augmentant le nombre de faces total de l'objet). Pensez aussi à lui donner un nom, par exemple "lune".

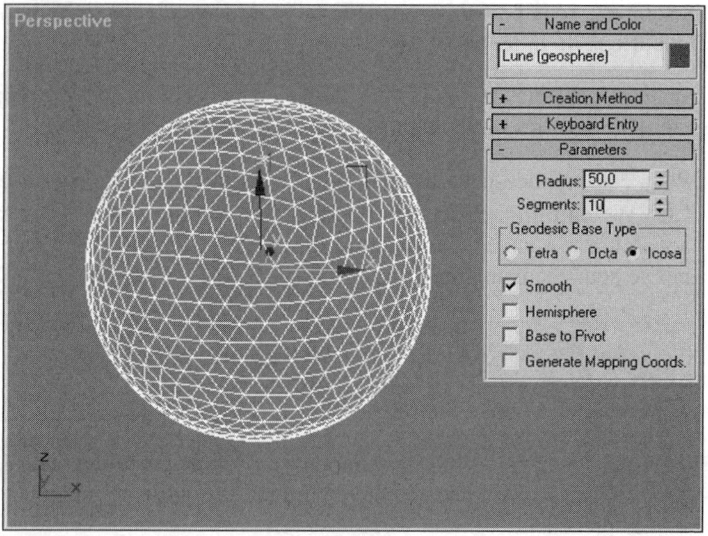

▲ Fig. 6.25 : *Création de la géosphère nommée Lune*

2. Appliquez-lui des coordonnées de mapping sphériques en utilisant le modificateur **UVW Map**. Pour voir comment appliquer des coordonnées de mapping, reportez-vous à l'exercice précédent (la géosphère possède déjà par défaut des paramètres de coordonnées de mapping optimisés pour l'application d'une texture planétaire. Laissez-la sélectionnée).

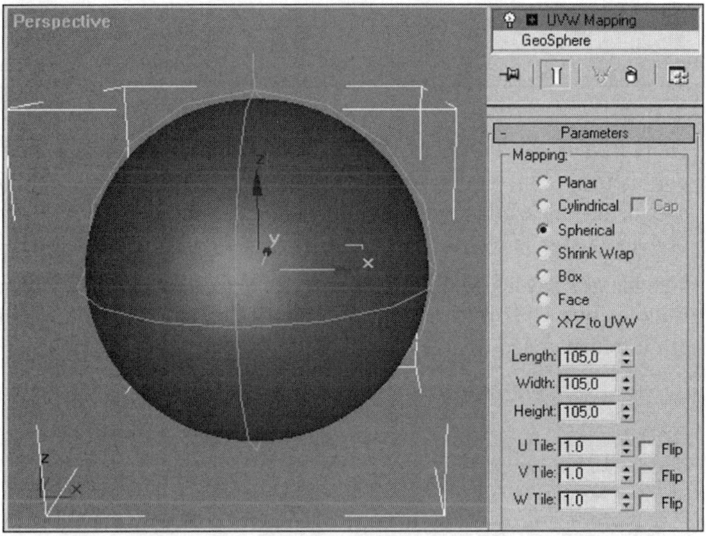

▲ Fig. 6.26 : *Application des coordonnées de mapping avec le modificateur UVW Map*

3. Choisissez une texture vierge dans le groupe de sphères de prévisualisation des textures de l'Editeur de Matériaux.

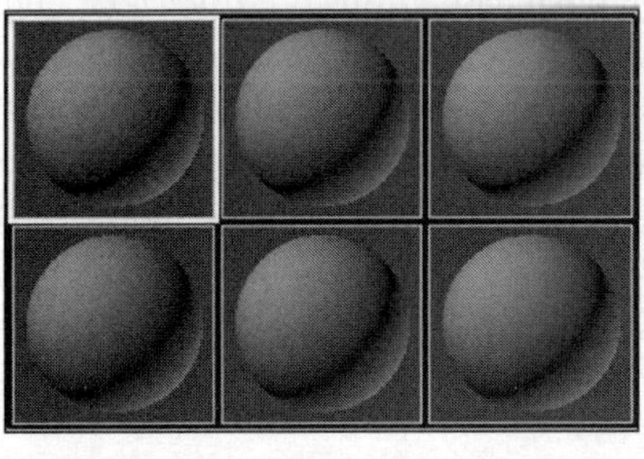

◄ Fig. 6.27 : *Groupe de sphères de prévisualisation des textures de l'Editeur de Matériaux*

4.  Appliquez-la à l'objet en cliquant sur cette icône. N'oubliez pas de la nommer, par exemple "Lune" (champ à droite de l'icône *Pipette*).

5. Dans le panneau déroulant *Shader Basic Parameters*, choisissez dans le menu déroulant le type d'ombrage **Blinn** si ce n'est pas déjà fait.

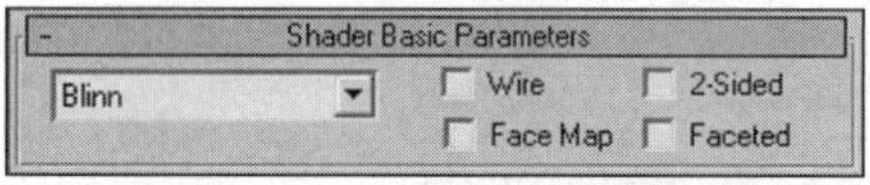

◄ Fig. 6.28 : *Panneau déroulant Shader Basic Parameters*

6. Dans le panneau déroulant *Blinn Basic Parameters*, mettez tous les paramètres de la zone *Specular Highlights* à 0 de façon à n'appliquer aucune brillance à la texture et donc à la rendre totalement mate (vous pouvez laisser le champ *Soften* à 0.1).

   Ne changez pas les paramètres des zones *Self-Illumination* et *Opacity*, à moins que vous ne vouliez appliquer des effets d'auto-illumination et de transparence à la Lune.

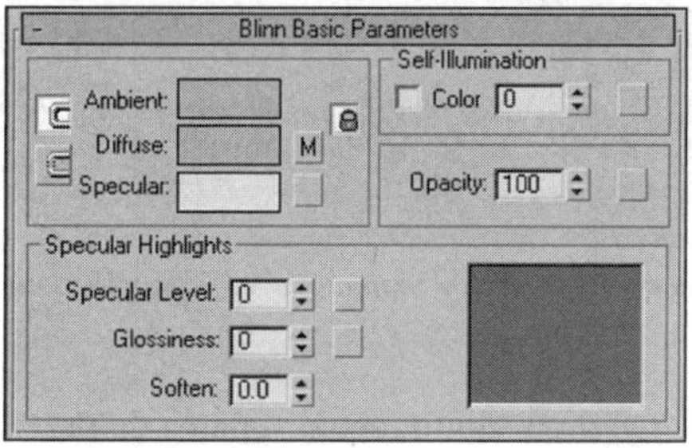

◄ Fig. 6.29 : *Panneau déroulant Blinn Basic Parameters*

7. Toujours dans le panneau déroulant *Blinn Basic Parameters*, cliquez dans le carré à droite du rectangle de couleur *Diffuse*. Cette manipulation revient à cliquer sur le bouton **None** de la colonne de choix de *Map* du *Diffuse Color* du panneau déroulant *Maps*.

   La boîte de dialogue **Material/Map Browser** s'ouvre alors.

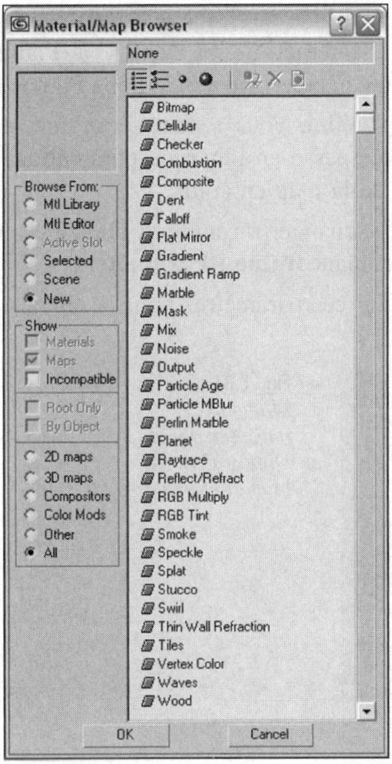

◄ Fig. 6.30 : *Boîte de dialogue Material/Map Browser*

8. Cliquez dans la case *New* de la zone *Browse From* (si ce n'est déjà fait).

   Cliquez dans la case *All* dans la zone *Show* (si ce n'est déjà fait).

   Choisissez le type de map *Bitmap* dans la liste située à droite de ces 2 zones.

   Puis cliquez sur le bouton OK pour confirmer vos choix.

   La boîte de dialogue **Select Bitmap Image File** s'ouvre alors.

9. Choisissez la map *MOON.JPG* qui figure dans le sous-dossier *Space* du dossier *Maps* de 3ds max (si vous avez choisi d'installer la banque de données de textures de 3ds max 5 lors de son installation).

Si vous n'avez pas de texture de la lune ou d'une autre planète, vous pouvez en trouver sur le site Internet de la NASA à l'adresse `http://maps.jpl.nasa.gov/` ou en créer une avec Adobe Photoshop.

Une fois le chemin de la map défini, vous remarquerez que, dans l'Editeur de matériaux, vous êtes passé en mode de paramétrage du Diffuse color (couleur diffuse) de la map en cours.

Vous pouvez, si vous le désirez, changer de map en cliquant sur le bouton **Bitmap** du panneau déroulant **Bitmap Parameters**.

Il n'est pas nécessaire de modifier ces paramètres pour la plupart des textures simples.

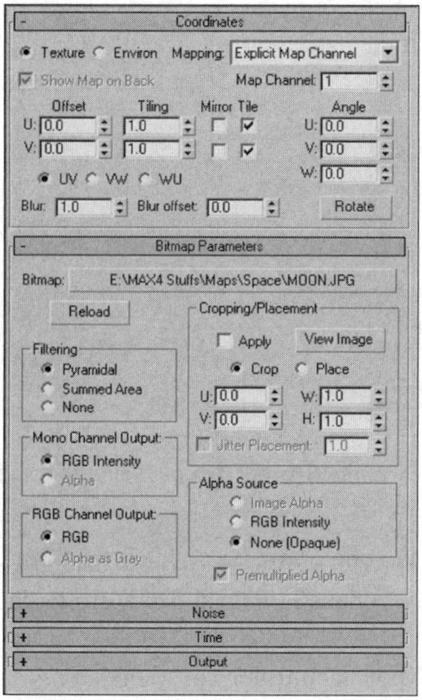

◄ Fig. 6.31 : *Mode de paramétrage du Diffuse Color de la map en cours*

10.  Vous pouvez cliquer sur cette icône pour voir apparaître une prévisualisation de la texture sur l'objet dans les viewports dont la fonction d'affichage est en mode Smooth + Highlights (option activable en cliquant à l'aide du bouton droit sur le nom du viewport : *Top*, *Left*, *Perspective* ou *Caméra*, etc.).

11.  Cliquez sur cette icône pour repasser en mode de paramétrage du matériau principal.

12. Dans la ligne *Diffuse Color*, colonne *Amount* du panneau déroulant **Maps**, figure le niveau de transparence de la map de diffusion paramétrable de 0 à 100. 0 signifie que la map est totalement transparente, 100 qu'elle n'est pas transparente. Si vous indiquez une valeur inférieure à 100, vous verrez apparaître la couleur de diffusion que vous pouvez définir en cliquant sur le rectangle de couleur *Diffuse*.

13. Dans le panneau déroulant *Maps*, à la ligne *Bump*, cliquez sur le bouton **None** de la colonne *Map*.

    La boîte de dialogue **Material/Map Browser** s'ouvre encore.

    Choisissez toujours le type de map *Bitmap* et cliquez sur le bouton OK.

    Dans la boîte de dialogue qui s'ouvre, choisissez la même map *MOON.JPG*.

    L'affichage de prévisualisation de la map de bump dans les viewports, comme c'est le cas pour la map diffuse, n'est pas nécessaire.

REMARQUE

Mapping de bump (relief)

Le bump gère les images bitmap en niveaux de gris, même si l'image est en couleur. Dans le cas actuel de la texture Lune, on peut utiliser la même map utilisée en diffus pour le bump. C'est assez souvent le cas mais il est parfois préférable de modifier la map de diffus avec un logiciel de retouche d'images comme Adobe Photoshop de façon à obtenir un autre map générant du bump en respectant la map diffuse.

14.  Cliquez sur cette icône pour repasser en mode de paramétrage du matériau principal.

15. Dans la ligne *Bump*, colonne *Amount* du panneau déroulant **Maps**, figure le niveau d'intensité du Bump (cette valeur peut être aussi bien

négative que positive). Vous pouvez la modifier pour augmenter ou diminuer l'intensité du relief.

Texture Multi/Sub-Object

Les textures Multi/Sous-objet servent à mapper des objets ayant une structure complexe de texture à réaliser.

Dans ce cas, la meilleure solution est d'appliquer plusieurs maps à l'objet. Ces maps seront distribuées sur l'objet à l'aide de numéros d'identificateur. Une texture Multi/Sub-objects n'est rien d'autre qu'un groupe de textures indépendantes les unes des autres numérotées de façon à pouvoir les distribuer sur l'objet sur lequel la texture Multi/Sous-objet sera appliquée.

Pour cela, il faut attribuer aux différentes faces du mesh de l'objet des numéros d'identificateur.

Attribution de numéros d'identificateurs aux faces de l'objet

Pour attribuer des numéros aux faces du mesh de l'objet, il faut ajouter le modificateur **Edit Mesh** à la pile des modificateurs de l'objet.

Pour cela, sélectionnez l'objet et allez dans l'onglet **Modify** du panneau de commande. Puis rendez-vous dans la *Modifier List* ("liste des modificateurs") et sélectionnez le modificateur **Edit Mesh** dans le groupe *Mesh Editing*.

1. Pour pouvoir attribuer des numéros d'identificateurs aux faces, il faut passer en mode d'édition du mesh selon les faces.

Pour cela, cliquez sur cette icône de la fonction *Polygon* dans le groupe d'options *Selection*. Ou sélectionnez la fonction *Polygon* dans l'arborescence du **Edit mesh** dans la pile des modificateurs.

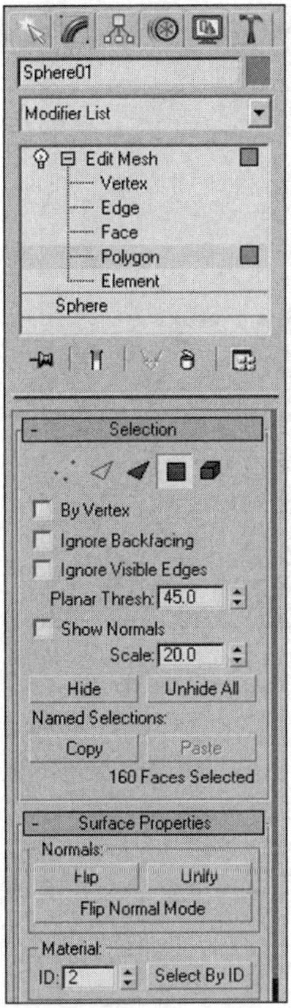

◄ Fig. 6.32 :
Options du modificateur Edit Mesh

2. Vous pouvez alors, avec l'outil de sélection de 3ds max, choisir les groupes de faces et leur attribuer des numéros d'ID.

Pour cela, il suffit donc de sélectionner un groupe de faces auxquelles vous voulez attribuer une des textures du groupe de textures Multi-Sub-object.

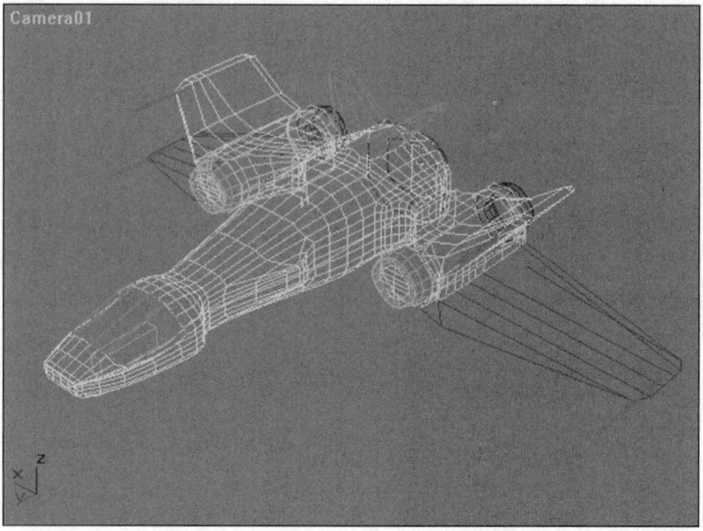

▲ Fig. 6.33 : *Exemple d'attribution d'ID aux différentes faces d'un mesh ; les différentes couleurs représentent les différents ID (en temps normal, il n'y a pas de couleurs)*

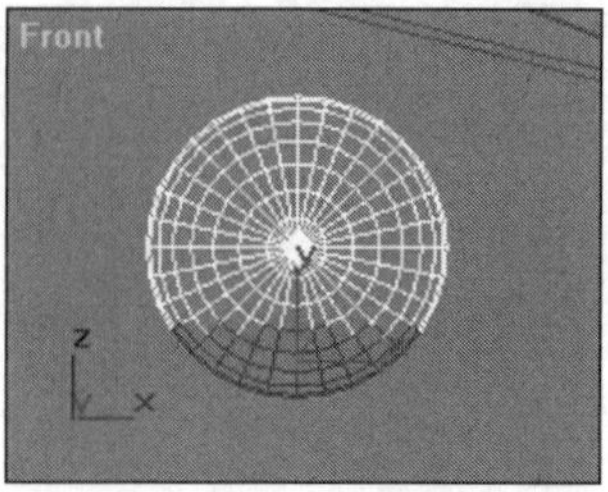

◄ Fig. 6.34 : *Exemple de sélection d'un groupe de faces d'un objet*

3. Vous pouvez ensuite aller dans les options du modificateur **Edit Mesh** et, dans la zone *Material* du menu déroulant *Surfaces Properties*, attribuer un numéro d'identificateur spécifique à ce groupe de faces dans le champ *ID* (évitez d'utiliser 1, utilisez plutôt 2, 3, 4, etc.).

   Vous pouvez répéter ces 2 dernières opérations pour donner d'autres numéros d'ID à d'autres groupes de faces.

4. Pensez à fermer le mode Edit Mesh par Polygon soit en cliquant de nouveau sur l'icône *Polygon*, soit en désélectionnant *Polygon* dans l'arborescence du modificateur **Edit Mesh** dans la pile des modificateurs.

REMARQUE

Bouton Select By ID

Le bouton **Select By ID** est bien pratique pour retrouver un groupe de faces de façon à enlever ou à ajouter d'autres faces.

Création de la texture Multi/Sub-objects

Une fois que les faces de l'objet ont été soigneusement numérotées de façon à leur appliquer différentes textures, on peut passer à la création de la texture Multi/Sub-object.

Pour passer en mode Multi/Sub-object, cliquez sur le bouton **Standard**.

La boîte de dialogue **Material/Map Browser** s'ouvre.

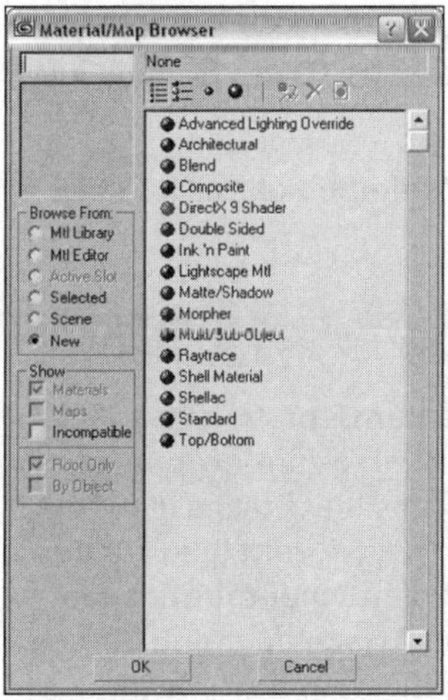

Fig. 6.35 : *Boîte de dialogue Material/Map Browser*

1. Dans la zone *Browse From*, choisissez *New*.
2. Dans la liste des types de textures, choisissez *Multi/Sub-Object* puis cliquez sur le bouton **OK**.

   Il vous sera alors demandé s'il faut garder ou non la texture actuelle en tant que sous-matériau.

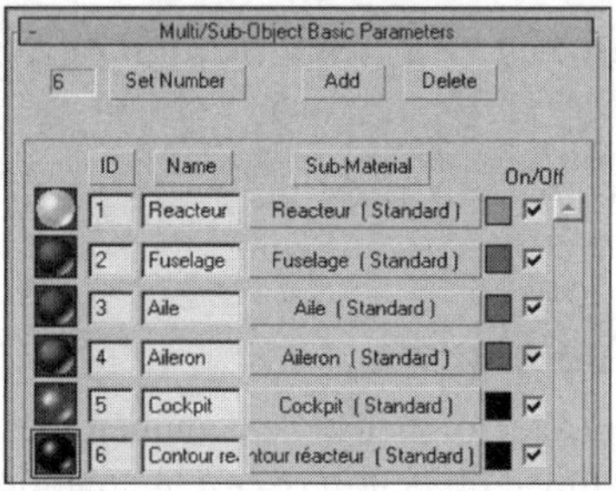

◄ Fig. 6.36 : *Groupe de textures Multi/Sub-objects*

3. Attribuez tout de suite le nombre de sous-matériaux que vous désirez appliquer à l'objet (en fonction du nombre d'ID différents que vous avez appliqués aux faces du mesh de l'objet). Dans notre cas : 6. Profitez-en pour nommer le groupe de textures Multi/Sub-object (à droite de la **Pipette**).
4. Vous pouvez maintenant paramétrer à votre guise les différents sous-matériaux selon leur ID en rapport avec les ID des faces du mesh de l'objet.
5. Vous pouvez alors appliquer la texture Multi/Sub-object à l'objet et définir un rendu pour voir le résultat.

REMARQUE

Variante

Une variante à ce mode de numérotation des faces est de créer l'objet en kit, c'est-à-dire en plusieurs morceaux, en donnant à toutes leurs faces le même ID (les différents morceaux du kit auront bien sûr des numéros d'ID différents), et d'attacher tous ces morceaux en utilisant la fonction **Attach** du menu déroulant **Edit Geometry** du modificateur **Edit Mesh**.

Texture métallique

Les textures métalliques sont assez faciles à préparer avec 3ds max.

1. Créez une nouvelle texture Standard et pensez à lui donner un nom.

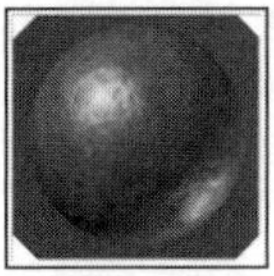

◄ Fig. 6.37 : *Texture métallique*

2. Dans le panneau déroulant **Shader Basic Parameters**, vous pouvez laisser la texture en mode Blinn, vous n'êtes pas obligé de passer en mode Métal pour créer une texture métallique.

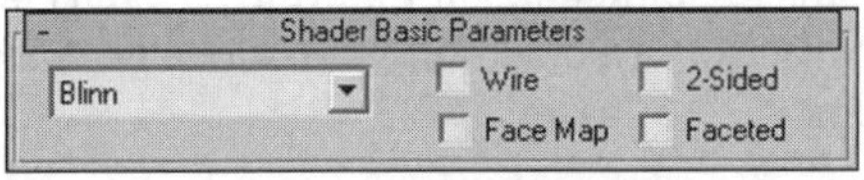

◄ Fig. 6.38 : *Panneau déroulant Shader Basic Parameters*

3. Dans le panneau déroulant **Blinn Basic Parameters**, définissez les mêmes paramètres que dans la capture d'écran suivante :

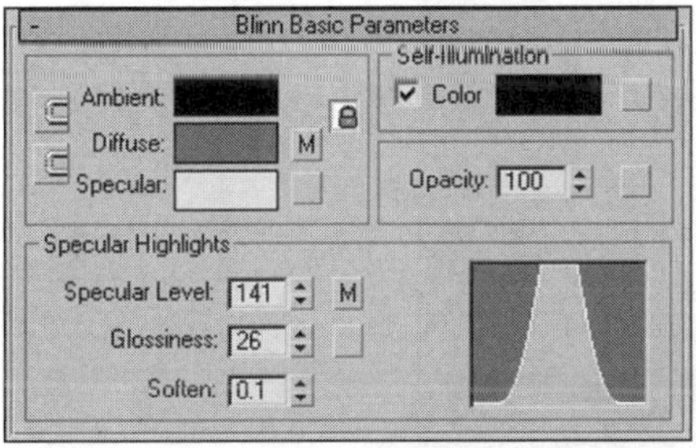

◄ Fig. 6.39 : *Panneau déroulant Blinn Basic Parameters*

REMARQUE

Le M situé à droite de la couleur Diffuse

Il signifie que, dans le menu déroulant **Maps**, une map est appliquée à la place de la couleur diffuse.

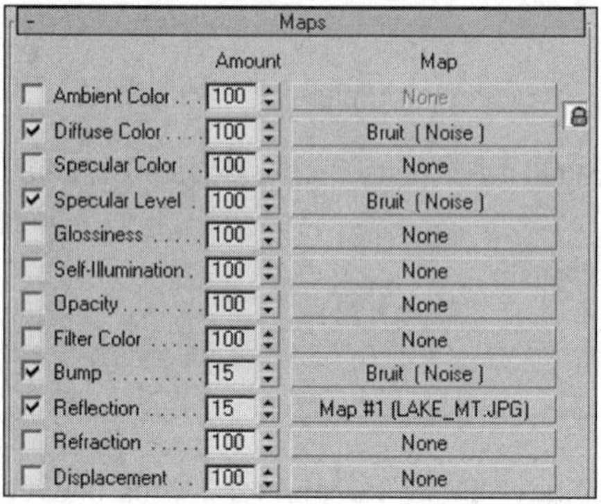

◄ Fig. 6.40 : *Panneau déroulant Maps*

4. Dans le panneau déroulant *Maps*, appliquez dans la ligne *Diffuse Color* une map (soit une image de métal, soit du bruit…). Dans notre cas, nous appliquons un **Noise** (bruit), c'est-à-dire un mélange de deux couleurs diffusées en grains.

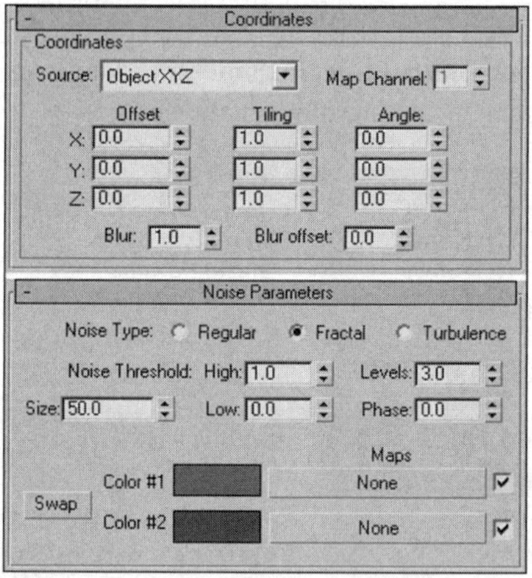

◄ Fig. 6.41 : *Paramètres du Noise*

5. Vous pouvez appliquer une instance (copie identique et liée) de la map de **Diffuse Color** dans les lignes *Specular Level* et *Bump* (de niveau 15) en opérant un simple glisser/déposer. Une boîte de dialogue **Copy Map** s'ouvrira.

6. Pour ajouter plus de réalisme, nous allons appliquer une map de réflexion. Mais, pour éviter des calculs trop longs avec l'utilisation du *Raytrace* comme réflexion, nous allons plutôt introduire une image de paysage.

   Pour cela, nous allons mettre dans la ligne *Réflexion* une map de background de la banque de données de maps de 3ds max 5. Par exemple, LAKE_MT.JPG.

   Il faut limiter le niveau de réflexion à 15 pour éviter de donner un effet de chrome au métal.

Voilà une texture de métal prête à être appliquée à un objet. Vous pouvez bien sûr modifier les paramètres afin d'obtenir un autre résultat.

ASTUCE

Les maps Plateox

Avec 3ds max 5, est fournie une banque de textures prédéfinies qui utilisent des maps stockées sous forme de fichiers *.jpeg* dans le sous-dossier *Maps* du dossier d'installation de 3ds max 5. Vous y trouverez les maps Plateox qui sont des images représentant des métaux. Il est facile avec Photoshop de modifier et de mixer ces différentes textures Plateox pour en faire de nouvelles textures de métal avec 3ds max.

Texture verre

Il est très difficile d'obtenir un rendu de verre hyper-réaliste. Bien souvent, il faut utiliser un moteur de rendu spécialisé. En effet, simuler une surface en verre est un savant mélange de transparence, de réflexion, de réfraction et de jeux de lumière. De plus, il faut jouer avec l'épaisseur du verre. Et finalement (ce qui ne facilite pas ce travail) les rendus de tous ces effets cumulés sont très longs car très gourmands en calculs.

◄ Fig. 6.42 :
Une texture simulant le verre

1. 

Dans la boîte de dialogue **Material Editor**, cliquez sur le bouton **Standard** et choisissez le type de texture *Raytrace* dans la boîte de dialogue **Material/Map Browser**.

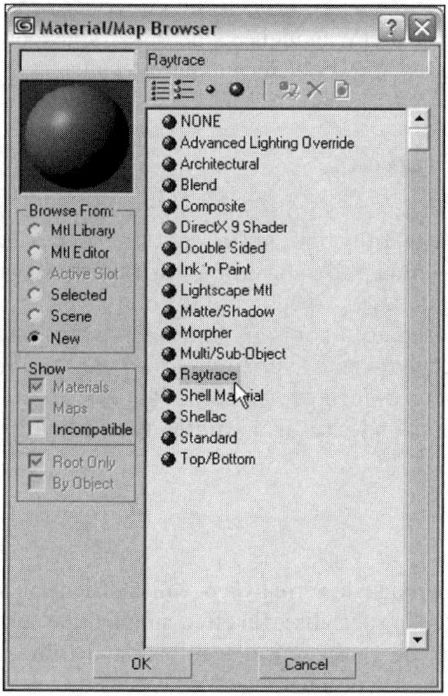

◄ Fig. 6.43 :
Texture Raytrace dans la boîte de dialogue Material/Map Browser

2. Dans le panneau déroulant **Raytrace Basic Parameters**, appliquez les paramètres identiques à ceux de la capture d'écran.

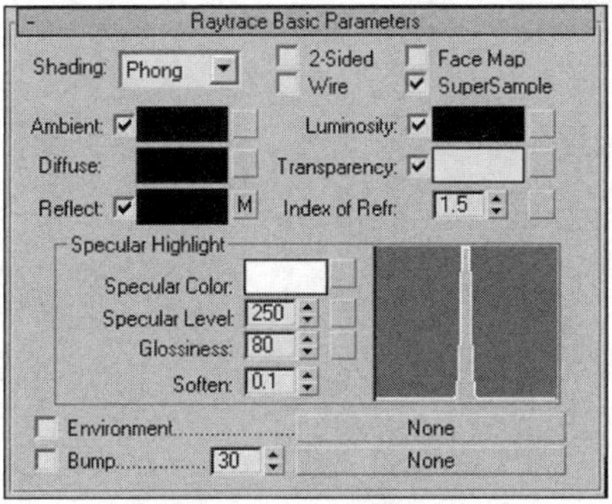

◄ Fig. 6.44 : *Paramètres pour simulation de verre dans le panneau déroulant Raytrace Basic Parameters*

Vous avez enfin une texture simulant le verre avec la réfraction et la diffraction que cela engendre. Vous remarquerez qu'en effectuant un rendu la zone affichant le verre dans le rendu sera plus lente à calculer.

Vous pouvez essayer de vous amuser avec les différentes maps applicables à une texture de type Raytrace.

ASTUCE

Rendus de réflexion plus rapides

Il est possible d'éviter l'utilisation du raytracing pour simuler la réflexion en attribuant le bitmap d'une image de paysage quelconque comme map de réflexion à la place d'une map de raytracing. Bien souvent, cette astuce donne un effet similaire au raytracing tout en demandant énormément moins de temps de rendu.

Chapitre > 7

Les différents éléments acteurs dans une scène

7.1 Les Lights (lumières) 241

7.2 Les caméras 246

7.3 Les Helpers (assistants) 248

7.4 Les Space Warps (déformations spatiales) 253

7.5 Les Systems (systèmes) 259

7.6 L'onglet Display (affichage) du panneau de commande 259

7.7 L'onglet Utilities (utilitaires) du panneau de commande 262

Vous pouvez créer dans les scènes de 3ds max 6 d'autres éléments que les objets 3D et formes 2D.

Les lumières et les caméras sont bien sûr indispensables pour la création d'une scène 3D digne de ce nom. Mais n'oubliez pas les assistants, les *space warps* et les systèmes.

◄ Fig. 7.1 :
Les éléments de l'onglet Create que l'on peut créer dans 3ds max 6

7.1 Les Lights (lumières)

Les lumières sont partie fondamentale dans la création de scènes 3D hyper-réalistes. En effet, lorsqu'une scène est bien éclairée, les détails que génère la lumière donnent aux objets de la scène une certaine prestance qui rend la scène vivante. Ces détails sont, par exemple, les jeux d'ombres, les reflets de la lumière sur les angles des objets, les jeux de clair-obscur, les couleurs, les ambiances, etc.

Quelques règles à suivre

D'une manière générale, il faut éviter de mettre trop de lumière dans une scène. Simplement par souci de réalisme mais aussi pour économiser les temps de calcul. En effet, les lumières génèrent des ombres qui doivent être calculées et plus il y a de lumières, plus il y a d'ombres à calculer.

Pour obtenir un éclairage type d'une scène composée d'un objet principal, il suffit d'utiliser une lumière Omni derrière l'objet cible de la caméra et deux spots qui visent l'objet ciblé par la caméra.

Les différents types de lumières

Il existe cinq types de lumières.

◄ Fig. 7.2 :
Les différents types de lumières

Tab. 7.1 : Les différents types de lumières

Type de lumière	Propriétés
Target Spot	Projette un rayon de lumière concentré comme une lampe électrique, un spot de théâtre ou un phare. Un projecteur cible se sert d'un objet cible pour orienter la caméra.
Target Direct	Une lumière directionnelle projette des rayons lumineux parallèles dans une seule direction, pratiquement de la même façon que le soleil éclaire la surface de la terre. Les lumières directionnelles sont surtout utilisées pour simuler la lumière du soleil. Vous pouvez régler la couleur de l'éclairage, positionner et faire pivoter la lumière dans l'espace en 3D.
Omni	Un éclairage omnidirectionnel projette des rayons dans toutes les directions à partir d'une source unique.
Free Spot	Projette un rayon de lumière concentré comme une lampe électrique, un spot de théâtre ou un phare. Un projecteur libre n'a pas d'objet cible. Vous orientez la caméra à l'aide de fonctions de transformation.
Free Direct	Projette des rayons lumineux parallèles dans une seule direction, de la même façon que le soleil (pratiquement) éclaire la surface de la terre. Les lumières directionnelles sont surtout utilisées pour simuler la lumière du soleil. Vous pouvez régler la couleur de l'éclairage, positionner et faire pivoter la lumière dans l'espace en 3D.
Skylight	Simule la lumière du ciel et crée des ombres hyperréalistes. C'est l'outil principal de l'illumination globale. Il faut activer le *Light Tracer* de la fenêtre **Advanced Lighting** accessible via le menu **Rendering > Advanced Lighting...** pour que la lumière skylight soit calculée.

Tab. 7.1 : Les différents types de lumières	
Type de lumière	Propriétés
Mr area Omni	Lumière Omni Mental Ray.
Mr Area Spot	Lumières Spot Mental Ray.

Les panneaux déroulants de paramètres communs à ces types de lumière sont les suivants :

- Le panneau déroulant **General Parameters** permet de préciser la couleur et l'intensité de la lumière mais aussi de préciser, en cochant la case *Shadows On*, si la lumière sélectionnée peut projeter les ombres.

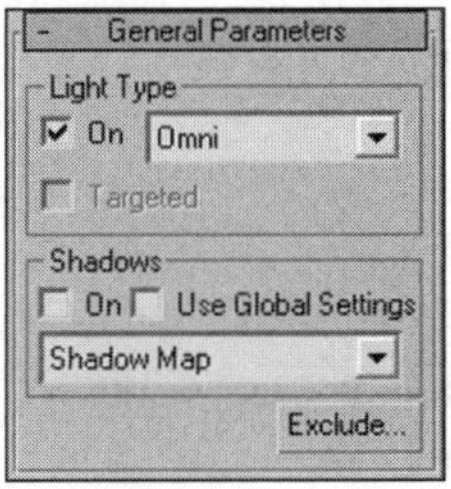

◄ Fig. 7.3 : *Panneau déroulant General Parameters*

- Le panneau déroulant **Intensity/Color/Attenuation** permet de préciser l'intensité de la lumière (évitez les valeurs supérieures à 1.0), la couleur de la lumière et les distances d'éclairage des lumières.

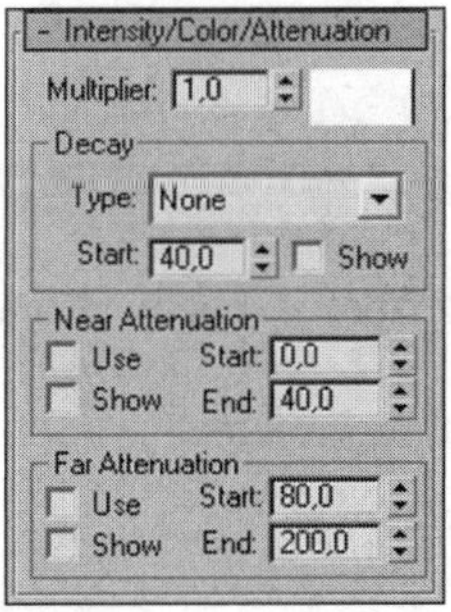

◄ Fig. 7.4 : *Panneau déroulant Attenuation Parameters*

- Le panneau déroulant **Shadows Parameters** permet de gérer les ombres.

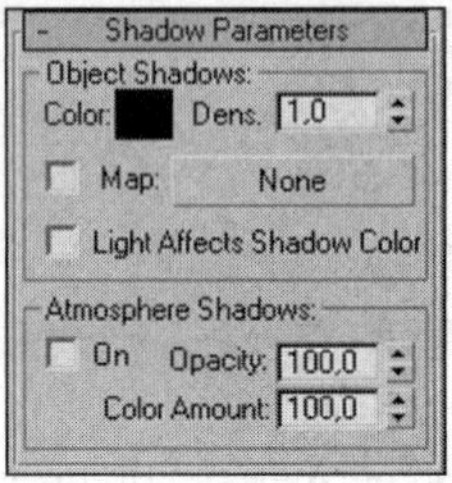

◄ Fig. 7.5 : *Panneau déroulant Object Shadows*

- Le panneau déroulant **Shadow Map Params** permet de régler la qualité des ombres.

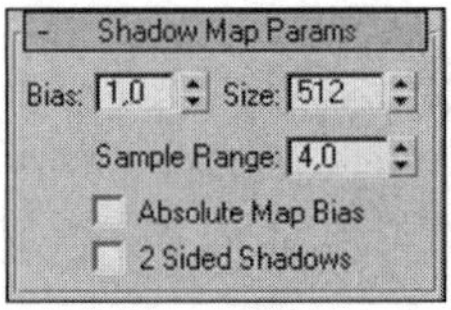

◄ Fig. 7.6 : *Panneau déroulant Shadow Map Params*

- Le panneau déroulant **Atmospheres & Effects** permet d'ajouter des effets et des ambiances aux effets de lumières.

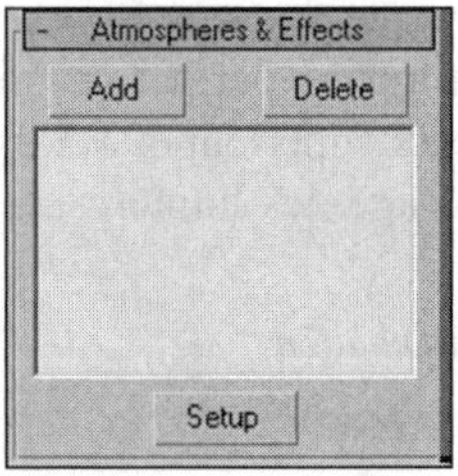

◄ Fig. 7.7 : *Panneau déroulant Atmospheres & Effects*

- Le panneau déroulant **Advanced Effects** permet de gérer l'ombre projetée par la lumière sur la surface des objets. La zone *Projector Map* permet d'utiliser une image comme ombre projetée.

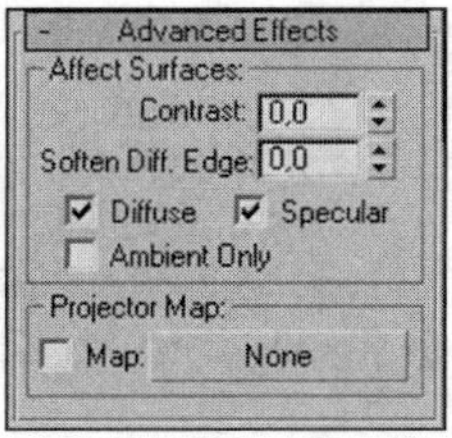

◄ Fig. 7.8 :
Panneau déroulant Advanced Effects

- Le panneau déroulant **mental ray Indirect Illumination** permet de gérer les paramètres de lumière indirecte de mental ray.

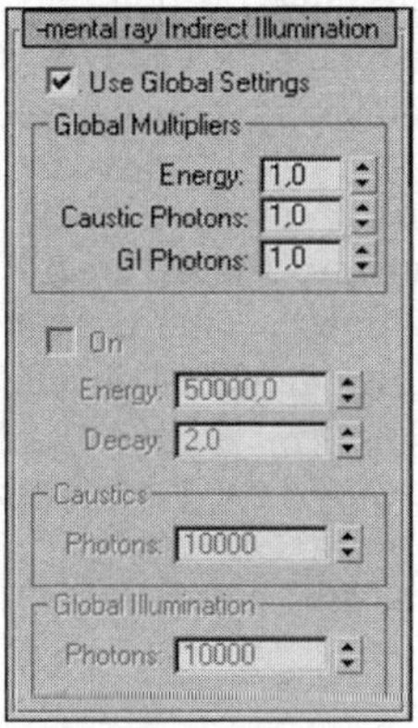

◄ Fig. 7.9 :
Panneau déroulant mental ray Indirect Illumination

- Le panneau déroulant **mental ray Light Shader** permet de gérer les ombrages mental ray en utilisant des matériaux provenant de l'éditeur de matériaux.

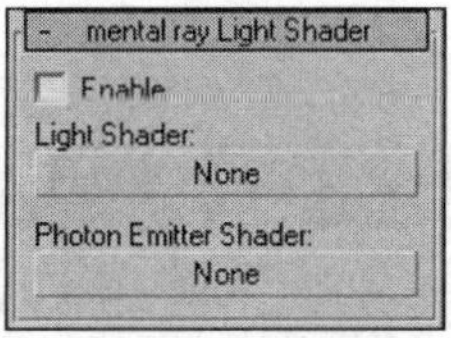

◄ Fig. 7.10 :
Panneau déroulant mental ray Light Shader

REMARQUE

Éclairage ambiant

L'éclairage d'une scène est également affecté par les paramètres de la zone *Global Lighting* (lumière ambiante) définis dans la boîte de dialogue **Environment** (environnement) du menu **Rendering**.

7.2 Les caméras

Les caméras permettent de voir la scène sous un angle ou point de vue particulier, comme le ferait une caméra de cinéma. Les caméras sont invisibles au rendu. On peut bien sûr en mettre plusieurs dans une scène.

Il est conseillé d'utiliser des caméras dans une scène pour servir de vue qui sera utilisée pour le rendu. De plus, l'avantage d'une caméra par rapport aux vues telles que la vue perspective est que la caméra n'est pas influençable lorsqu'on effectue des recadrages des fenêtres de vue de façon à voir tous les objets.

◄ Fig. 7.11 :
Les différents types de caméras

Tab. 7.2 : Les différents types de caméras

Type de caméra	Propriétés
Target	Permettent de visualiser la zone autour d'un objet cible que vous créez en même temps que la caméra. Les caméras cibles sont plus faciles à utiliser lorsque la caméra reste immobile sur une trajectoire.

Tab. 7.2 : Les différents types de caméras	
Type de caméra	Propriétés
Free	Permettent de visualiser la zone entrant dans le champ de la caméra. La caméra libre est plus facile à utiliser lorsque la caméra est animée sur une trajectoire. La caméra est capable de tourner sur elle-même lors du déplacement, ce qui n'est pas le cas des caméras cibles. target_camera.

Les deux panneaux déroulants des paramètres des caméras sont :

- Le panneau déroulant **Parameters** permet de régler les paramètres de la caméra comme les paramètres d'objectif avec en outre des paramètres prédéfinis souvent utilisés en vidéo et au cinéma.

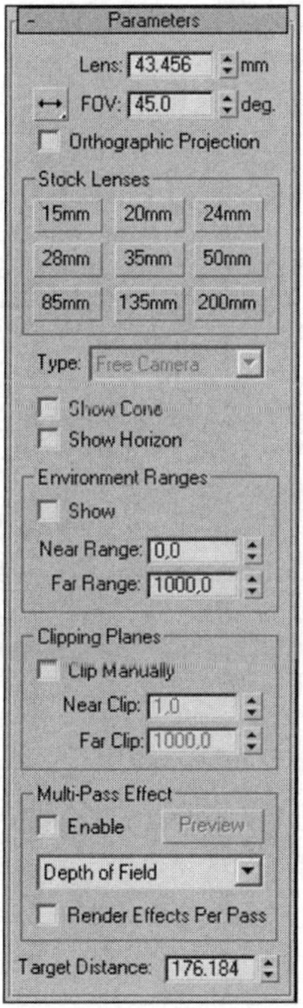

◄ Fig. 7.12 :
Panneau déroulant Parameters des caméras

- Le panneau déroulant **Depth of Field Parameters** permet de régler les paramètres de flou de profondeur avec des réglages de focale.

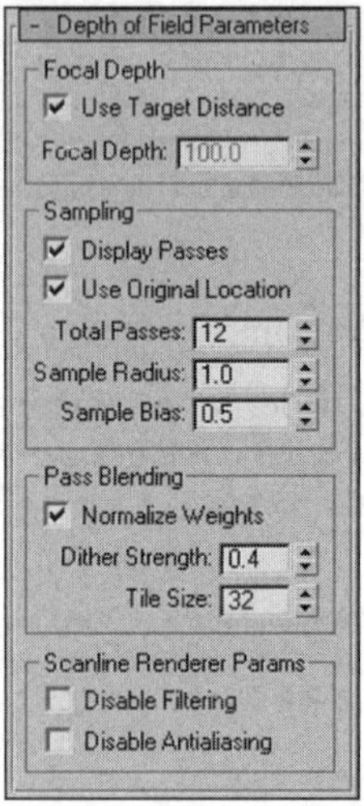

◄ Fig. 7.13 :
Panneau déroulant Depth of Field Parameters des caméras

ASTUCE

Créer une caméra à partir du cadrage d'une vue du viewport

Il est possible de créer une caméra à partir d'une vue du viewport (top, left, perspective, etc.). Pour cela, il suffit juste de sélectionner une caméra, puis le viewport désiré, de faire Ctrl+C ou d'aller dans le menu **View** et de choisir la fonction **Create Camera from View.**

7.3 Les Helpers (assistants)

Les assistants sont des outils invisibles au rendu qui aident à la manipulation et au paramétrage des objets.

Standard

Voici la liste des assistants standard.

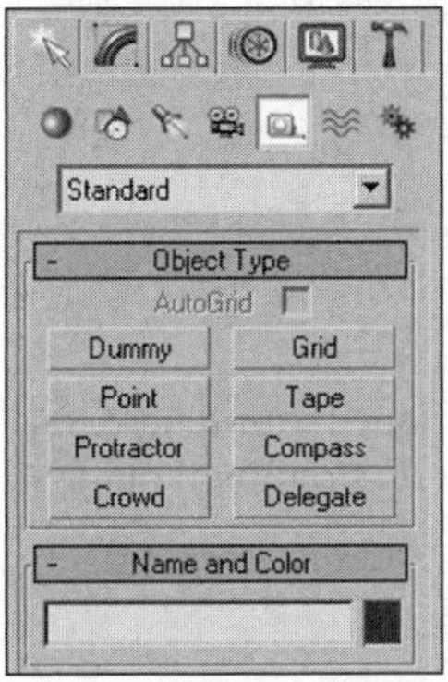

◄ Fig. 7.14 :
Les différents types d'assistants standard

Tab. 7.3 : Les différents types d'assistants Standard

Type d'assistant	Propriétés
Dummy (factice)	Un objet assistant factice est un cube en mode Filaire dont le point de pivot est situé en son centre géométrique. Il porte un nom mais n'est doté d'aucun paramètre. De plus, vous ne pouvez pas le modifier ni en effectuer un rendu. Le point de pivot, utilisé comme centre des transformations, constitue sa seule véritable caractéristique. Le cube en mode Filaire sert de référence pour les effets de transformation.
Point	L'assistant Point permet de définir un point donné de l'espace 3D qui sera utilisé comme référence ou partagé avec d'autres fonctions du programme.
Protractor (rapporteur)	Permet de mesurer l'angle entre deux objets de votre scène.
Crowd (foule)	Permet de gérer des foules (nouveau dans 3ds max 6).
Grid (grille)	La grille, également appelée "grille utilisateur", est un objet 2D paramétrique dont la taille globale et l'espacement des cellules sont paramétrables. Vous pouvez déplacer les grilles utilisateur et les orienter comme bon vous semble dans l'espace universel.
Tape (mètre ruban)	Affiche un "mètre ruban" sur écran qui permet de calculer et de définir les distances.

Tab. 7.3 : Les différents types d'assistants Standard	
Type d'assistant	Propriétés
Compass (boussole)	Affiche un cadran de boussole (qui ne peut pas être rendu) comportant les points Nord, Sud, Est et Ouest.
Delegate (délégué)	Permet de gérer des délégations.

Atmospheric Apparatus

Vous pouvez créer trois types d'appareil atmosphérique : une sphère, une boîte ou un cylindre. Ces gizmos limitent l'étendue du brouillard ou de la combustion dans votre scène.

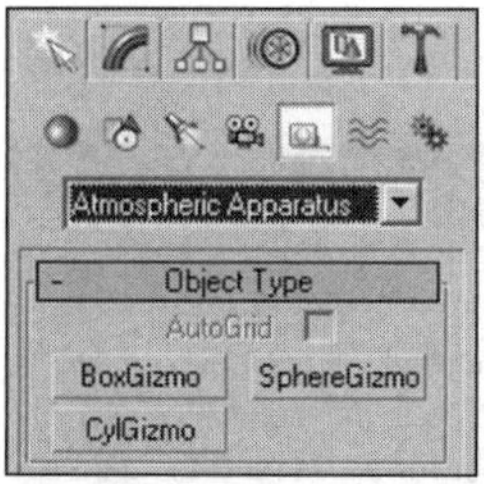

◄ Fig. 7.15 :
Les différents types d'assistants Atmospheric Apparatus

Tab. 7.4 : Les différents types d'assistants Atmospheric Apparatus	
Type d'assistant	Propriétés
Box Gizmo (BoîteGizmo)	Permet de créer un gizmo en forme de boîte dans votre scène. Appuyez sur ce bouton pour afficher le panneau déroulant **Paramètres boîte Gizmo**.
CylGizmo	Permet de créer un gizmo en forme de cylindre dans votre scène. Cliquez sur ce bouton pour afficher le panneau déroulant **Paramètres cylindre Gizmo**.
Sphere Gizmo	Permet de créer un gizmo en forme de sphère ou d'hémisphère dans votre scène. Cliquez sur ce bouton pour afficher le panneau déroulant **Paramètres sphère gizmo**.

Camera Match

L'assistant CameraMatch permet de créer des objets point caméra dans votre scène. Ceux-ci sont utilisés par l'utilitaire Camera Match pour faire correspondre la position, la longueur de l'objectif et la focale de la caméra 3ds max à une vraie caméra. Cela permet de préparer le cadrage d'un objet 3D pour l'incruster dans une vidéo en compositing.

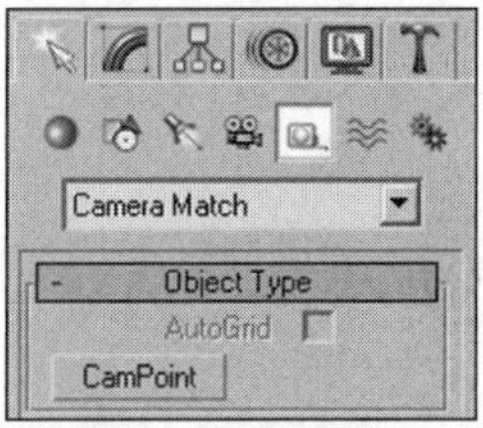

◄ Fig. 7.16 : *Les différents types d'assistants Camera Match*

Tab. 7.5 : Les différents types d'assistants Camera Match	
Type d'assistant	Propriétés
CamPoint	Permet de créer des points caméra dans votre scène. Ces points sont utilisés pour faire correspondre la caméra 3ds max et la photographie ou un cadrage vidéo.

Manipulators

Permet de générer les fameux manipulateurs qui font partie des grandes nouveautés de 3ds max 4 qui font toujours partie de 3ds max 6.

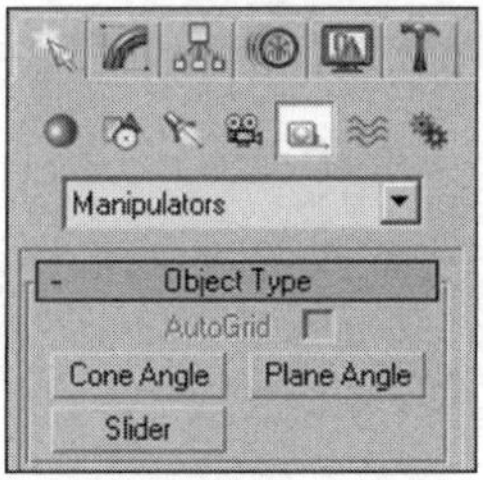

◄ Fig. 7.17 : *Les différents types d'assistants Manipulators*

Tab. 7.6 : Les différents types d'assistants Manipulators	
Type d'assistant	Propriétés
Cone Angle	Permet d'ajouter un manipulateur aidant à la gestion d'angle d'ouverture d'objets.
Plane Angle	Permet d'ajouter un manipulateur aidant à la rotation des objets.
Slider	Permet d'ajouter un manipulateur qui apparaît dans les fenêtres de vue sous forme de jauge paramétrable.

VRML97

Crée des assistants compatibles avec le format VRML97.

Fig. 7.18 :
Les différents types d'assistants VRML97

Reactor

Les outils Reactor.

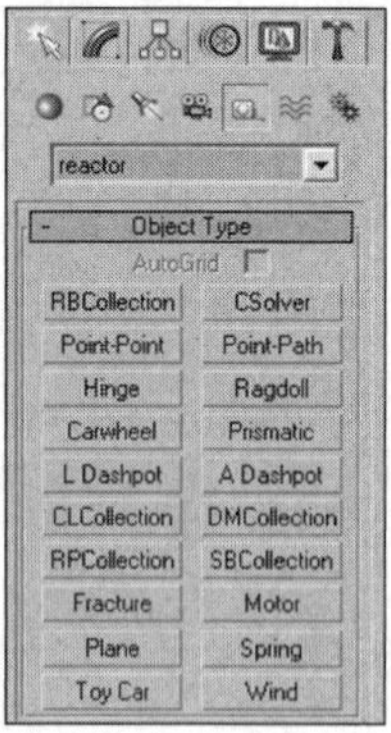

Fig. 7.19 :
Les outils Reactor

Assembly Heads

L'outil **Luminaire** du groupe **Assembly Heads** permet de gérer tous les composants d'une lampe (maillages et lumières) comme un seul et unique objet.

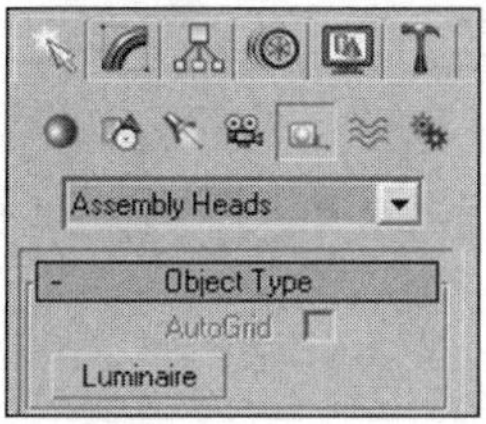

◄ Fig. 7.20 : *Les outils Assembly Heads*

Particle Flow

Les outils Particle Flow.

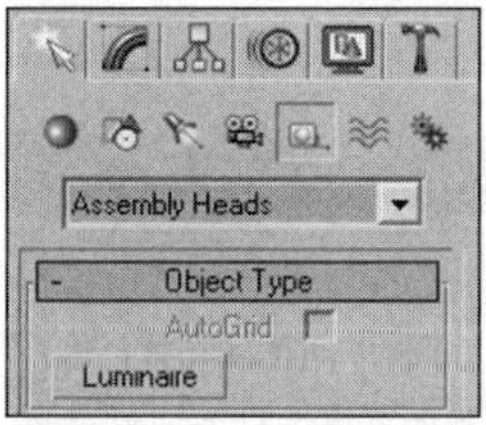

◄ Fig. 7.21 : *Les outils Particle Flow*

7.4 Les Space Warps (déformations spatiales)

Les déformations spatiales sont des objets qui affectent l'apparence d'autres objets, mais qui n'apparaissent pas dans un rendu. Elles créent des ''champs de force'' qui déforment d'autres objets et permettent ainsi de créer des effets de rides, d'ondes, de vent, des déviations de particules, etc.

Elles agissent à la manière de modificateurs, mais elles ont une incidence sur l'espace univers alors que les modificateurs géométriques agissent sur l'espace de l'objet.

Forces

Ces déformations spatiales s'appliquent aux systèmes de particules et aux systèmes de dynamiques. Elles peuvent toutes être utilisées avec des particules, et certaines, également avec des dynamiques.

◄ Fig. 7.22 :
Les différents types de space warps Forces

Tab. 7.7 : Les différents types de space warps Forces

Type d'assistant	Propriétés
Motor (moteur)	Fonctionne comme Poussée, mais elle applique un couple moteur (force rotative) aux particules ou aux objets affectés plutôt qu'une force directionnelle.
Vortex	Applique une force à un système de particules en faisant tournoyer les particules au travers d'un vortex. Intéressant pour faire des effets de passage interdimensionnel dans l'espace.
Path Follow (suivre chemin)	Force les particules associées à suivre un chemin défini par une spline.
Displace (déplacement)	Agit comme un champ de force qui pousse et déforme la géométrie d'un objet.
Wind (vent)	Simule l'effet du vent soufflant sur les particules générées par un système de particules. Il est directionnel.
Push (poussée)	Applique une force aux systèmes de particules ou aux systèmes dynamiques. L'effet produit varie légèrement en fonction du système.

Tab. 7.7 : Les différents types de space warps Forces	
Type d'assistant	Propriétés
Drag	Amortisseur de mouvement de particules qui réduit leur vélocité par une intensité que l'on peut spécifier dans un intervalle à définir.
PBomb	Crée une onde d'impulsion pour faire exploser un système de particules, tandis que la déformation spatiale Bombe dans la catégorie Géométrique/Déformable fait exploser les objets géométriques.
Bravity (gravité)	Simule l'effet de la gravité naturelle sur les particules générées par un système de particules. Il est directionnel.

Deflectors (déflecteurs)

Ces déformations spatiales influent sur les systèmes de dynamiques. Elles peuvent toutes être utilisées avec des particules et des dynamiques. Elles permettent de dévier la trajectoire de particules. C'est très pratique pour simuler des collisions.

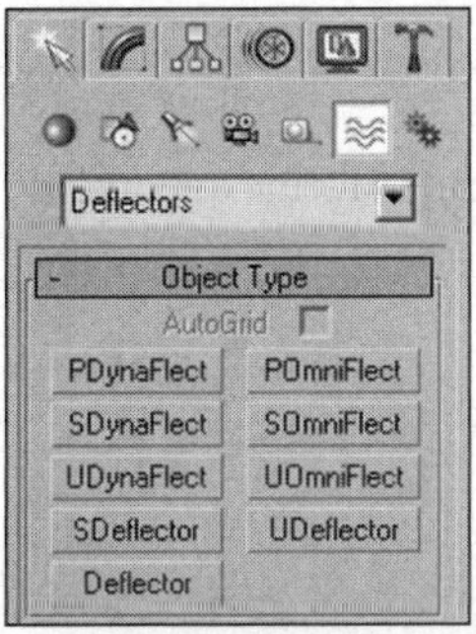

Fig. 7.23 : *Les différents types de space warps Deflectors*

Tab. 7.8 : Les différents types de space warps Deflectors	
Type d'assistant	Propriétés
PDynaFlect	Permet aux particules d'affecter des objets dans une situation dynamique. Par exemple, si vous souhaitez qu'une chaîne de particules frappe un objet et le renverse (comme le flot sortant d'une lance d'incendie et frappant une pile de boîtes).

Tab. 7.8 : Les différents types de space warps Deflectors	
Type d'assistant	Propriétés
SDynaFlect	Déflecteur dynamique sphérique similaire au PdynaFlect mais en sphérique.
UDynaFlect	Déflecteur dynamique universel qui permet d'utiliser la surface d'un objet comme déflecteur de particules et comme surface réagissant dynamiquement à l'impact des particules.
SDeflector	Déflecteur sphérique de particules.
Deflector	Agit à la façon d'un bouclier qui repousse les particules générées par un système de particules. Vous pouvez, par exemple, l'utiliser pour simuler l'effet de la pluie frappant un trottoir.
POmniFlect	Version planaire du type Omniflecteur de la déformation spatiale.
SOmniFlect	Version sphérique du type Omniflecteur de la déformation spatiale.
UOmniFlect	Remplace le UDéflector d'origine.
UDeflector	Déflecteur universel qui permet d'utiliser un objet comme déflecteur de particules.

Geometric/Deformable

Ces déformations spatiales permettent de déformer des formes géométriques.

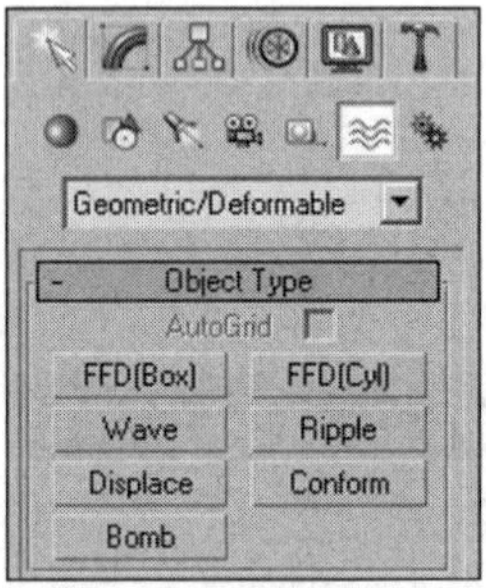

◄ Fig. 7.24 : *Les différents types de space warps Geometric/Deformable*

Tab. 7.9 : Les différents types de space warps Geometric/Deformable	
Type d'assistant	Propriétés
FFD (box)	Objet FFD de treillis en forme de boîte, semblable aux modificateurs FFD d'origine. Ce FFD est disponible à la fois comme modificateur d'objets et comme déformation spatiale.
Wave (onde)	Crée une onde linéaire dans l'espace univers. Elle produit un effet sur la géométrie des objets, proche de celui du modificateur **Wave** (onde).
Displace (déplacer)	Crée un champ de force qui permet de repousser et de déformer la géométrie d'un objet.
Bomb	Fait éclater des objets selon leurs faces.
FFD (Cyl)	Utilise un réseau cylindrique de points de contrôle dans son treillis. Ce FFD est disponible à la fois comme modificateur d'objets et comme déformation spatiale.
Ripple (ride)	Crée une ride concentrique dans l'espace univers. Elle produit un effet sur la géométrie des objets, semblable à celui du modificateur Ripple (ride).
Conform	Modifie l'objet qui y est lié en poussant ses sommets dans le sens indiqué par l'icône de la déformation spatiale, jusqu'à ce qu'ils atteignent un objet cible spécifié, ou que les sommets se déplacent à une distance déterminée par rapport à leur position d'origine.

Modifier-Based (basé sur modificateur)

Les déformations spatiales basées sur modificateur ont un effet semblable à celui des modificateurs d'objet standard que propose l'onglet **Modify** du panneau de commande. À l'instar des autres déformations spatiales, elles doivent être liées à des objets et fonctionnent dans l'espace univers. Faites-y appel lorsque vous souhaitez appliquer un effet de torsion ou de ride, par exemple, à un groupe d'objets clairsemés.

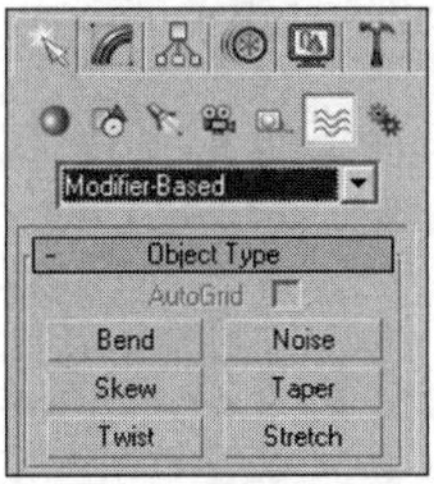

◄ Fig. 7.25 : *Les différents types de space warps Modifier-Based*

Tab. 7.10 : Les différents types de space warps Modifier-Based

Type d'assistant	Propriétés
Bend (courbure)	Permet d'incurver la sélection courante d'une valeur pouvant aller jusqu'à 360 degrés sur un seul axe, ce qui produit une courbure uniforme dans la géométrie d'un objet. Vous pouvez contrôler l'angle et la direction de la courbure sur chacun des trois axes.
Skew (incliner)	Permet de produire un décalage uniforme de la géométrie d'un objet.
Twist (torsion)	Applique une torsion (telle que l'essorage d'un chiffon mouillé) aux formes géométriques d'un objet.
Noise (bruit)	Permet de moduler la position des sommets d'un objet le long d'une combinaison quelconque des trois axes.
Taper (effiler)	Permet de produire un contour effilé en mettant à l'échelle les deux extrémités de la géométrie d'un objet, l'une étant agrandie et l'autre réduite.
Stretch (étirement)	Simule les effets traditionnels d'animation d'étirement et d'écrasement.

Reactor

Pour la simulation de l'eau avec Reactor.

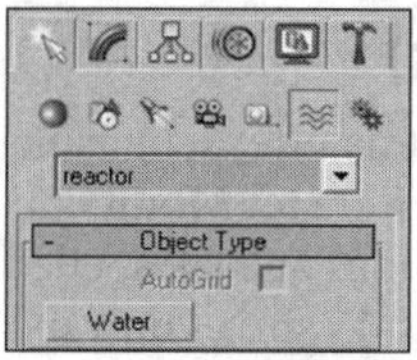

◄ Fig. 7.26 : *Simulation de l'eau*

Particles & Dynamics

Pour créer un champs vectoriel de gestion des particules et dynamiques.

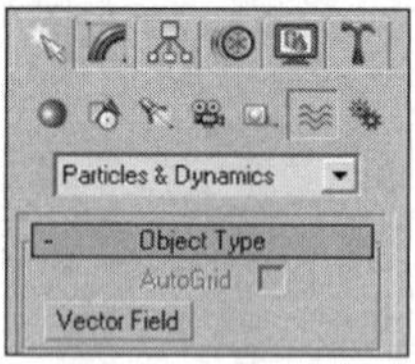

◄ Fig. 7.27 : *Champ vectoriel*

7.5 Les Systems (systèmes)

Les systèmes associent des objets, des liens et des contrôleurs pour produire des jeux d'objets possédant une géométrie et un comportement. Le bouton **Systems** permet de créer des animations qu'il serait beaucoup plus long ou beaucoup plus difficile de produire en se servant des différentes fonctions de 3ds max.

◄ Fig. 7.28 : *Les différents types de Systems Standard*

Tab. 7.11 : Les différents types de Systems Standard

Type d'assistant	Propriétés
Bones	Crée un jeu de "bones" et de joints liés hiérarchiquement.
Sunlight	Crée et anime une lumière directionnelle qui suit le soleil selon un angle et un mouvement géographique réaliste sur la terre à une position donnée. Nouveauté de 3ds max 6.
Ring Array (réseau anneau)	Objet factice entouré par un anneau de boîtes.
Biped	Crée le système de squelette du plug-in d'animation Character Studio.
Daylight	Variante du Sunlight qui contient d'ailleurs celui-ci avec le skylight.

7.6 L'onglet Display (affichage) du panneau de commande

L'onglet **Display** permet de vous aider à la modélisation de scènes 3D complexes et comportant de nombreux objets en vous donnant la possibilité de cacher, de figer ou de paramétrer l'affichage de certaines informations de n'importe quels objets de la scène.

Cela vous sera très pratique pour modéliser certains objets d'une scène sans être gêné par les autres.

-  Le panneau déroulant **Display Color**.

  Vous pouvez choisir l'affichage des couleurs des filaires des objets selon les couleurs d'objets ou les couleurs de matériaux.

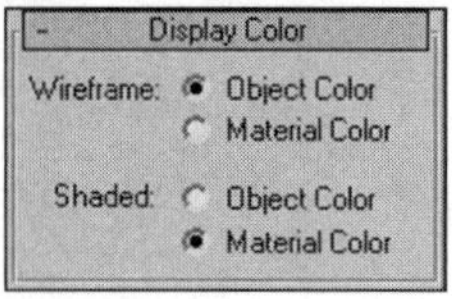

◄ Fig. 7.29 : *Panneau déroulant Display Color*

- Le panneau déroulant **Hide by Category**.

  Vous pouvez cacher les objets par catégorie, en fonction du type de base de l'objet.

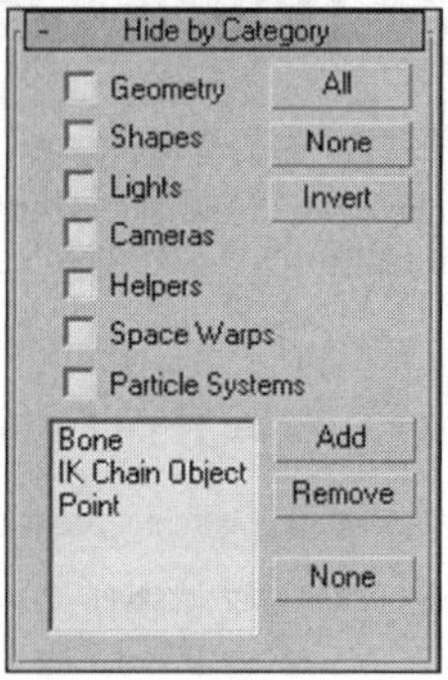

◄ Fig. 7.30 : *Panneau déroulant Hide by Category*

- Vous pouvez cacher et refaire apparaître via ce panneau déroulant n'importe quel objet.

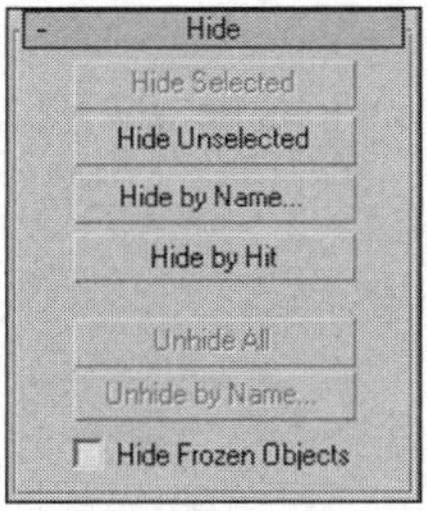

◄ Fig. 7.31 :
Panneau déroulant Hide

- Le panneau déroulant **Hide**.

  Vous pouvez figer et défiger les objets de votre choix via ce menu déroulant. Cela vous permet de rendre impossible la sélection des objets figés tout en les laissant affichés.

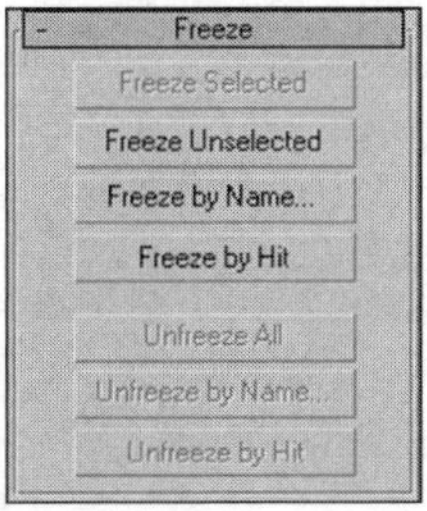

◄ Fig. 7.32 :
Panneau déroulant Freeze

- Le panneau déroulant **Display Properties**.

  Vous permet de sélectionner les propriétés d'affichage des objets de façon à afficher ou non certaines informations.
  Vous pouvez aussi accéder à ces paramètres dans la zone *Display Properties* de la boîte de dialogue **Object Properties** en cliquant à l'aide du bouton droit sur un objet et en choisissant *Properties* dans la zone *Transform* du Quad Menu.

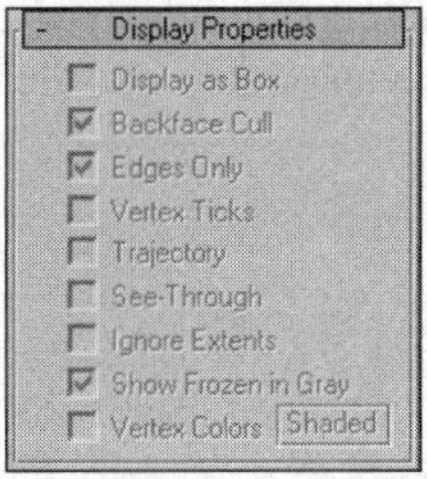

◄ Fig. 7.33 :
Panneau déroulant Display Properties

- Le panneau déroulant **Link Display**.

  Vous pouvez décider d'afficher certaines informations de *link* ("lien") entre les objets.

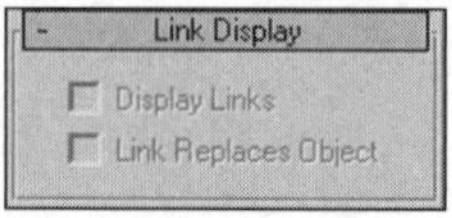

Fig. 7.34 :
Panneau déroulant Link Display

7.7 L'onglet Utilities (utilitaires) du panneau de commande

Les utilitaires regroupent des commandes et plug-ins d'outils complémentaires intégrés à 3ds max.

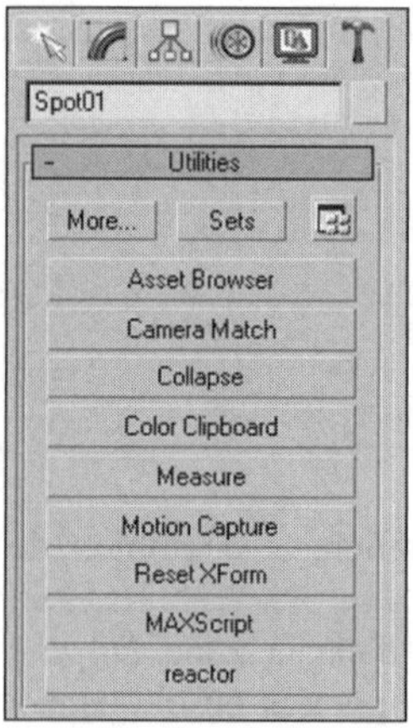

Fig. 7.35 :
Panneau déroulant Utilities

Dans la boîte de dialogue **Utilities** accessible par le bouton **More...**, vous trouverez la liste complète de tous les utilitaires intégrés à 3ds max, que ce soit en standard ou sous forme de plug-in que vous aurez installé.

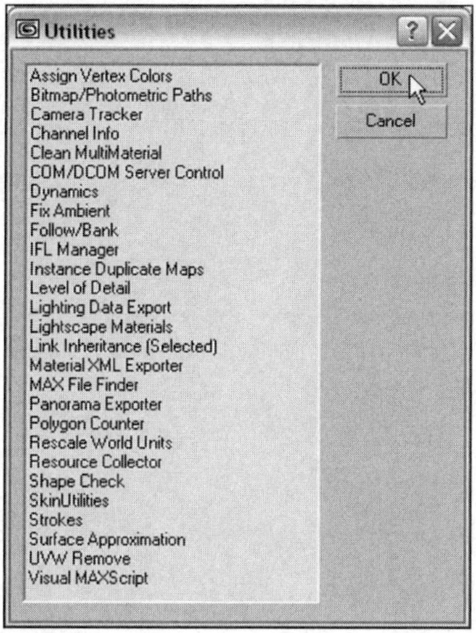

◄ Fig. 7.36 : *Boîte de dialogue Utilities*

Vous y trouverez par exemple l'outil **Texporter** si vous avez installé ce plug-in.

Chapitre > 8

Animation

8.1 Les règles de l'animation 3D 267

8.2 Les clés d'animation 267

8.3 Les bones (squelette) 273

8.4 La Cinématique inverse (Inverse Kinematic : IK) 274

8.5 Character Studio 279

Maintenant que vous avez modélisé vos objets, il faut leur donner vie. Il faut donc les animer.

Dans ce livre, l'animation avec 3ds max ne sera que survolée. En effet, il serait trop long de tout expliquer dans un livre de poche.

8.1 Les règles de l'animation 3D

Les règles de l'animation 3D se basent en fait sur celles de l'animation 2D traditionnelle, autrement dit le dessin animé. Avant de passer à l'animation 3D, il est conseillé de pratiquer l'animation 2D traditionnelle de manière à comprendre le principe d'image clé et aussi certaines règles d'exagération des mouvements comme celle des dessins animés *cartoons*.

Dans le milieu professionnel de la 3D, les animateurs 3D les plus prisés sont ceux qui viennent d'un cursus d'animation 2D comme les étudiants d'écoles du type des Gobelins. En effet, il est plus difficile d'apprendre l'animation que d'apprendre à utiliser un logiciel 3D d'animation.

Pour les néophytes, il est possible d'apprendre en s'aidant de livres (souvent non traduits) que vous trouverez dans des bibliothèques spécialisées.

Techniquement, il faut passer par l'étape du *bonesage* ("application d'un squelette") de l'objet ou du personnage à animer avant d'effectuer l'animation de l'objet ou du personnage à proprement parler. Cette étape n'est pas nécessaire pour les déplacements, rotations et tailles des objets dans l'espace de la scène.

8.2 Les clés d'animation

L'animation dans 3ds max se gère en fonction de clés dans le temps. 3ds max se charge de calculer automatiquement les positions intermédiaires entre deux clés.

Chaque clé est paramétrable de façon à définir l'animation avec les clés suivantes et précédentes.

Presque tous les paramètres de 3ds max 6 sont animables de cette manière.

REMARQUE

Mode Animation

Vérifiez bien si le mode Animation est actif lorsque vous voulez animer. Il est tout aussi important, après avoir animé, de bien désactiver ce mode si vous voulez manipuler des objets sans leur appliquer une animation.

L'animation se gère principalement à partir de 2 interfaces : l'onglet **Motion** et la Track View.

L'onglet Motion dans le panneau de commande

L'onglet **Panneau de commande** affiche les informations d'animation de l'objet sur ses frames clés.

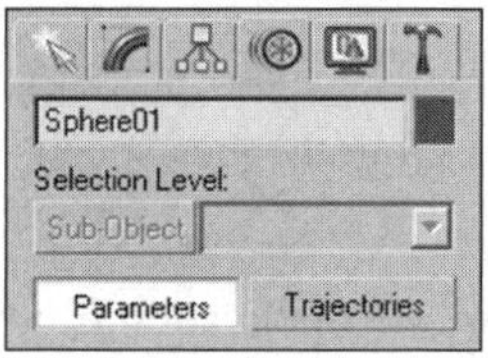

◄ Fig. 8.1 : *Onglet Motion*

Cet onglet est composé de plusieurs panneaux déroulants :

- Le panneau déroulant **Assign Controller**.

  Il permet de visualiser les différents types d'animation et s'applique à l'objet sélectionné à différents niveaux : changements de positions, rotations et changements de taille.

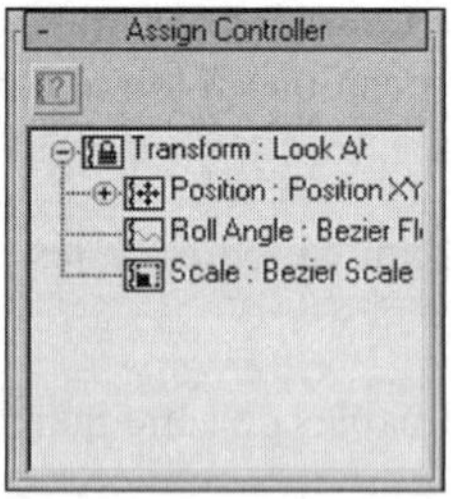

◄ Fig. 8.2 : *Panneau déroulant Assign Controler*

- Le panneau déroulant **PRS Parameters**.

  Permet de gérer la création et l'effacement des 3 types de clés (position, rotation, scale).

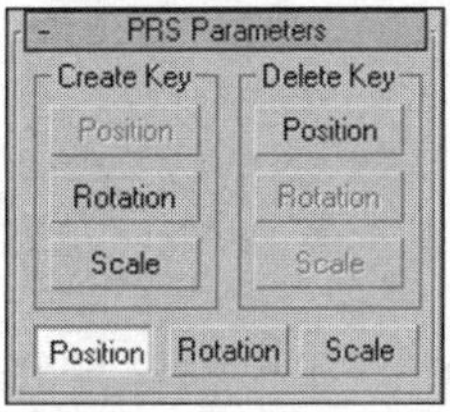

◄ Fig. 8.3 : *Panneau déroulant PRS Parameters*

- Les panneaux déroulants **Position XYZ Parameters** et **Key Info (Basic)**.

  Affiche les informations de gestion de l'animation avant et après la clé en cours. En effet, il est possible de préciser s'il y a accélération ou ralentissement juste avant d'arriver sur la clé. Idem pour le départ juste après la clé.
  Les boutons **In** et **Out** permettent de choisir le type de mouvement (accéléré, ralenti, linéaire, souple…) en entrée et sortie de la clé.

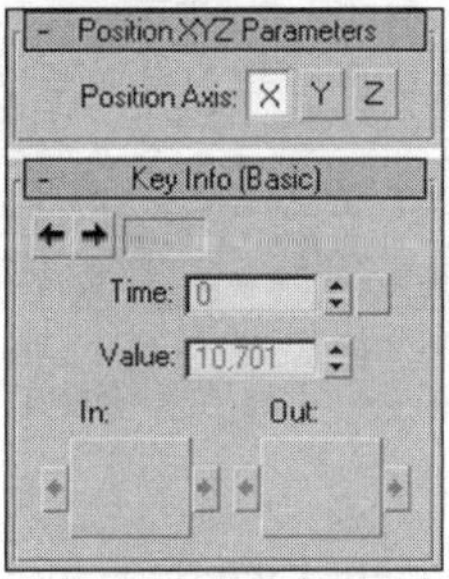

◄ Fig. 8.4 : *Panneau déroulant Position XYZ Parameters et Key Info (Basic)*

- Le panneau déroulant **Key Info (Advanced)**.

  Affiche les mêmes informations que précédemment mais de façon statistique et non intuitive. Permet de gérer l'animation avant et après les clés de façon très précise.

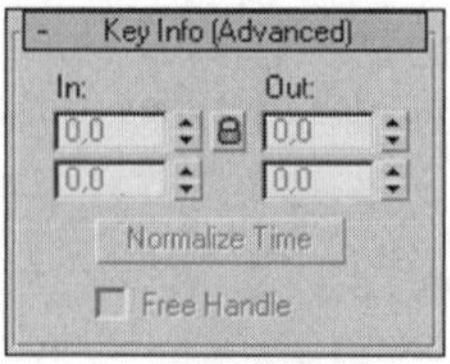

◄ Fig. 8.5 : *Panneau déroulant Key Info (Advanced)*

La Track View (vue piste)

La Track View – Curve Editor est accessible par cette icône (à gauche de l'icône de l'éditeur de matériaux).

En cliquant sur cette icône, on ouvre une fenêtre très complexe avec une liste de tous les objets et les animations qui leur sont appliquées sous forme de pistes. Sur les pistes, on peut voir les clés d'animation de façon beaucoup plus claire et dans leur globalité.

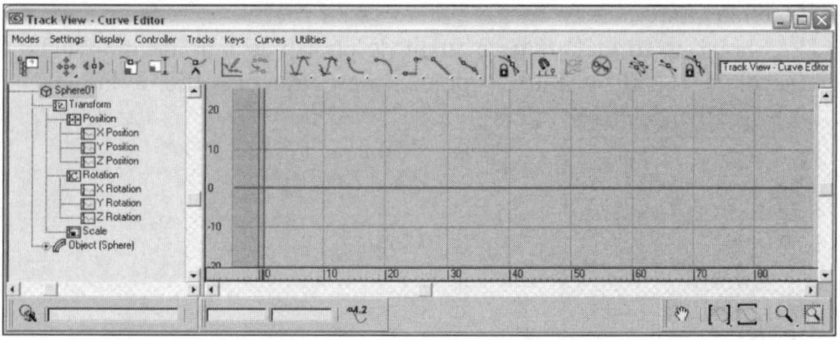

▲ Fig. 8.6 : *Vue Piste (Track View) Curve Editor*

La Vue Piste (Track View) Curve Editor est vraiment l'interface globale indispensable pour gérer les animations complexes. Elle permet d'accéder rapidement aux différentes clés d'animation de la scène. Elle permet aussi d'en modifier les paramètres et même d'en gérer la création et l'effacement. Il devient très facile de déplacer des clés et des groupes de clés.

Comme vous pouvez le remarquer sur l'image précédente, la Vue Piste montre tous les paramètres animables de la sphère animée de l'exercice suivant de façon hiérarchique et ordonnée (avec une arborescence similaire à l'Explorateur de Windows) et sous forme de pistes temporelles sur lesquelles on peut gérer les clés.

Exemple d'animation simple

Dans cet exemple, nous allons créer une animation qui utilise en même temps les trois paramètres de manipulation de 3ds max : le déplacement, la rotation et la taille.

1. Faites un Reset de la scène et créez une sphère dans la nouvelle scène.

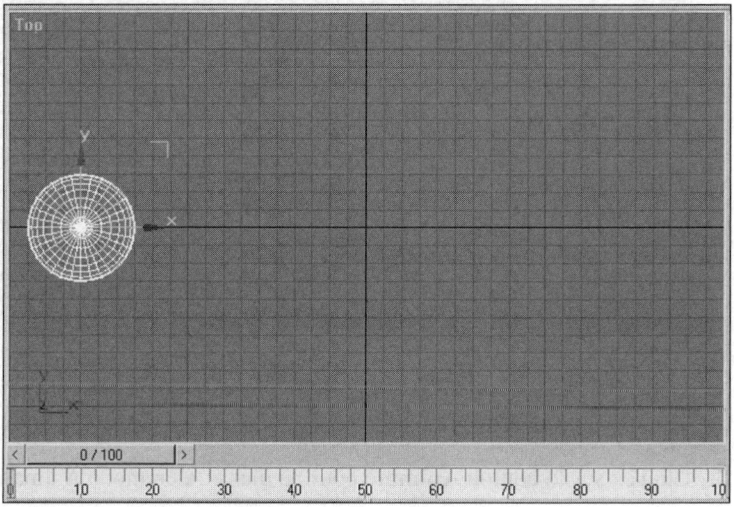

▲ Fig. 8.7 : *Sphère à la frame 0*

2. Mettez-vous en mode Animation en cliquant sur le bouton **Animate**.

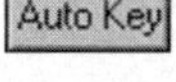

Il change de couleur et devient rouge. Le cadre de la fenêtre de vue active s'entoure d'un liseré rouge et la barre de défilement du temps devient rouge aussi. Tout cela pour vous indiquer que vous êtes en mode Animation.

3. Sélectionnez la sphère dans la vue Top et allez à la frame 100 en vous aidant de la barre de défilement du temps.

4. Déplacez la sphère. Vous voyez alors deux clés se créer dans la barre de défilement du temps : une en frame 0 et une en frame 100.

   Puis appliquez-lui une rotation. Si possible sur les 3 axes pour mieux se rendre compte de l'animation.

   Puis changez sa taille avec l'outil **Scale**.

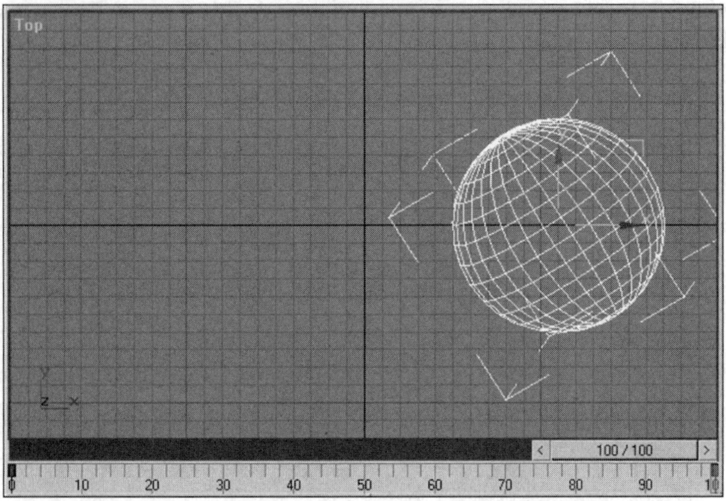

▲ Fig. 8.8 : *Sphère animée (déplacement + rotation sur les 3 axes + augmentation de la taille)*

5. Cliquez sur le bouton **Animate** pour ne plus être en mode Animation.

6. Cliquez sur le bouton **Play Animation** pour voir l'animation générée.

   Vous pouvez ajouter une clé à n'importe quelle frame entre 0 et 100 pour rendre l'animation plus complexe.

7. Réactivez le mode Animation.

   Allez à la frame 75 et appliquez à la sphère d'autres manipulations. Ces manipulations seront bien entendu enregistrées comme des clés d'animation.

8. Appliquez par exemple un déplacement perpendiculaire au précédent.

Puis sous l'onglet **Display** du panneau de commande, dans le panneau déroulant **Display Properties**, activez la case *Trajectory*.

Vous verrez apparaître la trajectoire que va suivre la sphère lors de la lecture de l'animation.

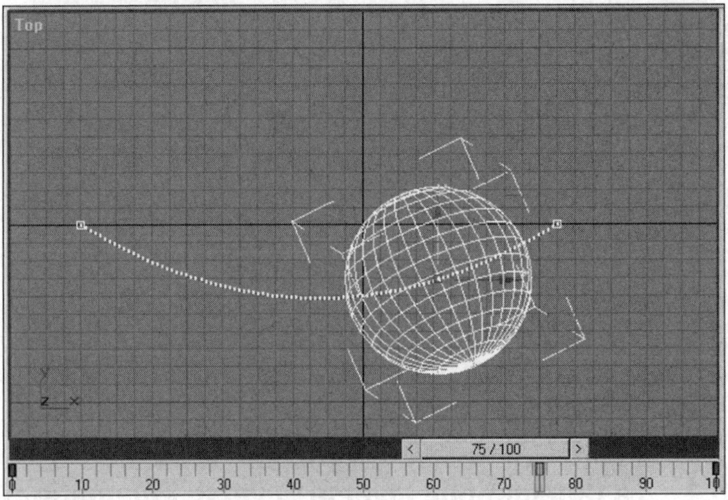

▲ Fig. 8.9 : *Trajectoire de la sphère*

8.3 Les bones (squelette)

Pour créer des bones, il faut aller dans l'onglet **Create** du panneau de commande et choisir *Bones* dans les objets **Systems**.

Vous pouvez alors créer dans les fenêtres de vue les bones comme bon vous semble.

Vous remarquerez qu'en appliquant une rotation sur le bone père, tous les autres bones suivent et qu'en l'appliquant à un bone fils, seuls les bones situés hiérarchiquement en dessous suivent le mouvement.

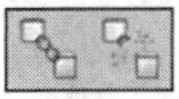

Il est possible de lier les groupes de bones entre eux grâce aux outils de "linkage" de la barre d'outils principale.

Une fois les bones créés et positionnés pour former le squelette du mesh cible, vous pouvez lier ceux-ci grâce au modificateur **Skin**.

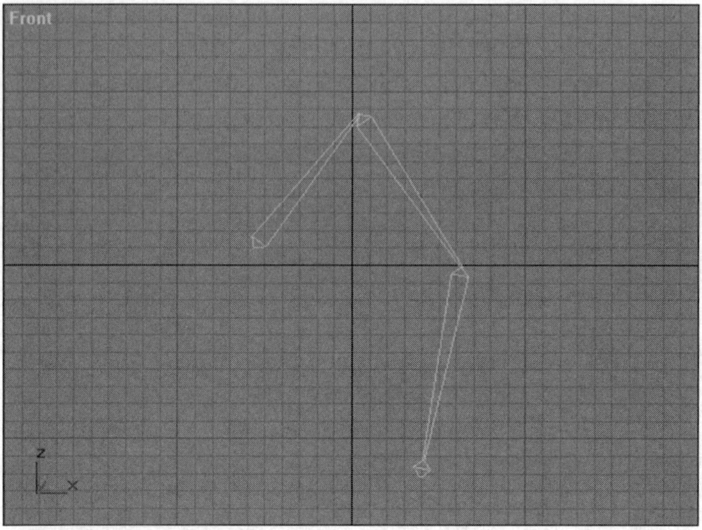

▲ Fig. 8.10 : *Bones*

8.4 La Cinématique inverse (Inverse Kinematic : IK)

Un des outils les plus intéressants dans la production d'animations en images de synthèse est la possibilité de lier les objets entre eux hiérarchiquement. En liant un objet à un autre, vous créez entre eux une relation parent-enfant. Les manipulations appliquées à l'objet parent seront également transmises à l'objet enfant. Le fait de lier plusieurs objets permet de générer des chaînes avec des hiérarchies complexes.

La cinématique décrit le mouvement de ces chaînes. La cinématique inverse, plus précisément, est basée sur les translations et rotations de manipulateurs spécifiques qui transmettent leur mouvement jusqu'au bout de la chaîne.

La cinématique inverse est une méthode d'animation qui inverse la direction de la manipulation de la chaîne pour l'animateur. Au lieu de travailler en fonction de la racine de l'arbre, il travaille depuis les feuilles.

Le meilleur exemple d'utilisation de la cinématique inverse est le bras. Pour animer un bras en cinématique inverse, il suffit de déplacer le poignet. La cinématique inverse se chargera automatiquement de faire pivoter le bras et l'avant-bras tout en déplaçant le poignet de façon logique en fonction de la longueur totale du bras.

En cinématique normale, il aurait fallu bouger le bras, puis l'avant-bras puis le poignet.

Interface

On peut trouver les paramètres de cinématique inverse (IK ou Inverse Kinematics) sous l'onglet **Hierarchy** du panneau de commande. En cliquant sur le bouton **IK**, on fait apparaître plusieurs panneaux déroulants :

- Le panneau déroulant **Inverse Kinematics**.

  Il permet d'activer la cinématique inverse et de gérer les différents contrôles basés sur les **IK solvers** (du menu **Animation**).
  Il permet aussi de fournir des contrôles sur les cinématiques interactives et appliquées aussi bien que sur les contrôles pour le HD Solver (dépendant de l'historique).

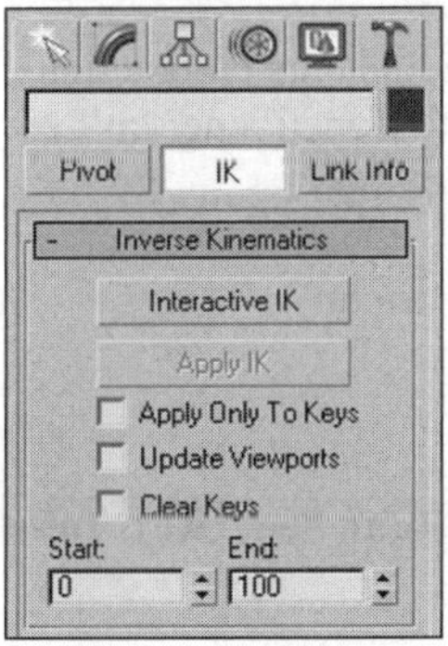

◄ Fig. 8.11 : *Panneau déroulant Inverse Kinematics*

- Le panneau déroulant **Object Parameters**.

  Il permet de gérer les paramètres de cinématique inverse pour une chaîne hiérarchique entière. Il permet aussi de générer des *Terminators* ("terminateurs") de chaîne.

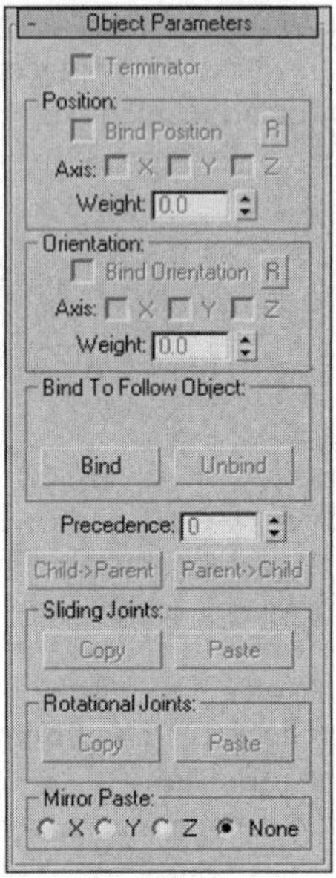

◄ Fig. 8.12 : *Panneau déroulant Object Parameters*

- Le panneau déroulant **Auto Termination**.

  Il permet d'assigner temporairement les terminateurs en fonction d'un nombre de liens supérieurs à définir (ne fonctionne qu'avec la cinématique inverse interactive).

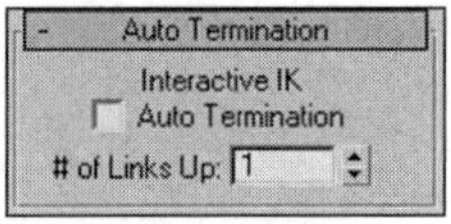

◄ Fig. 8.13 : *Panneau déroulant Auto Termination*

- Le panneau déroulant **Position XYZ Parameters, Key Infos** et **Rotational Joints**.

  Il permet d'autoriser l'animation sur un ou plusieurs axes et de restreindre l'animation sur les axes restants.
  Vous pouvez aussi bien gérer les contraintes de déplacement (*slide*) que de rotation (*rotational*) sur les axes donnés.

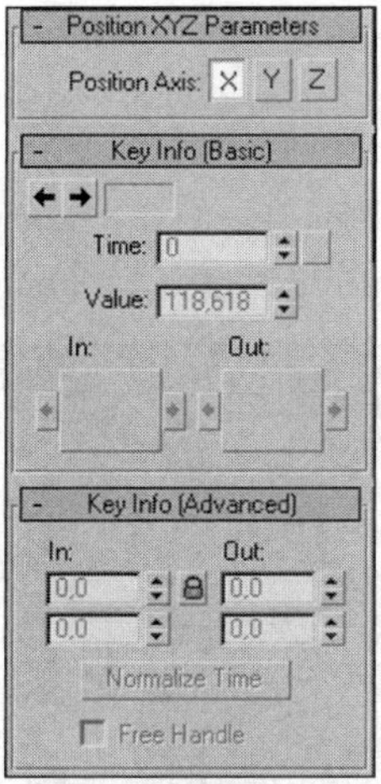

◄ Fig. 8.14 :
Panneau déroulant Sliding Joints

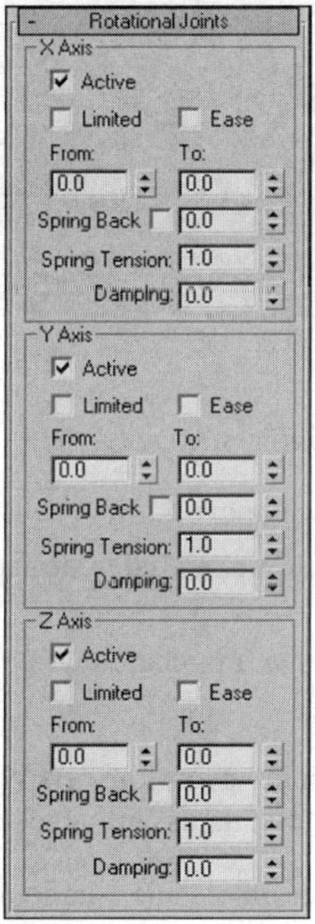

◄ Fig. 8.15 :
Panneau déroulant Rotational Joints

Exercice

Créez une chaîne de bones à au moins 3 niveaux.

1. Onglet **Create**, section *Systems*, bouton **Bones**.

   En déplaçant le bone fils, vous remarquez qu'il est le seul à bouger.

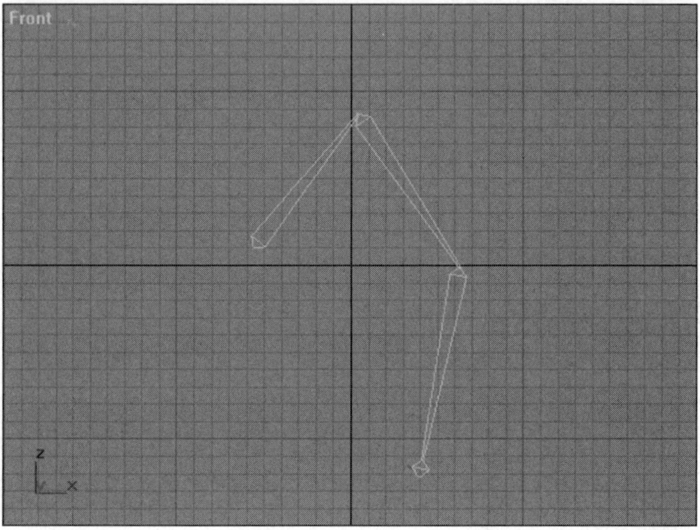

▲ Fig. 8.16 : *Chaîne de bones à 3 niveaux*

2. Dans le menu **Animation**, sélectionnez *IK Solvers/HI solvers*.

   Un lien de "linkage" apparaît alors dans le viewport.

   Vous devez alors sélectionner l'autre extrémité de la chaîne de façon à définir l'intervalle de cinématique inverse.

La règle de cinématique inverse est alors appliquée à la chaîne de bones pour son animation.

En déplaçant l'extrémité de la chaîne de cinématique inverse au niveau du bone fils (croix), vous remarquerez que toute la chaîne est influencée.

Il ne reste plus qu'à paramétrer les options et contraintes de rotation.

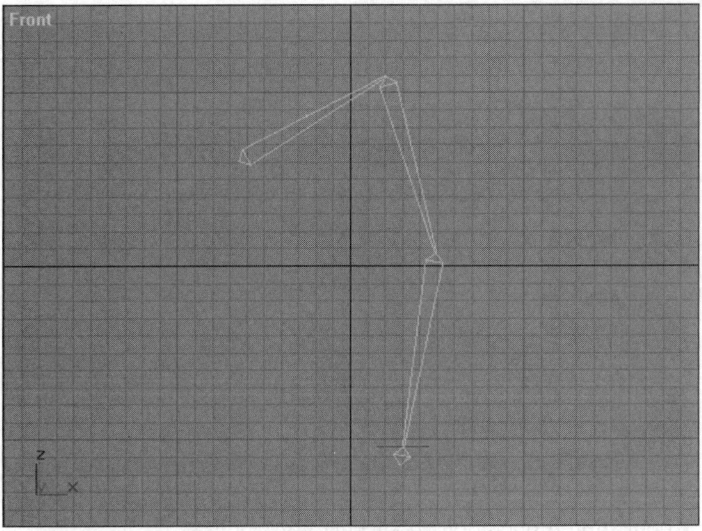

▲ Fig. 8.17 : *Application de la cinématique inverse*

8.5 Character Studio

Character Studio est un plug-in d'animation de personnage composé de deux modules principaux :

- **Biped**, pour le squelette ;
- **Physique**, pour l'application du squelette au personnage modélisé.

Character Studio permet d'animer mais aussi d'appliquer des animations capturées grâce à la technique de la *motion capture* qui stocke les informations d'animation compatibles avec le squelette Biped au format de fichier *.bip*. Cela permet d'appliquer rapidement une animation à votre personnage.

Pour montrer l'utilité de Character Studio 3 qui est LE plug-in d'animation de personnages indispensable à 3ds max 6, nous allons faire marcher un personnage créé rapidement.

Pour cela, il suffit d'utiliser la méthode de booléennes pour créer un objet ressemblant vaguement à un personnage à partir de plusieurs boîtes, comme le montrent les captures d'écran suivantes :

1. Disposition des boîtes.

   Créez des boîtes ayant plusieurs segments.

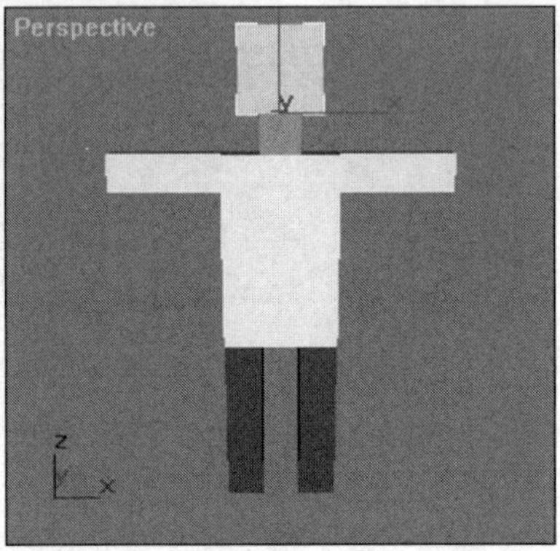

◄ Fig. 8.18 : *Disposition des boîtes*

2. Application d'opérations booléennes aux boîtes.

RENVOI

Reportez-vous à l'exercice sur les booléennes au chapitre *Modélisation*.

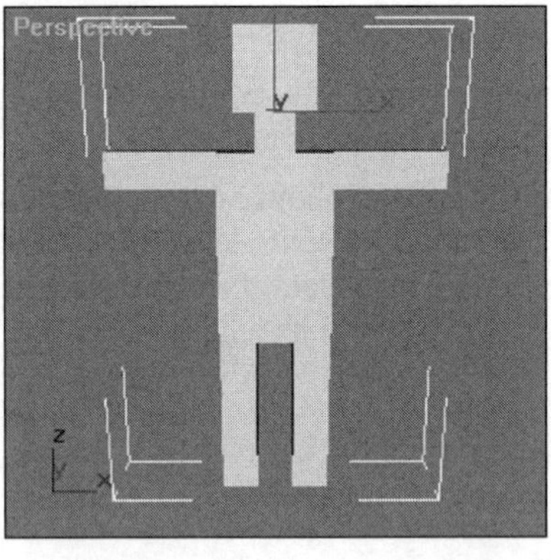

◄ Fig. 8.19 : *Disposition des boîtes*

3. Appliquez un modificateur **Relax** accompagné d'un modificateur **Meshsmooth** sur le personnage généré de façon à le rendre moins anguleux.

Vous obtiendrez rapidement un personnage tenant la route.

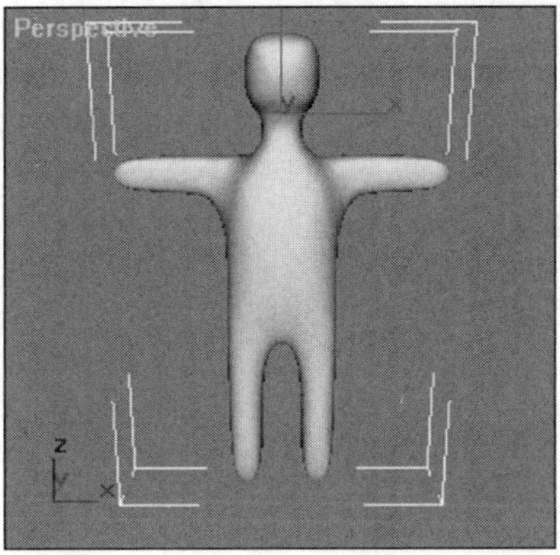

◄ Fig. 8.20 : *Disposition des boîtes*

Vous voici donc avec un personnage prêt à être animé avec Character Studio.

Biped

Biped est le générateur de *bones* (squelette) spécifique à Character Studio. Il est paramétrable pour s'adapter à la morphologie d'êtres vivants humanoïdes ou non.

1. Pour créer le squelette, il suffit d'aller dans le panneau de commande, et, sous l'onglet **Create**, de choisir le type d'objets *Systems* (icône en forme de d'engrenages) puis de cliquer sur le bouton **Biped**.

◄ Fig. 8.21 : *Appel de la fonction Biped*

2. Vous accédez alors aux paramètres du squelette qui permettent de déterminer la complexité du squelette qui animera votre personnage.

   Créez le Biped en cliquant et en faisant glisser la souris dans le viewport de votre choix ; une fois créé, vous pouvez voir en temps réel le changement des paramètres Biped sur le squelette Biped.

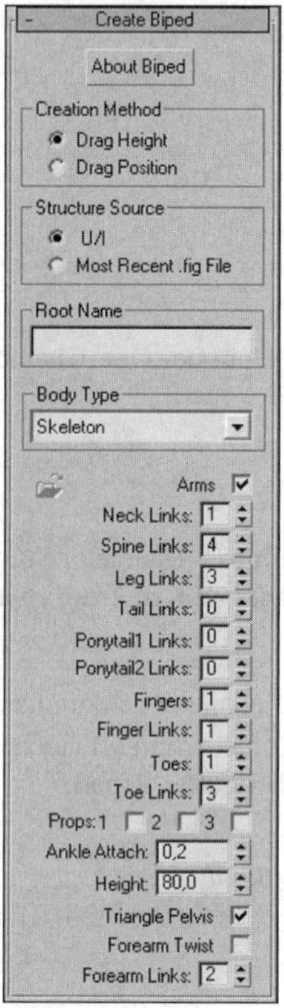

◄ Fig. 8.22 : *Panneau déroulant de paramètres Biped*

3. Vous pouvez alors caler le Biped sur votre personnage, comme dans la capture d'écran suivante.

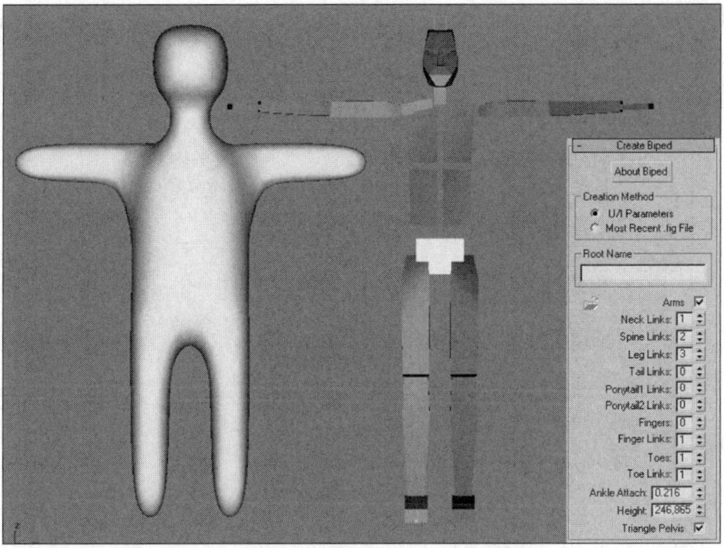

▲ Fig. 8.23 : *Biped adapté au personnage*

Il faut maintenant supposer le squelette Biped au mesh du personnage, comme le montre l'image suivante :

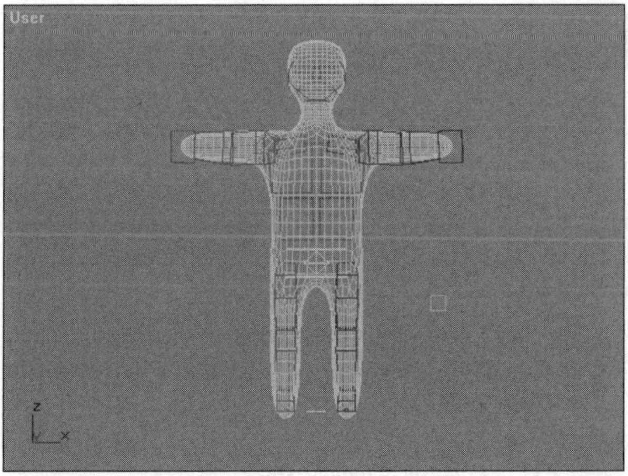

▲ Fig. 8.24 : *Superposition du squelette Biped avec le mesh du personnage*

1. Déplacez le squelette Biped pour l'aligner avec le mesh du personnage.

2. Dans le panneau de commande, vous trouverez sous l'onglet **Motion** les paramètres du squelette Biped.

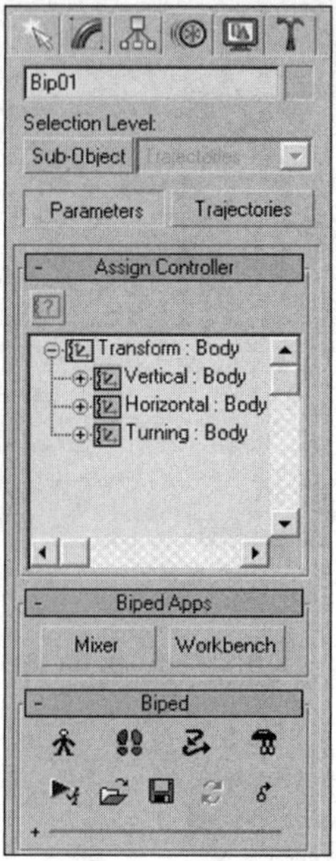

◂ Fig. 8.25 :
Paramètres du squelette Biped

3.  Passez en mode d'édition du squelette Biped (Figure Mode) en cliquant sur ce bouton.

4. Utilisez les outils de manipulation habituels (**Scale**, **Rotate** et **Move**) pour caler les éléments du squelette Biped sur les éléments anatomiques correspondant au mesh du personnage.

   Vous pouvez vous aider des outils du panneau déroulant **Track Selection** entre autres pour gérer les membres symétriquement. Utilisez le bouton **Symmetrical**.

◂ Fig. 8.26 :
Panneau déroulant Track Selection

5.  Une fois que vous avez adapté le squelette à votre personnage, vous devez désactiver le mode d'édition du squelette Biped (Figure Mode) en cliquant de nouveau sur le bouton **Figure Mode** précédent.

Vous pouvez maintenant passer à l'étape suivante de l'application du modificateur **Physique** pour que le squelette Biped puisse influencer le personnage.

REMARQUE

Application du squelette Biped

Il est conseillé de faire déborder le squelette Biped au niveau des bras afin que l'extrémité des doigts soit prise en compte par l'influence de celui-ci.

Le modificateur Physique

Le modificateur **Physique** permet d'appliquer au mesh l'influence du squelette Biped.

Pour cela, il suffit de sélectionner le mesh et de lui appliquer le modificateur **Physique**.

1. Sélectionnez le mesh du personnage.

   Dans le panneau de commande, allez sous l'onglet **Modify** et, dans la *Modifier List*, choisissez tout en bas de la liste le modificateur **Physique**.

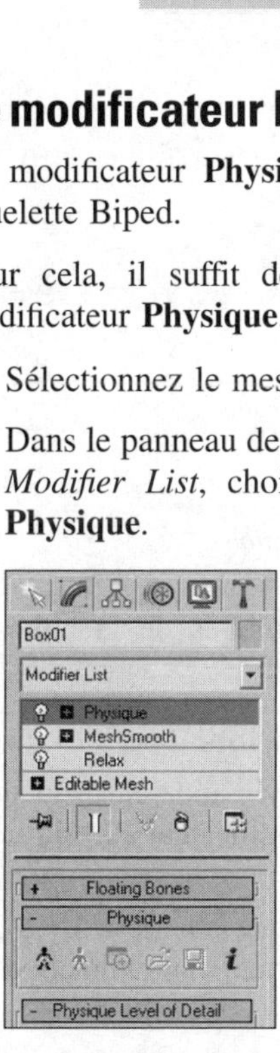

◄ Fig. 8.27 : *Application du modificateur Physique*

2. Dans le panneau déroulant **Physique**, cliquez sur le bouton **Attach to Node** (personnage noir avec un point rouge au milieu).

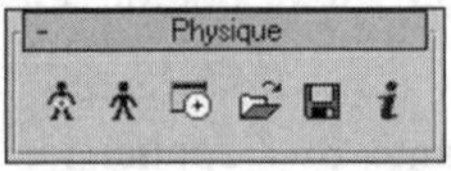

◄ Fig. 8.28 : *Panneau déroulant Physique*

3. Cliquez sur le squelette Biped.

   La boîte de dialogue **Physique Initialization** s'ouvre alors.

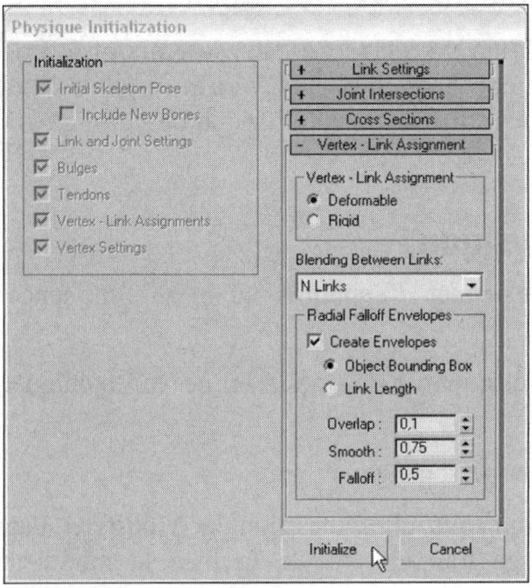

▲ Fig. 8.29 : *La boîte de dialogue Physique Initialization*

4. Il n'est pas nécessaire de modifier les paramètres de la boîte de dialogue **Physique Initialization**.

   Vous pouvez cliquer directement sur le bouton **Initialize**.

   Une petite icône en forme de tasse à café animée apparaît pendant le calcul de l'initialisation de l'application du modificateur **Physique** au personnage en fonction du Biped.

Le modificateur **Physique** est maintenant appliqué au mesh de votre personnage. Il est désormais possible de lui attribuer une animation de marche implémentée dans Character Studio.

Application d'une animation de marche prédéfinie

Character Studio est fait pour faciliter l'animation de personnages dans 3ds max. Il est donc normal qu'il possède une fonction de marche très intéressante pour les animateurs en condition de production.

Vous allez voir que l'on peut faire marcher le personnage en quelques clics !

1. Sélectionnez le squelette Biped.
2. Dans le panneau de commande, allez sous l'onglet **Motion**.
3. Dans le panneau déroulant **General**, cliquez sur le bouton **Footstep Mode** pour activer le mode d'animation de marche de Character Studio.

◄ Fig. 8.30 : *Mode d'animation de Character Studio*

4. 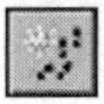 Allez dans le panneau déroulant **Footstep Creation** et cliquez sur le bouton **Create Multiple Footsteps…**

5. La boîte de dialogue suivante s'ouvre alors.

   Paramétrez à souhait les options de cette boîte de dialogue pour définir le type de marche désiré.

   Dans notre cas, il suffit de mettre au moins 10 dans le champ *Number of Footsteps* pour créer une animation de 10 pas suffisamment longue et claire.

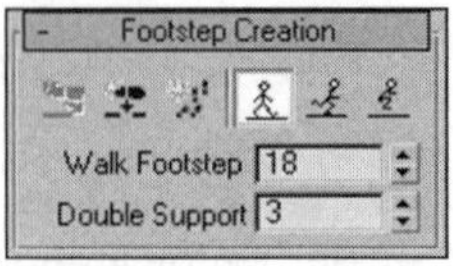

◄ Fig. 8.31 : *Panneau déroulant Footstep Creation*

6. Cliquez sur le bouton OK.

   Vous verrez alors l'ordinateur afficher les 10 pas que vous pouvez déplacer si vous désirez modifier la marche.

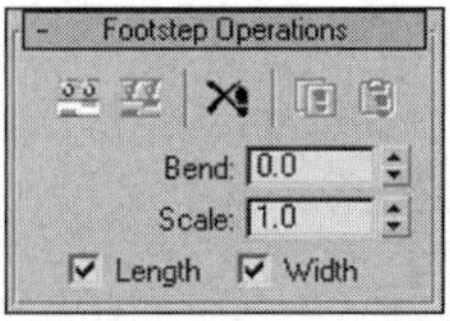

◄ Fig. 8.32 : *Panneau déroulant Footstep Operations*

7.  Dans le panneau déroulant, cliquez sur l'icône *Create Keys for Inactive Footsteps* pour que l'ordinateur calcule la marche du personnage.

Une fois le calcul effectué, vous voyez que Character Studio a modifié la pose de départ du personnage.

Vous pouvez voir aussi que le nombre de frames de votre animation est passé à 300 au lieu de 100 pour que l'animation ne soit pas trop rapide.

Si vous cliquez sur le bouton **Play Animation** en bas à droite de l'interface de 3ds max, vous voyez alors votre personnage marcher de façon très réaliste !

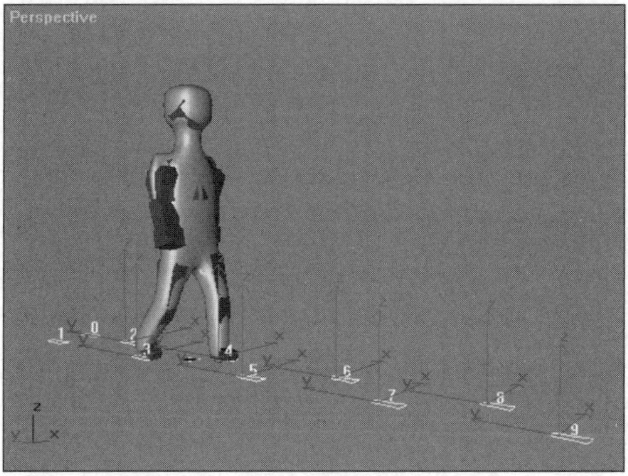

▲ Fig. 8.33 : *Vue de la marche du personnage*

Si vous opérez alors un rendu, vous voyez aussi le squelette Biped. Il faut donc ne pas oublier, comme pour tous les rendus d'animation utilisant des bones, de les cacher.

Pour cela, il suffit juste de se rendre sous l'onglet **Display** du panneau de commande et de cacher le Biped grâce à la fonction **Hide**.

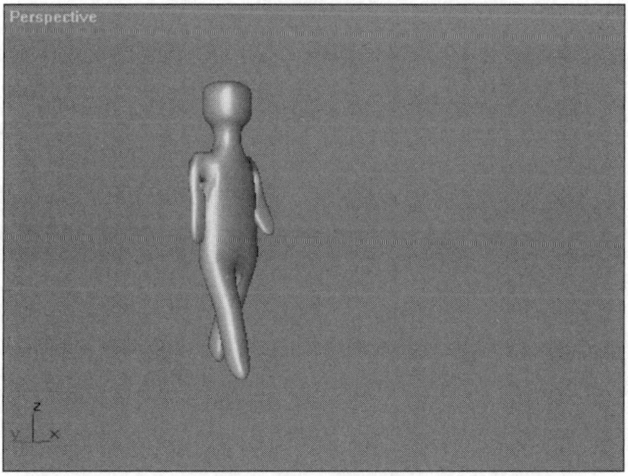

▲ Fig. 8.34 : *Vue de la marche du personnage (Biped caché)*

Chapitre > 9

Rendu

9.1 Description de la boîte de dialogue Render Scene ..293

9.2 Exemple de rendu 312

9.3 Les effets de postproduction intégrés 315

Le rendu est l'étape finale de création d'une scène 3D. Il permet, paradoxalement, de mettre en image bitmap, donc 2D, le résultat de votre modélisation.

L'accès aux paramètres de rendu se fait via cette partie de la barre d'outils principale de 3ds max (en haut à droite de l'interface) ou par le menu **Rendu**.

9.1 Description de la boîte de dialogue Render Scene

Pour accéder à la boîte de dialogue de **Render Scene** (rendu de scène), il faut cliquer sur cette icône ou aller dans le menu **Rendering** et lancer la commande **Render…** ou encore utiliser le raccourci clavier [F10].

La boîte de dialogue suivante s'ouvre alors.

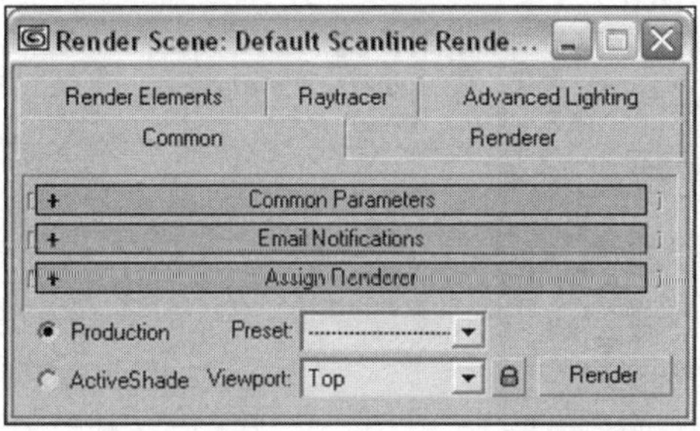

◄ Fig. 9.1 : *Boîte de dialogue Render Scene*

Par cette boîte de dialogue, vous pouvez paramétrer complètement le rendu de votre scène 3D et bien sûr l'exécuter.

- Production :

  Affiche les paramètres du rendu de production. En général, ces paramètres sont utilisés pour le rendu final de la scène.

- ActiveShade :

  Affiche les paramètres du rendu ActiveShade qui permet de prévisualiser en temps réel les changements de lumière et de texture.

- Presets (paramètres prédéfinis) :

  Permet de charger des paramètres de rendu prédéfinis. Il vous est aussi possible d'enregistrer vos propres paramètres de rendu.

- Viewport (fenêtre) :

  Affiche les fenêtres pouvant être rendues. La liste déroulante ne répertorie que les fenêtres courantes affichées dans l'interface utilisateur.

- Lock View (verrouiller la vue) (icône en forme de cadenas) :

  Verrouille la vue sur celle qui est affichée dans la liste de Viewport. Cela vous permet d'ajuster la scène dans les autres fenêtres de vue sans qu'elles deviennent les nouvelles fenêtres de vue à rendre dans la liste de Viewport. Autrement, le Viewport fera automatiquement le rendu de la fenêtre de vue active au moment de cliquer sur le bouton **Render**.

- Render (rendu) :

  Effectue un rendu de la scène.

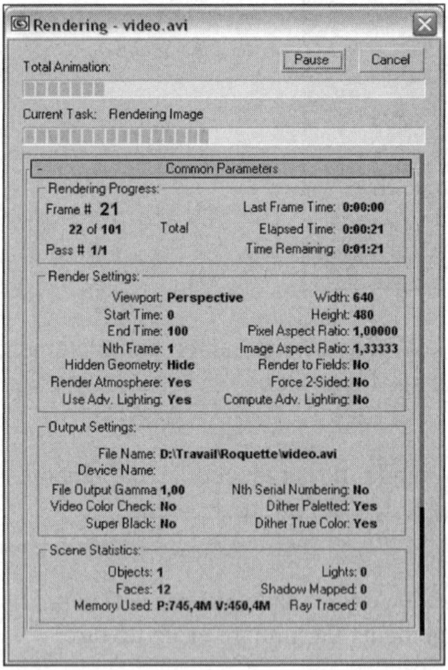

◄ Fig. 9.2 : *Fenêtre d'état du rendu*

- Close (fermer) :

  Ferme la boîte de dialogue **Render Scene** sans effectuer de rendu de la scène mais en gardant en mémoire les paramètres qui y ont été modifiés.

Lorsque vous cliquez sur le bouton **Render**, le rendu s'effectue dans une nouvelle fenêtre qui s'ouvre accompagnée d'une boîte de dialogue **Rendering**, laquelle affiche des informations sur l'état du processus du rendu. Cette fenêtre permet entre autres d'estimer la durée totale du rendu.

Le panneau déroulant Common Parameters

Ce menu regroupe quatre groupes de paramètres.

Time Output (sortie temps)

Ce groupe d'options permet de choisir les frames (images ou encore trames) ou séries de frames dont vous voulez effectuer le rendu.

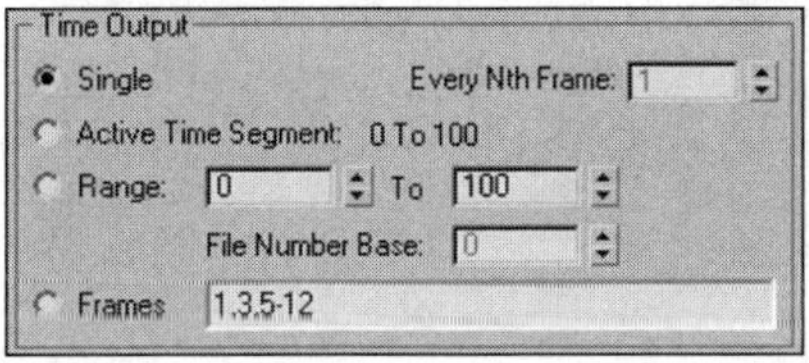

Fig. 9.3 : *Groupe d'options Time Output*

- Single (simple) :

  L'image actuelle uniquement.

- Active Time Segment (segment de temps actif) :

  Le segment de temps actif est l'intervalle courant des images tel qu'indiqué dans la glissière temps.

- Range (intervalle) :

  Toutes les images comprises entre les deux numéros que vous spécifiez.

- File Number Base (numéro de base de fichier) :

Permet de spécifier le numéro de base du fichier à partir duquel le nom de fichier ira en incrémentant.

- Frames (images) :

  Images non séquentielles séparées par des virgules (par ex. 2,5) ou intervalles d'images séparés par des tirets (par ex. 0-5).

- Every Nth Frame (toutes les N images) :

  Échantillon régulier d'images. Par exemple, entrez 8 pour effectuer un rendu à chaque huitième image.

Output Size (taille de sortie)

Ce groupe d'options permet de spécifier la taille en pixels de l'image ou de l'animation générée. Une liste déroulante vous permet de choisir des caractéristiques prédéfinies selon les différents standards existants. En fonction de ces caractéristiques, vous avez accès à 6 boutons de résolutions prédéfinies.

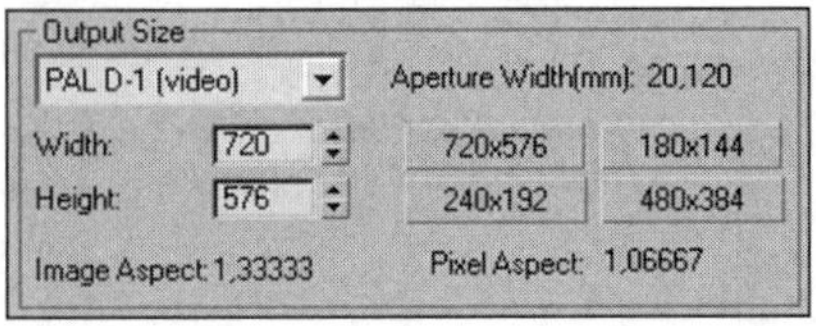

◄ Fig. 9.4 : *Groupe d'options Output Size*

- Liste déroulante *Output Size* :

  Elle vous permet d'effectuer votre sélection parmi les différentes résolutions et différents rapports hauteur/largeur standard pour film et vidéo. Choisissez l'un des formats ou conservez l'option *Custom* (personnalisé) pour utiliser les autres options de la zone *Output Size*. Pour la vidéo en Europe vous choisirez le plus souvent les résolutions PAL et PAL D-1.

- Aperture Width (mm) (largeur ouverture) :

  Permet de spécifier la largeur d'ouverture de la caméra qui crée le rendu de sortie. Si vous modifiez cette valeur, la valeur de l'objectif de la caméra est également modifiée. Cela affecte la relation entre les valeurs d'objectif et de focale, mais ne change pas la vue de la caméra sur la scène.

- Width (largeur) :

  Permet de spécifier la largeur d'image en pixels à votre guise. Pour la vidéo DV/DVD, une largeur de 720 pixels sera idéale.

- Height (hauteur) :

  Permet de spécifier la hauteur d'image en pixels à votre guise. Pour la vidéo DV/DVD, une hauteur de 576 pixels sera idéale.

- Image Aspect (aspect de l'image) :

  Permet de fixer le rapport largeur par hauteur de l'image. 1,33333 est la valeur correspondant au format 4/3 d'un téléviseur standard.

- Pixel Aspect (aspect du pixel) :

  Permet de fixer la taille des pixels. Si l'on modifie ce champ, cela influence le champ *Image Aspect*. 1,06667 correspondra au ratio du format vidéo DV.

Le bouton de verrouillage (petit cadenas) figurant à gauche des champs *Image Aspect* et *Pixel Aspect* verrouille le rapport hauteur/largeur des pixels. Lorsqu'ils sont activés, les champs d'aspect sont remplacés par une étiquette et la valeur ne peut pas être modifiée. Cela permet de modifier les champs *Width* et *Height* avec des contraintes. Ces boutons ne sont disponibles que lorsque le format *Custom* est sélectionné.

REMARQUE

DV et MPEG-2 : taille d'image conseillée

Le format de rendu conseillé pour la sortie MPEG-2 est le PAL D-1 (vidéo), c'est-à-dire 720 x 576, qui correspond au format DV (Caméscopes numériques). Si vous voulez faire du 16/9e pour l'adapter au MPEG-2, il faut prendre comme largeur 720 pixels et comme hauteur un multiple de 16. Cela évite des pertes de qualité supplémentaires lors de la compression MPEG-2.

Options

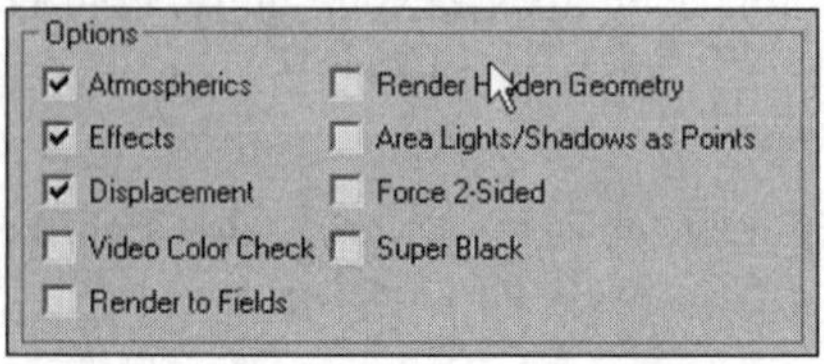

◄ Fig. 9.5 : *Groupes d'options Options*

- Atmospherics (atmosphériques) :

  Affiche le rendu de tous les effets atmosphériques appliqués, comme le brouillard, lorsque cette option est activée.
  Activé par défaut.

- Effects (effets) :

  Affiche le rendu de tous les effets de rendu appliqués, comme le **Flou**, lorsque l'option est activée.
  Activé par défaut.

- Displacement (déplacement) :

  Affiche le rendu de tout mapping de déplacement (*displacement mapping*).
  Activé par défaut.

- Video Color Check (vérifier les couleurs vidéo) :

  Vérifie les couleurs des pixels qui sont hors du seuil de sécurité NTSC ou PAL et les signale ou les modifie pour atteindre des valeurs acceptables, si c'est nécessaire.
  Par défaut, les couleurs non sécurisées sont rendues comme des pixels noirs. Il est possible de changer le contrôle d'affichage de couleurs en utilisant le panneau de rendu de la boîte de dialogue **Preference Settings**.
  Désactivé par défaut.

- Render to Fields (rendu vers champs) :

  Effectue le rendu dans des champs vidéo au lieu d'images lorsque vous créez des animations pour la vidéo.
  Désactivé par défaut.

- Render Hidden Geometry (rendu des objets cachés) :

Effectue le rendu de tous les objets contenus dans la scène, même s'ils sont cachés.
Désactivé par défaut.

- Area Lights/Shadows as Points (nouveautés de 3ds max 6) :

  Effectue un rendu des sources des lumières et ombres "Area" sous forme de points pour en faire une prévisualisation (beaucoup plus rapide à calculer !).
  Désactivé par défaut.

- Force 2-Sided (forcer 2 faces) :

  Le rendu 2 faces effectue le rendu des deux côtés de toutes les faces. En principe, vous laisserez cette option désactivée pour accélérer le temps de rendu. Il est utile d'activer cette option quand vous voulez effectuer le rendu de l'intérieur et de l'extérieur des objets, ou si vous avez importé des formes géométriques complexes dans lesquelles les normales des faces ne sont pas correctement unifiées. Cela permet aussi de corriger certains "bugs" de rendu au niveau des certaines textures.
  Désactivé par défaut.

- Super Black (très noir) :

  Le rendu avec l'option Super Black limite la noirceur du rendu des formes géométriques pour la composition vidéo. Cette option est désactivée par défaut.
  Désactivé par défaut.

Advanced Lighting (éclairage avancé)

Ce groupe d'options permet de préciser les paramètres de rendu des lumières. C'est une des nouveautés de 3ds max 5.

◄ Fig. 9.6 : *Groupe d'options Advanced Lighting*

- Use advanced Lighting :

Permet de d'inclure des effets de radiosité et de light tracing dans le rendu. (actif par défaut)

- Compute Advanced Lighting When Required (calcule les lumières avancées si nécessaire) :

Permet de forcer le re-calcul des paramètres de radiosité pour certaines des images d'une animation. En effet, en temps normal lors d'un rendu d'une animation avec radiosité, 3ds max 6 calcule les paramètres de radiosité pour la première image de l'animation et applique ces mêmes paramètres pour toutes les images de l'animation.

Render Output (sortie de rendu vers)

Ce groupe d'options permet de spécifier le format de rendu de la scène et de le paramétrer.

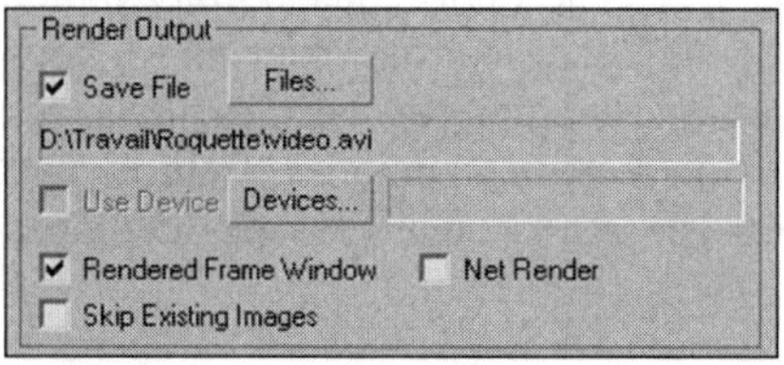

◄ Fig. 9.7 : *Groupe d'options Render Output*

- Save File (enregistrer un fichier) :

  Enregistre le rendu d'image ou d'animation sur disque.

Le rendu peut être une image fixe ou une animation dans l'un des formats de fichier suivants :

Tab. 9.1 : Les différents formats de fichier d'enregistrement des rendus

Nom	Type	Extension
Fichier image Flic Autodesk	image, animation	*.flc, .fli, .cel*
Fichier AVI	vidéo	*.avi*
Fichier bitmap BMP	image	*.bmp*
Format Encapsulated PostScript	image vectorielle	*.eps, .ps*
Fichier JPEG	image	*.jpg, .jpe, .jpeg*
Kodak Cineon	image	*.cin*
Fichier QuickTime	vidéo	*.mov*

Tab. 9.1 : Les différents formats de fichier d'enregistrement des rendus

Nom	Type	Extension
Fichier PNG	image	*.png*
Fichier RLA	image Rich Pixel	*.rla*
Fichier RPF	image Rich Pixel	*.rpf*
Fichier SGI	image	*.rgb, .sgi*
Fichier Targa	image	*.tga*
Fichier TIF	image	*.tif*

Si vous faites un rendu d'une séquence de plusieurs images vers un format de fichier image fixe, le rendu créera le nombre d'images numérotées correspondant à la durée de la séquence. Il est conseillé de faire les rendus finaux sous la forme de séquence d'images (*.tga*, *.tif*, *.rla*, *.rpf*, *.jpg*…) : cela évite d'avoir à recommencer un long rendu depuis le début en cas de plantage, ce qui ne sera pas possible si vous le faites en format de type vidéo ou animation (*.avi*, *.mov*, *.flc*…).

- Use Device (utiliser un périphérique) :

  Envoie le résultat du rendu vers un périphérique tel qu'une caméra vidéo.

- Rendered Frame Window (fenêtre de rendu de la trame) :

  Affiche la sortie de rendu dans le *Frame Buffer* virtuel. C'est-à-dire que l'image rendue s'affiche au fur et à mesure du rendu. Si cette option est désactivée, l'image rendue ne s'affichera pas à l'écran lors du rendu.
  Activé par défaut.

- Net Render (rendu réseau) :

  Active le rendu réseau. Si cette case est cochée, lors d'un rendu, vous verrez apparaître la boîte de dialogue **Network Job Assignment** (affectation de travail). C'est une fonction avancée de rendu qui est principalement utilisée chez les professionnels pour se servir de la puissance de rendu de tous les ordinateurs du réseau et aussi prévenir tous problèmes de plantage puisque ce système permet de contourner ce genre de problème. Le rendu réseau n'est possible que pour les rendus de séquences d'images, pas pour les calculs de fichiers vidéo.

Désactivé par défaut.

- Skip Existing Images (sauter les images existantes) :

  Le moteur de rendu sautera les images d'une séquence qui ont déjà été calculées.
  Désactivé par défaut.

Le panneau déroulant Render Elements

Ce menu fait partie des nouveautés apparues avec 3ds max 5. Il permet d'accéder aux paramètres de rendu muti-layers (multicouches). C'est-à-dire qu'il peut séparer des informations variées du rendu en fichiers image individuels.

Ce mode de rendu est particulièrement intéressant pour obtenir des effets spéciaux avec des logiciels dédiés tels que Discreet Combustion ou encore Adobe After Effects Pro. Ou encore travailler et modifier certains paramètres des rendus tels que les ombres avec ces mêmes logiciels pour leur donner une dimension artistique.

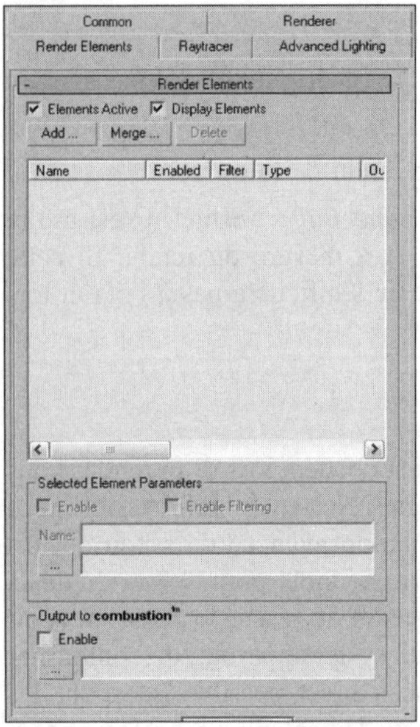

◄ Fig. 9.8 : *Panneau déroulant Render Elements*

Pour séparer les couches de rendu, il suffit donc de choisir avec le bouton **Add** les différentes couches que vous voulez calculer dans une autre séquence d'images.

Vous avez le choix entre :

Tab. 9.2 : Liste des couches qui peuvent être séparées en mode multicouche

Layer	Couche	Rendu
Alpha	Alpha	Représentation en dégradé de gris du *alpha channel* ("canal alpha"), c'est-à-dire de la transparence dans la scène. Le blanc représente les zones transparentes, le noir les zones opaques. Plus les zones sont claires, plus elles sont transparentes.
Atmosphere	Atmosphère	Représentation des effets atmosphériques.
Background	Arrière-plan	Arrière-plan de la scène. Les autres éléments (couches) ne tiendront pas compte de l'arrière-plan.
Blend	Mélange	Une combinaison personnalisable des autres éléments (couches). Ses options sont paramétrables via le panneau déroulant **Blend Element Parameters** qui apparaît au-dessous du panneau déroulant **Render Elements**. Vous pouvez, via ce menu déroulant, choisir les autres éléments à mélanger dans l'élément Blend.
Diffuse	Diffus	Composante de la scène de la couleur diffuse.
Reflexion	Réflexion	La réflexion du rendu.
Refraction	Réfraction	La réfraction du rendu.
Self-Illumination	Auto-illumination	Composante de la scène de l'auto-illumination des matériaux.
Shadow	Ombre	Représentation en dégradé de gris des ombres projetées dans la scène. Le blanc représente les zones sans ombre, le noir les zones ombrageuses. Plus les zones sont foncées, plus elles sont ombrées (pour les ombres non colorées).
Specular	Spéculaire	Composante de la scène du spéculaire.

Tab. 9.2 : Liste des couches qui peuvent être séparées en mode multicouche

Layer	Couche	Rendu
Z-Depth	Profondeur Z	Représentation en dégradé de gris de la profondeur dans la scène. Le blanc représente les objets proches, le noir les objets les plus éloignés. Plus les zones sont foncées, plus elles sont éloignées. Un panneau déroulant **Z Element Parameters** apparaît. Il permet de préciser la profondeur minimale et la profondeur maximale à fixer lors du rendu de l'élément.

- Le bouton **Merge** permet de fusionner les éléments (couches) de rendu d'une autre scène max.
- Le bouton **Delete** permet d'effacer l'élément sélectionné.
- La case *Elements Active* permet, quand elle est active, d'obtenir un rendu des éléments séparés lorsque l'on clique sur le bouton **Render**.
- La case *Display Elements* permet, quand elle est active, d'afficher l'image de rendu et son avancement lors de son calcul dans sa propre fenêtre, comme l'option *Rendered Frame Window*.

Le groupe d'options Selected Element Parameters

Il permet de donner un chemin, un nom de fichier et un format d'enregistrement aux différents éléments choisis précédemment.

Il est possible aussi d'activer ou de désactiver le rendu de chacun des éléments via la case *Enable*.

Actif par défaut.

La case *Enable Filtering* quant à elle permet d'appliquer ou non le filtre d'anti-aliasing (anti-crénelage) au rendu de l'élément.

Actif par défaut.

Le groupe d'options Output to Combustion

Ce groupe d'options, s'il est activé par la case *Enable*, permet de générer un fichier Combustion (*.cws*) contenant toutes les informations pour reconstituer l'image de rendu finale à partir de tous les éléments (couches) rendus.

Cela permet de gagner du temps pour reconstituer la composition de la scène Combustion à partir de tous les éléments générés par 3ds max.

Le panneau déroulant Current Renderers (moteur de rendu actuel)

Ce panneau déroulant permet de choisir le moteur de rendu que 3ds max doit utiliser pour effectuer ses rendus.

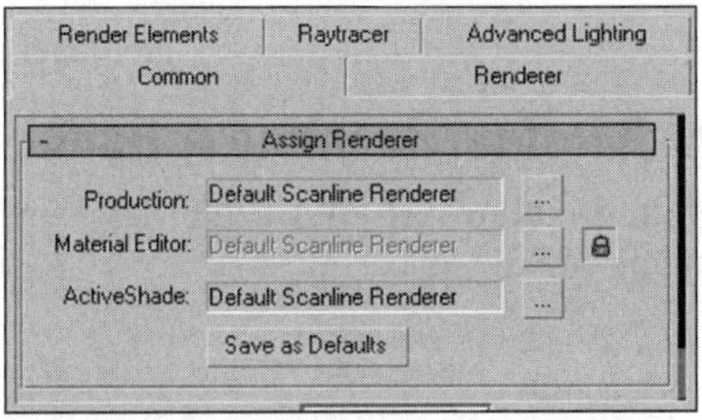

Fig. 9.9 : *Les options du panneau déroulant Current Renderers*

Par défaut, le moteur de rendu de 3ds max 6 est le Scanline Renderer.

Dans la version nue de 3ds max 6, c'est-à-dire sans plug-ins ni autre moteur de rendu, il est possible de remplacer le Scanline Renderer par le VUE File Renderer qui permet de générer des rendus au format de fichiers VUE.

Les fichiers VUE sont des fichiers ASCII modifiables qui sont utilisés comme des scripts à partir d'une ligne de commande durant le rendu.

Il vous est conseillé de ne pas changer de moteur de rendu pour une utilisation simple de 3ds max.

Le panneau déroulant Email Notification

Ce panneau déroulant permet de paramétrer l'envoie d'une email pour prévenir de la fin d'un rendu. Cette fonction est pratique pour entre prévenu de la fin, de l'avancement ou d'un problème lors d'un long rendu. C'est une des nouveautés apparues avec 3ds max 5.

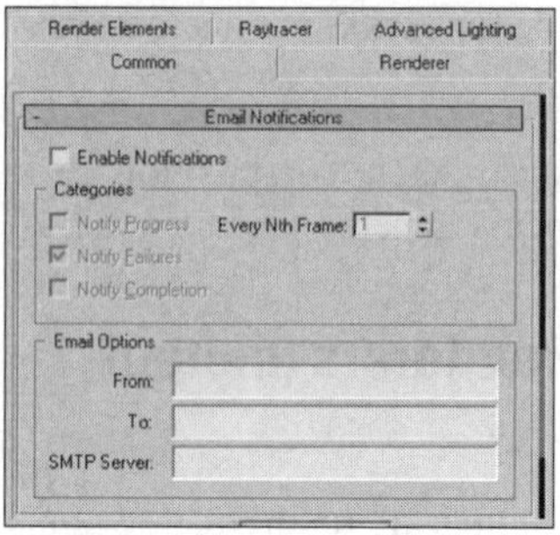

◄ Fig. 9.10 : *Les options du panneau déroulant Email Notification*

Il faudra bien sûr connaître les paramètres "SMTP Server" de votre compte email.

Le panneau déroulant MAX Defaut Scanline A-Buffer

Le panneau déroulant **MAX Defaut Scanline A-Buffer** définit les paramètres du moteur de rendu "Scanline" de 3ds max.

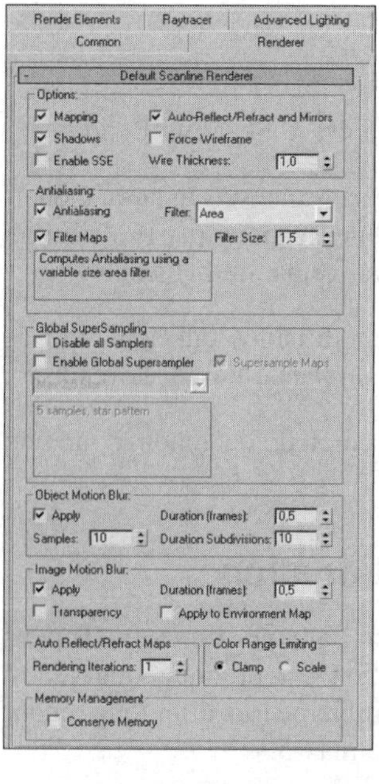

◄ Fig. 9.11 : *Le panneau déroulant MAX Defaut Scanline A-Buffer*

Pour un usage non poussé de 3ds max 6, il est recommandé de ne pas trop toucher à ces paramètres.

Vous serez peut-être amené à utiliser les paramètres de *Motion Blur* ("flou de mouvement") si vous voulez donner une forte impression de vitesse à des objets.

Le groupe d'options Options

◄ Fig. 9.12 : *Le groupe d'options Options*

■ Mapping :

Active ou désactive les informations de mapping des matériaux (rendu plus rapide si désactivé).

Actif par défaut.

■ Auto-Reflect/Refract and Mirrors :

Active ou désactive les effets de réfraction, de réflexion et de miroir de la scène (rendu plus rapide si désactivé).

Actif par défaut.

■ Shadows (ombres) :

Active ou désactive le rendu des ombres.

Actif par défaut.

■ Force Wireframe (forcer fil de fer) :

Force le rendu en fil de fer de la scène. On ne voit que les filaires des objets de la scène en rendu.

Inactif par défaut.

Le champ *Wire Thickness* permet de paramétrer l'épaisseur des filaires.

- Enable SSE :

Active ou désactive l'utilisation des instructions SSE du processeur. Sur les Pentium et Athlon possédant ces instructions cela accélèrera les rendus. (voir site internet INTEL et AMD)

Inactif par défaut.

Le groupe d'options Anti-Aliasing (anticrénelage)

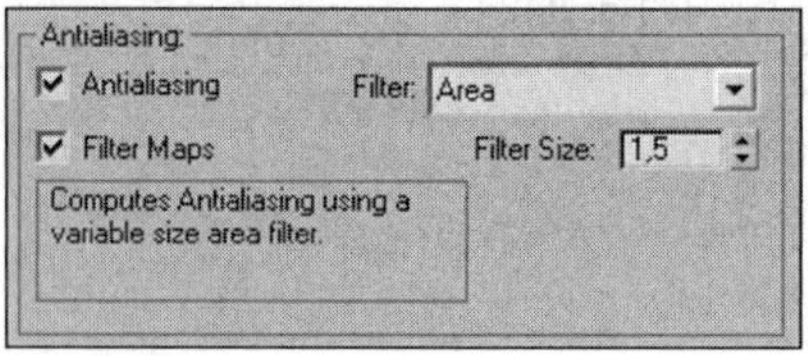

Fig. 9.13 : *Le groupe d'options Anti-aliasing*

- Anti-Aliasing :

  L'anticrénelage lisse les arêtes irrégulières le long des diagonales et des lignes courbes au moment du rendu (rendu plus rapide si désactivé).
  Actif par défaut.

- Filter (filtre) :

  Permet de sélectionner un filtre par table de haute qualité dans la liste déroulante et de l'appliquer au rendu. Les filtres agissent au niveau du sous-pixel et permettent de marquer ou d'adoucir la sortie selon le filtre sélectionné. Une brève description du filtre appliqué à l'image apparaît sous la liste déroulante.

- Filter Size (taille filtre) :

  Permet de régler la quantité de flou appliqué à une image.
  Actif par défaut.

- Filter Maps (textures filtre) :

  Active ou désactive le filtrage des matériaux mappés (rendu plus rapide si désactivé).
  Actif par défaut.

Le groupe d'options Global SuperSampling (super-échantillonnage global)

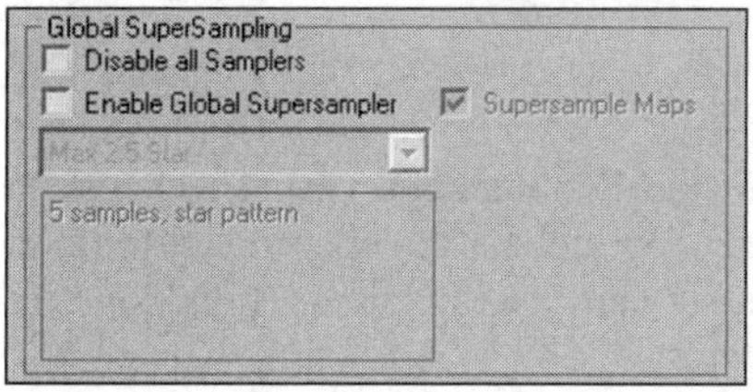

◄ Fig. 9.14 : *Le groupe d'options Global SuperSampling*

- Disable all Samplers (désactiver tous les échantillonnages) : Active ou désactive tous les super-échantillonnages.

Le groupe d'options Color Range Limiting (limitation intervalle de couleurs)

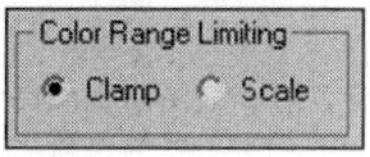

◄ Fig. 9.15 : *Le groupe d'options Color Range Limiting*

Cette option permet de gérer l'excédent de luminosité en basculant entre le clamp et la mise à l'échelle des composants de couleurs (RVB) hors intervalle.

Clamp est l'option cochée par défaut.

Le groupe d'options Object Motion Blur (mouvement flou d'objet)

Les zones *Motion Blur* permettent de paramétrer les flous de mouvement des objets.

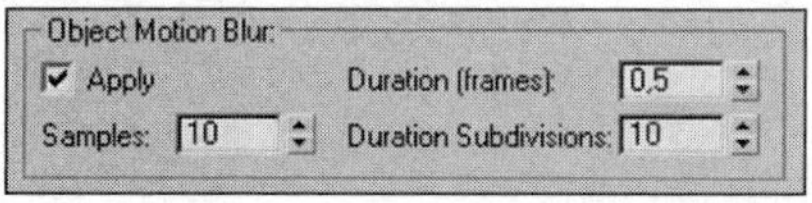

◄ Fig. 9.16 : *Le groupe d'options Object Motion Blur*

- Apply (appliquer) :

Active ou désactive le mouvement flou d'objet sur la totalité de la scène. Tous les objets affectés d'une propriété Mouvement flou seront rendus avec un mouvement flou.
Actif par défaut.

- Duration (durée) :

  Détermine le temps d'ouverture de l'"obturateur virtuel". Quand la valeur est égale à 1,0, l'obturateur virtuel est ouvert pendant toute la durée entre une image et la suivante. Les valeurs plus longues produisent des effets plus exagérés.
  Valeur : 0,5 frame par défaut.

- Samples (échantillon) :

  Détermine combien de copies de subdivisions de durée sont échantillonnées.
  Valeur : 10 par défaut.

- Duration Subdivisions (subdivisions de durée) :

  Détermine combien de copies de chaque objet sont rendues au cours de la durée.
  Valeur : 10 par défaut.

REMARQUE

Activation du Motion Blur sur les objets

Pour que ces paramètres soient appliqués, il faut que les options *Flou de mouvement* soient bien actives pour les objets sur lesquels vous voulez effectuer cet effet. Pour vérifier cela, cliquez à l'aide du bouton droit sur les objets concernés et vérifiez leurs propriétés (*properties*) dans la zone *Motion blur.* Vous pouvez bien sûr via ces propriétés désactiver le Motion Blur pour les objets de votre choix.

Le groupe d'options Image Motion Blur (flou de mouvement d'image)

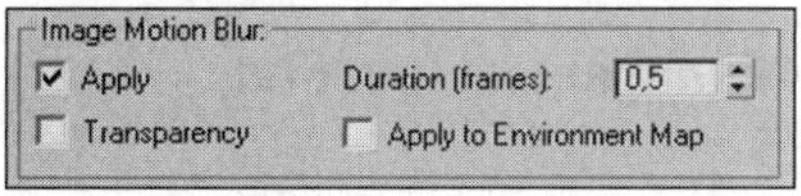

◄ Fig. 9.17 : *Le groupe d'options Image Motion Blur*

- Apply (appliquer) :

  Active ou désactive le flou de mouvement d'objet sur la totalité de la scène. Tous les objets affectés d'une propriété Mouvement flou image seront rendus avec un mouvement flou.
  Actif par défaut.

- Duration (durée) :

  Détermine le temps d'ouverture de l'"obturateur virtuel". Quand la valeur est égale à 1,0, l'obturateur virtuel est ouvert pendant toute la durée entre une image et la suivante. Plus la valeur est élevée, plus le mouvement flou est prononcé.
  Valeur : 0,5 frame par défaut.

- Apply to Environment Map (appliquer à texture d'environnement) :

  Lorsque cette option est sélectionnée, le flou de mouvement d'image est appliqué aux objets de la scène ainsi qu'à la texture d'environnement. L'effet est visible lorsque la caméra tourne.
  Inactif par défaut.

- Transparency (travailler avec la transparence) :

  Lorsque cette option est sélectionnée, le flou de mouvement d'image est géré en tenant compte de la transparence (channel alpha).
  Inactif par défaut.

Le groupe d'options Auto Reflect/Refract Maps

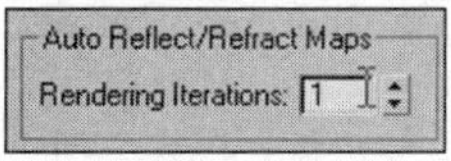

◄ Fig. 9.18 : *Le groupe d'options Auto Reflect/Refract Maps*

- Rendering Iterations (rendu d'itérations) :

Définit le nombre de réflexions entre les objets dans les textures de réflexion automatiques qui ne sont pas plates.
Valeur : 1 par défaut.

Le groupe d'options Memory Management (gestion de mémoire)

◄ Fig. 9.19 :
Le groupe d'options Auto Reflect/Refract Maps

- Conserve Memory (conserver la mémoire) :

  Lorsque cette option est active, le rendu utilise moins de mémoire mais au prix d'une petite augmentation du temps de mémoire.
  Inactif par défaut.

9.2 Exemple de rendu

Dans cet exemple, nous allons créer le rendu d'une petite animation au format 16/9e DV sous le format *Rich Pixel File* (*.rpf*) afin de pouvoir gérer certains paramètres en postproduction sous Combustion.

La scène qui a été préparée contient des objets possédant des numéros d'identificateurs (ID) spécifiques. Nous pourrons ainsi leur affecter, avec Combustion, un effet de "glow" en fonction de leur ID.

Les lumières ont été disposées. La caméra a été placée. Le viewport Caméra est actif.

Pour ce simple rendu, faites uniquement attention au panneau déroulant **Common Parameters**. Et plus particulièrement aux zones *Time Output*, *Output Size* et *Render Output*. Les autres zones et panneaux déroulants sont destinés à des paramétrages particuliers de rendu.

Cliquez sur cette icône pour ouvrir la boîte de dialogue **Render Scene** ou activez F10.

La boîte de dialogue **Render Scene** s'ouvre.

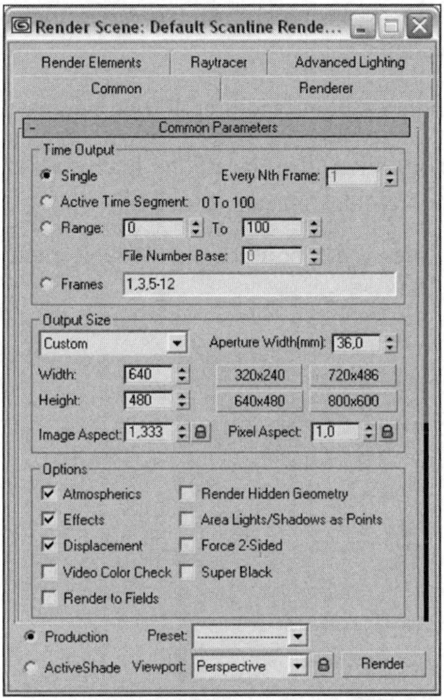

◄ Fig. 9.20 : *Parties de la boîte de dialogue Render Scene qui nous intéressent*

1. Dans la zone *Time Output*, nous allons choisir la séquence à calculer lors du rendu.

Comme nous voulons calculer une animation, nous choisissons l'option *Active Range Segment*. C'est-à-dire la séquence qui correspond à l'intervalle défini dans la boîte de dialogue **Time Configuration**.

Douze images seront donc calculées au total (de l'image 0 à l'image 11).

2. Dans la zone *Output Size*, nous allons définir la taille des images en pixels.

Nous voulons obtenir une image au format 16/9e applicable au DV. Le format DV 4/3 a pour dimensions 720 x 576. Pour appliquer le format 16/9e au format DV, nous gardons 720 pixels en *Width* ("largeur") et nous appliquons le rapport 16/9e à ce chiffre. Cela nous donne 405 pixels. Pour éviter des pertes en cas de codage MPEG-2, nous allons ramener ce chiffre à un multiple de 16. Le multiple de 16 le plus proche est 400. Nous allons donc appliquer 400 en *Height* ("hauteur").

Il faut donc choisir *Custom* et indiquer 720 en width et 400 en height.

3. Dans la zone *Render Output*, nous allons définir le nom, le chemin et le format de fichier d'enregistrement des images calculées.

Pour cela, cliquez sur le bouton **Files…** La boîte de dialogue **Render Output File** s'ouvre alors.

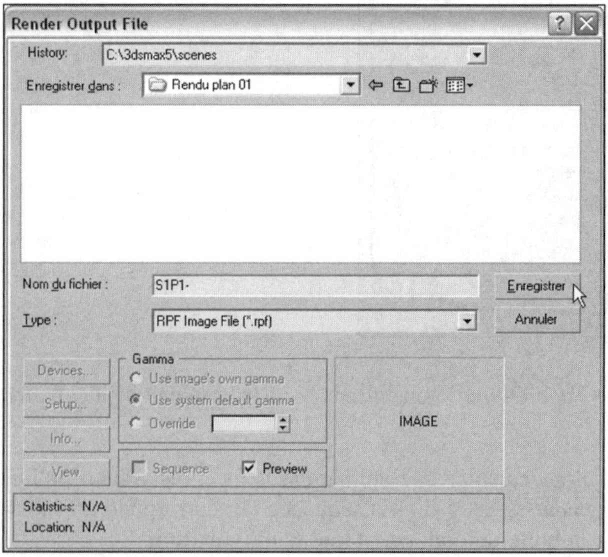

▲ Fig. 9.21 : *Boîte de dialogue Render Output File*

Choisissez ou créez grâce à l'explorateur intégré un dossier dans lequel vous enregistrerez la séquence de fichier images. Et choisissez un nom de fichier.

Choisissez le type de fichier. En l'occurrence, *RPF Image File*.

4. Cliquez maintenant sur **Setup…** pour paramétrer les options d'informations qui seront stockées dans les fichiers *.rpf* générés. La boîte de dialogue **RPF Image File Format** s'ouvre alors.

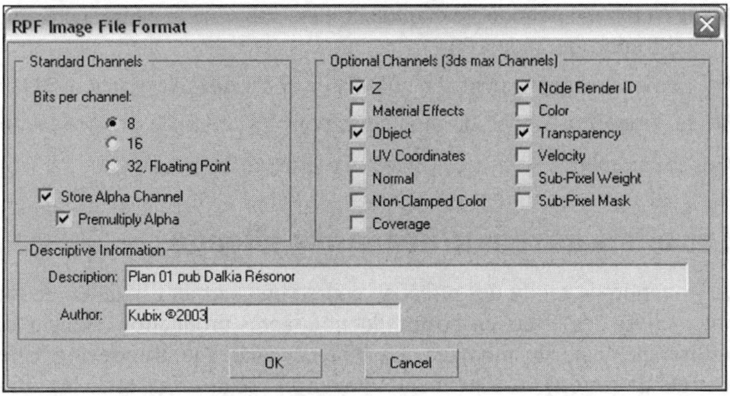

▲ Fig. 9.22 : *Boîte de dialogue RPF Image File Format*

Choisissez les *channels* que vous désirez stocker pour pouvoir les gérer dans Combustion dans la zone *Optional Channels (3ds max Channels)*. Par exemple, *Z* pour la profondeur, *Objets* pour les objets, etc.

Puis cliquez sur le bouton **OK**.

5. Cliquez sur le bouton **Enregistrer** pour valider les paramètres que vous avez entrés.

REMARQUE

Boîte de dialogue Setup...

Cette boîte de dialogue s'ouvrira automatiquement quand vous cliquerez sur le bouton **Enregistrer** si vous avez oublié d'y entrer des paramètres.

6. Vous pouvez maintenant cliquer sur le bouton **Render** situé en bas à droite de la boîte de dialogue **Render Scene** pour exécuter le calcul du rendu.

9.3 Les effets de postproduction intégrés

Pour créer des effets spéciaux visuels dans les rendus de 3ds max, il existe 3 solutions différentes :

- les effets de rendu (ils ajoutent des effets de postproduction sans utilisation du Video Post) ;
- l'environnement, pour les effets atmosphériques et d'arrière-plan ;
- le Video Post (banc de montage), pour les effets de postproduction.

Ces 3 paramètres sont accessibles via le menu **Rendering**.

Les effets de rendu (Rendering effects)

La fonction de rendu des effets en cours vous permet d'ajouter, de façon interactive, des effets en postproduction (après production), sans avoir à utiliser de banc de montage. La boîte de dialogue **Rendering Effects (Effets de rendu)** vous permet d'ajouter différents effets et de les afficher avant le rendu final d'une image ou d'une animation.

Cette fonction vous permet de manipuler un effet de façon interactive. Au fur et à mesure que vous paramétrez un effet, le *Virtual Frame Buffer* est actualisé avec l'image de sortie finale contenant à la fois la géométrie de la scène et les effets appliqués. Vous pouvez également décider d'utiliser un effet de façon non interactive, puis de le mettre à jour manuellement.

Ces effets sont accessibles par le menu **Rendering** > **Effects…**.

Voici la liste des effets de rendu existant en standard dans 3ds max 6 :

Tab. 9.3 : Les effets de rendu

Effect	Effet	Fonction
Lens Effects	Effets d'objectifs	Système utilisé pour créer des effets associés communément à une caméra. Il s'agit des effets *Glow* (luisance), *Ring* (anneau), *Ray* (rayon), *Auto Secondary* (secondaire automatique), *Manual Secondary* (secondaire manuel), *Star* (étoile) et *Streak* (bande). Ces effets sont idéaux pour obtenir des effets de soleil se levant derrière une planète dans une scène spatiale.
Blur	Flou	Permet de rendre une image floue via trois options différentes : *Uniforme*, *Directionnel* et *Radial*.
Brightness and Contrast	Brillance et contraste	Permet d'ajuster le contraste et la luminosité d'une image.

Tab. 9.3 : Les effets de rendu

Effect	Effet	Fonction
Color Balance	Équilibre des couleurs	Permet de manipuler les ajouts/suppressions de teintes de couleurs en contrôlant les canaux RVB individuellement.
Depth of Field	Profondeur de champ	Simule le flou naturel des éléments de premier et d'arrière-plan vus au travers d'un objectif de caméra.
File Output	Sortie de fichier	Permet de réaliser un "cliché" d'un rendu avant d'appliquer tout ou partie des effets de rendu, en fonction de l'emplacement du File Output dans la pile.
Film Grain	Grain film	Permet de simuler l'aspect d'un grain film dans la scène rendue.
Motion Blur	Flou de mouvement	Permet de donner un effet de vitesse en rendant flou les objets qui sont en déplacement.

Les effets d'environnement

Environment (environnement) affiche la boîte de dialogue **Environment** qui vous permet de définir des effets atmosphériques et d'arrière-plan.

Ces effets sont accessibles par le menu **Rendering** > **Environment...**.

Vous pouvez utiliser les fonctions d'environnement pour :

- définir et animer la couleur d'arrière-plan (*background*) ;
- utiliser une image pour l'arrière-plan du rendu de la scène (environnement de la scène) ou utiliser une texture comme environnement sphérique, cylindrique ou de type emballage ;
- définir et animer la lumière ambiante (*global lighting*) ;
- utiliser des modules d'extension atmosphériques, telle la lumière volumétrique, dans la scène.

Les atmosphères

Les atmosphères sont des modules d'extension qui permettent de créer des effets lumineux tels que le brouillard, la combustion, etc.

- Fire Effect (combustion) ;

- Fog (brouillard) ;
- Volume Fog (brouillard volumétrique) ;
- Volume Light (éclairage volumétrique).

Le Video Post (banc de montage)

Le Video Post permet de créer le rendu et d'ajouter, une fois le rendu de l'image calculé, des couches d'effets spéciaux de postproduction, par exemple des effets d'objectif ou encore des filtres de transformation d'image de Photoshop…

Le Video Post est très complexe de par ses nombreuses possibilités. Nous allons voir ici uniquement la manière d'appliquer des effets spéciaux et de les rendre.

Pour accéder au Vidéo Post, il faut aller dans le menu **Rendering** et choisir la fonction **Video Post…**, la boîte de dialogue **Video Post** s'ouvre alors.

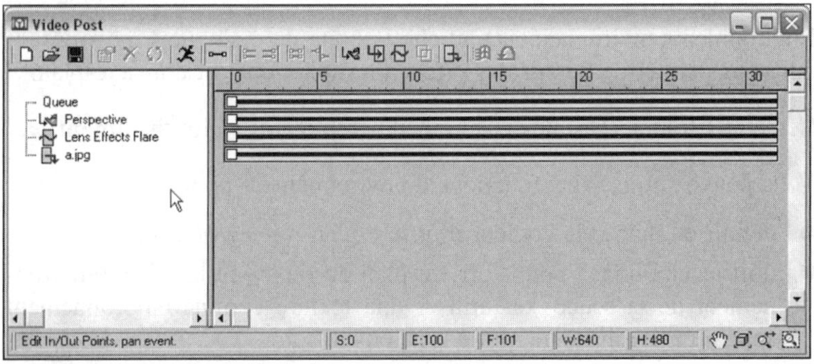

▲ Fig. 9.23 : *Le Video Post (banc de montage)*

Le Video Post fonctionne un peu à la manière d'un logiciel de compositing et de montage pour la gestion des couches et du temps.

Pour affecter un effet du Video Post à un rendu, il faut suivre les étapes suivantes :

1. Précisez la fenêtre de vue dont vous souhaitez obtenir le rendu :

Cliquez sur le bouton **Add Scene Event** ("ajouter événement de scène") et choisissez dans la zone *View*, le Viewport que vous voulez rendre, par exemple *Perspective*. Puis cliquez sur le bouton **OK**. Vous remarquerez que l'événement a été ajouté dans la "queue".

2. Choisissez l'effet de rendu que vous désirez effectuer :

Cliquez sur le bouton **Add Image Filter Event** ("ajouter un événement de filtre d'image"), et choisissez dans la zone *Filter Plug-In* le filtre de votre choix. Par exemple *Lens Effects Flare*.

Vous pouvez alors indiquer de façon interactive les paramètres de l'effet en cliquant sur le bouton **Setup...**

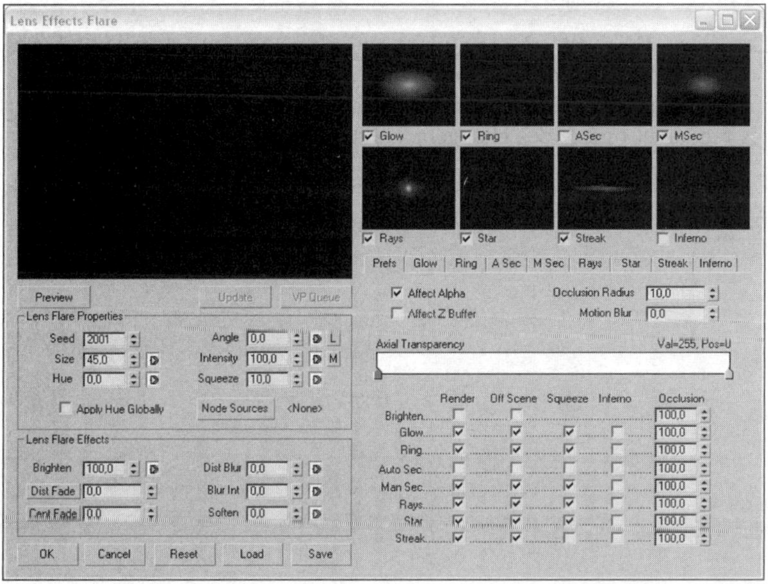

▲ Fig. 9.24 : *Boîte de dialogue de paramétrage interactif de l'effet Lens Effect Flare*

Une fois l'effet paramétré, vous pouvez cliquer sur le bouton **OK**. Vous remarquerez que l'événement a été ajouté dans la queue.

3. Pour que le rendu soit enregistré en sortie sous un format vidéo ou image, il faut ajouter un événement de sortie :

Cliquez sur le bouton **Add Image Output Event** (ajouter un événement de sortie d'image), et cliquez sur le bouton **Files...** de la zone *Image File*. Donnez un chemin, un nom et un format aux fichiers image qui seront calculés. Puis cliquez sur le bouton **OK**. Vous remarquerez que l'événement a été ajouté dans la queue.

4. Vous pouvez maintenant lancer le rendu de la scène et de ses effets Video Post :

Cliquez sur le bouton **Execute Sequence**. La boîte de dialogue **Execute Video Post** s'ouvre alors. Vous remarquerez que cette boîte de dialogue est similaire à la boîte de dialogue de rendu normal en beaucoup plus simple. Paramétrez le rendu à votre guise puis cliquez sur le bouton **Render** pour lancer le calcul.

Le Video Post est très complexe à utiliser du fait des nombreuses possibilités qu'il propose. Vous pouvez cumuler les effets, et les gérer indépendamment des autres dans le temps. Vous pouvez aussi organiser les rendus et opérer des changements de cadrage.

Le Video Post est en quelque sorte l'outil intégré de postproduction à tout faire de 3ds max. On peut y faire du montage, des effets spéciaux, etc.

Chapitre > 10

Internet

10.1 La 3D temps réel en ligne 323

Dans cette section Internet, nous allons aborder deux sujets complètement différents :

- Les plug-ins d'export de 3D temps réel on-line pour Internet.
- Les liens vers les bases de données de ressources 3D pour 3ds max sur Internet.

10.1 La 3D temps réel en ligne

L'avènement de la technologie Flash a permis à l'animation 2D d'envahir Internet grâce à la vectorisation des images. En effet, cette technologie a permis de diminuer considérablement le nombre d'octets des animations qui étaient vite très longues à télécharger au format bitmap *.gif* (point par point).

Or l'image de synthèse n'est ni plus ni moins que de la vectorisation en 3D, c'est-à-dire de l'interprétation géométrique de formes à partir de formules mathématiques.

Bien sûr la 3D pèse un peu plus lourd que la 2D mais avec l'arrivée de solutions grand public de connexion rapide comme l'ADSL et le câble cela n'est plus un vrai problème.

L'intérêt des contenus 3D temps réel est qu'ils peuvent enrichir les applications telles que le e-business et le e-learning qui sont au cœur du divertissement en ligne. Les utilisateurs pourront prendre des rôles actifs en concevant et en personnalisant leurs produits. Par exemple, ils pourront modeler des vêtements, ajouter et changer les options de la voiture qu'ils veulent acheter…

Il ne manque plus qu'un vrai standard universel comme l'est devenu Flash de Macromedia.

Voici donc une liste non exhaustive des plug-ins capables de générer des fichiers visualisables sur Internet via l'utilisation ou non d'un diffuseur de média (*player*).

Les plug-ins d'export aux formats compatibles avec Internet

Pour rendre de la 3D animée (ou non) visible en ligne sur Internet, il existe plusieurs solutions :

- en faire une vidéo bitmap aux formats Quicktime, MPEG4 voire *.gif* ; mais cette solution est trop gourmande en Ko pour offrir une bonne qualité en temps réel sur le Web ;
- l'exporter au format Macromedia Flash *.swf* ou au nouveau format *.svg* (mais ils sont d'un poids difficile à optimiser) ;
- l'exporter dans un format Web 3D visualisable via un plug-in pour Internet Explorer et Netscape ;
- l'exporter en langage de programmation Internet Java.

Vecta3D

Ideaworks Vecta3D permet d'exporter les scènes et animations de 3ds max au format Macromedia Flash (*.swf*) ainsi qu'au format vectoriel 2D Adobe Illustrator (*.ai*).

Il y a 2 solutions Vecta3D :

- la version standalone, c'est-à-dire autonome, qui ne nécessite pas 3ds max ;
- la version plug-in pour 3ds max.

Nous allons bien sûr parler de la deuxième version : la version plug-in.

Une fois le plug-in installé, on remarque la présence d'un nouveau groupe de fonctions déroulant nommé **Vecta3D Properties** dans les paramètres de création des objets. Cela vous permet de définir les options de rendu des objets créés dans la scène pour le moteur de rendu Vecta3D.

Vecta3D est considéré par 3ds max comme un moteur de rendu à part entière qui lors de son utilisation va remplacer le moteur de rendu standard de 3ds max 6 appelé Scanline.

Une fois votre scène prête à être convertie au format Flash, suivez les étapes ci-dessous pour la conversion :

1. Sélectionnez la fenêtre de vue à partir de laquelle le rendu doit s'effectuer.

2. Menu **Rendering/Render...** (ou l'icône *Rendering* ou faites F10 ou Maj+R).

   La fenêtre **Render Scene** s'ouvre. Vous remarquez l'existence d'une nouvelle liste de paramètres spécifiques à Illustrate! qui ont déjà été optimisés avec le Rendering Wizard d'Illustrate!

La boîte de dialogue **Render Scene** s'ouvre.

3. Dans la boîte de dialogue, il faut développer le groupe de paramètres **Current Renderers**.

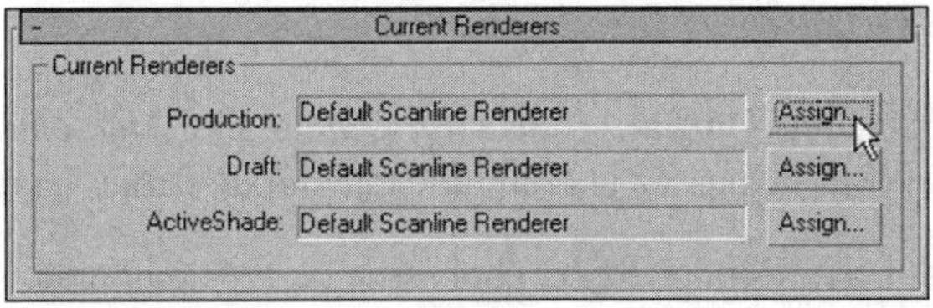

▲ Fig. 10.1 : *Groupe de paramètres Current Renderers*

4. Cliquez sur le bouton **Assign** du renderer *Production*.

La boîte de dialogue **Choose Renderer** apparaît.

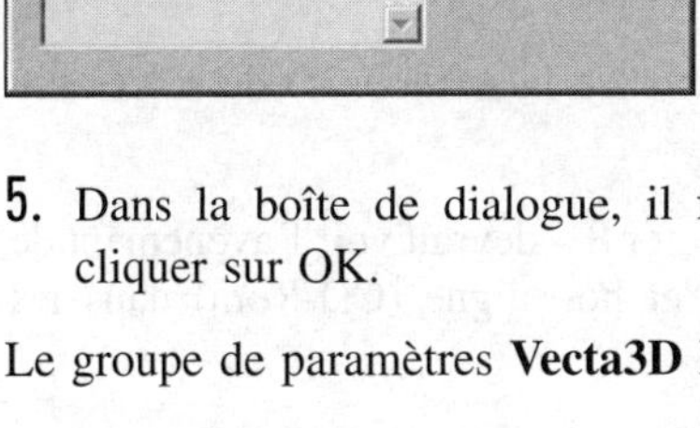

◄ Fig. 10.2 : *Boîte de dialogue Choose Renderer*

5. Dans la boîte de dialogue, il faut choisir le *Vecta3D Renderer* et cliquer sur OK.

Le groupe de paramètres **Vecta3D Renderer** apparaît.

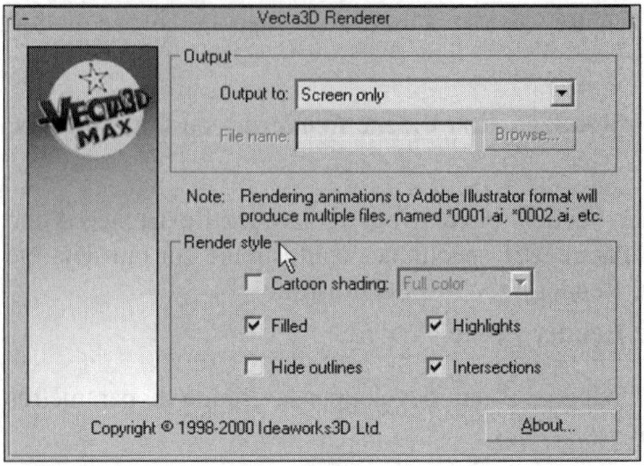

▲ Fig. 10.3 : *Groupe de paramètres Vecta3D Renderer*

6. Dans les paramètres **Output**, choisissez *Output to : Macromedia Flash file (*.swf)* et définissez le nom et le chemin du fichier à créer.

7. Dans les paramètres **Render Style**, choisissez un type de rendu.

8. Il ne vous reste plus qu'à cliquer sur le bouton **Render** en bas à droite de la boîte de dialogue **Render Scene**. Et à regarder le résultat en ouvrant le fichier *.swf* obtenu.

Pour visualiser des animations Flash réalisées avec Vecta3D, vous pouvez visiter les sites suivants : `http://www.mtv2.co.uk/` et **http://www.titoonic.dk/**.

Pour avoir plus d'informations sur Vecta3D, vous pouvez consulter le site `http://www.vecta3D.com`.

Macromedia Shockwave 3D

Macromedia est en plein développement de la version 3D de sa célèbre technologie Shockwave.

La sortie du logiciel Macromedia Director 8.5 devrait voir l'avènement de la 3D temps réel en ligne (Internet) et hors ligne (CD-Rom) dans les applications Macromedia.

En effet, Macromedia et Intel ont annoncé leur collaboration pour la mise au point de nouvelles fonctions 3D permettant de développer des applications temps réel compatibles sur Internet.

La combinaison de Macromedia Director 8.5 avec la technologie 3D d'Intel devrait pouvoir procurer une solution 3D flexible, extensible et robuste. Le studio de création sera intégré avec les solutions 3D existantes afin de permettre aux développeurs d'utiliser leurs outils en important leurs sources 3D dans Director.

Les développeurs multimédia pourront alors ajouter de l'interactivité à leurs projets et utiliser le plug-in déjà très largement installé sur les machines des internautes (+ de 200 millions d'utilisateurs).

Pour la première fois, interactivité et multi utilisateurs seront accessibles via un seul diffuseur de média apportant finalement une solution standard au contenu 3D sur Internet.

Macromedia Director 8.5 Shockwave Studio, disponible pour Macintosh et Windows, permet de créer du contenu malléable en 3D. Le contenu Shockwave bénéficie d'un système de compression optimisé pour une diffusion en streaming. Director 8.5 permet également de simuler des effets tels que la fumée, le feu, l'eau, la poussière, les étincelles, la vapeur et les explosions.

Macromedia Director 8.5 Shockwave Studio est en partenariat avec la plupart des acteurs de la production 3D du moment afin d'assurer aux artistes une compatibilité avec leur système de production. Les constructeurs 3D qui ont déjà mis en gage leur support de cette plate-forme incluent Alias|Wavefront, Havok, MAXON, NewTek, NVIDIA, NxView Technologies, Inc., Right Hemisphere, Softimage et bien sûr Discreet.

D'ailleurs, Havok a annoncé qu'il travaillait avec Intel et Macromedia sur une solution 3D Internet basée sur la technologie shockwave. Et Discreet a annoncé un exportateur de fichier pour Macromedia Director 8.5 Shockwave Studio.

En plus des nouvelles possibilités 3D temps réel, Macromedia Director 8.5 Shockwave Studio inclut une nouvelle version du Shockwave Multi-user Server et supporte aussi bien le contenu Macromedia Flash 5 que le contenu Real Media dans les projets Director.

Ces nouvelles capacités 3D seront aussi applicables à des jeux en ligne.

Pour plus d'informations sur Shockwave 3D et pour suivre son avancée technologique, vous pouvez visiter le site :

http://www.macromedia.com/software/shockwaveplayer/

Il était possible avec 3ds max 5 d'exporter au format Shockwave 3D à l'aide d'un plug-in disponible gratuitement sur le site de Macromedia. Maintenant ce plug-in est directement intégré à 3ds max 6.

Pour l'utiliser, il suffit de faire un simple export de votre scène au format *.W3D* (Shockwave 3D Scene Export).

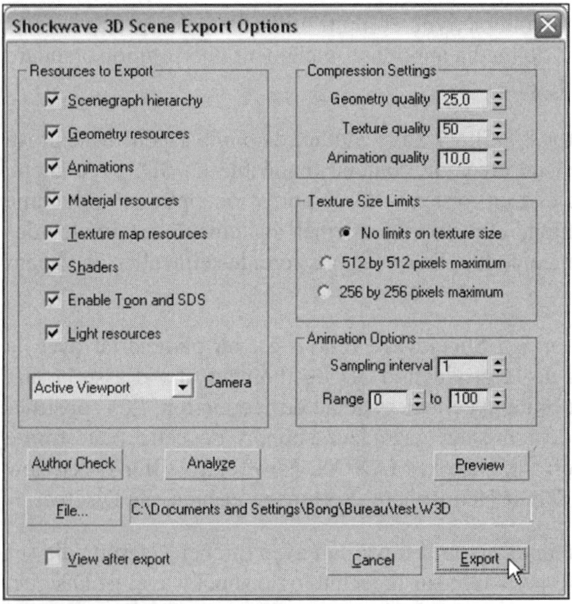

▲ Fig. 10.4 : *Groupe de paramètres Shockwave 3D*

Le fichier ainsi créé pourra être géré par Macromedia Director. Vous pourrez faire une prévisualisation du rendu à l'aide de la fonction **Preview**.

Vous trouverez un lecteur de fichiers *.W3D* à l'adresse suivante :

http://www.macromedia.com/support/director/downloads.html

Pulse 3D

Pulse 3D (ou *Pulse Producer*) est un plug-in gratuit d'export pour 3ds max vers le format spécifique Pulse. Il faut donc aussi installer un plug-in pour Internet Explorer ou Netscape pour visualiser les fichiers générés. La scène ou l'objet 3D généré peuvent être interactifs.

Pour trouver les paramètres de Pulse 3D dans 3ds max, il faut :

1. Aller dans l'onglet **Utilities** du panneau de commande (le marteau) ;
2. Cliquer sur le bouton **More...** ;
3. Choisir *Pulse* dans la boîte de dialogue **Utilities**.

La liste des paramètres de Pulse 3D apparaît alors dans le panneau de commandes.

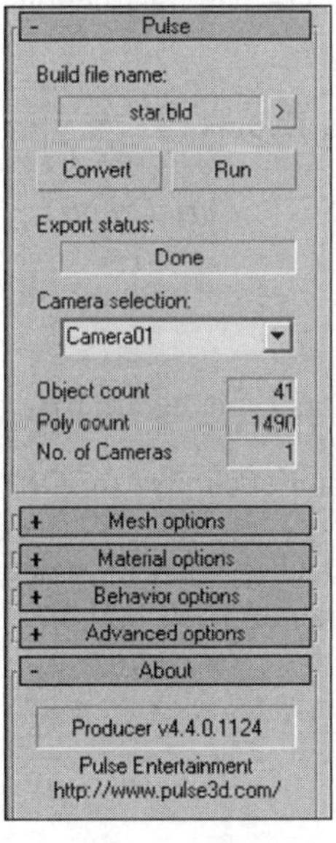

◄ Fig. 10.5 : *Paramètres d'export Pulse 3D*

Pour avoir plus d'informations sur Pulse 3D, vous pouvez consulter le site suivant : http://www.pulse3D.com.

Viewpoint (metastream)

Viewpoint est un format spécifique. Il génère donc des fichiers visualisables sur Internet Explorer et Netscape via un plug-in qu'il faut installer tout comme le Flash player de Macromedia.

Il semble que ce format soit l'un des plus aboutis pour la visualisation de la 3D interactive sur Internet. En effet, son utilisation dans des sites Internet commerciaux de grands groupes démontre des possibilités d'interactivité conviviale très poussées. Mais l'austérité de ses outils de création tels que le Scene Builder les rend plutôt rébarbatifs à utiliser lors de la génération d'objets interactifs complexes.

Pour adapter une scène 3D à ce format, il faut donc impérativement passer par le logiciel Scene Builder de Viewpoint. Ce logiciel peut importer des scènes enregistrées au format ASCII *.ase*, l'un des formats d'export des scènes de 3ds max 6.

Donc, une fois la scène créée, il suffit de suivre les instructions ci-dessous :

1. File/Export pour ouvrir la fenêtre **Select File to Export**.
2. Choisissez le type de format de rendu *.ASE (ASCII Scene Export).*
3. Nommez et définissez le dossier de fichier à créer et cliquez sur **Enregistrer**.

   La boîte de dialogue **ASCII Export** s'ouvre alors (voir fig. 10.6).
4. Choisissez les informations à insérer dans le fichier et cliquez sur OK.
5. Maintenant que le fichier *.ase* est créé, il faut aller dans le Scene Builder de Viewpoint pour l'importer et le modifier afin de l'optimiser pour le Net.

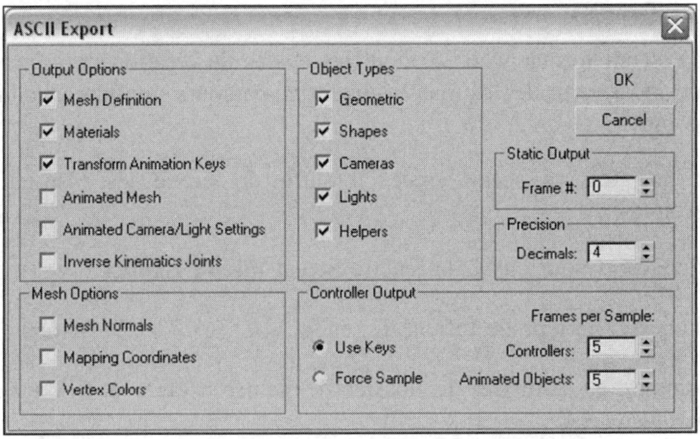

▲ Fig. 10.6 : *Boîte de dialogue ASCII Export pour Viewpoint*

Une fois la scène optimisée pour Internet, il suffit de publier un fichier *.mtx* au format MetaStream/Viewpoint puis d'utiliser l'utilitaire MTX2HTML pour créer un fichier *.html* et le code source nécessaire à la visualisation de la scène 3D pour Internet.

REMARQUE

MetaStream et Viewpoint

Ce plug-in Internet est en fait le plug-in MetaStream. Viewpoint a en effet été racheté par MetaStream qui en a pris le nom.

Pour visualiser des exemples de réalisations web 3D créées à l'aide de la technologie Viewpoint, vous pouvez visiter les sites suivants :

- SONY, à l'adresse http://www.us.aibo.com/ ;
- NIKE, à l'adresse http://nikeshox.nike.com/american/metastream/running/index.html.

Pour avoir plus d'informations sur Viewpoint, vous pouvez consulter le site http://www.viewpoint.com. Vous y trouverez tous les outils nécessaires à la création de scènes et d'objets 3D Viewpoint à télécharger.

Cycore Cult3D

Cult3D est un format web 3D dont les étapes de création de scènes et d'objets 3D à partir de 3ds max 6 suivent un parcours similaire à celui de Viewpoint.

Donc, une fois la scène créée, il suffit de suivre les instructions ci-dessous :

1. File/Export pour ouvrir la fenêtre **Select File to Export**.
2. Choisissez le type de format de rendu *.C3D (Cult3D Designer)*.
3. Nommez et définissez le dossier de fichier à créer et cliquez sur **Enregistrer**.

   La boîte de dialogue **Cult3D** accompagnée d'une fenêtre de prévisualisation de la scène s'ouvre alors.

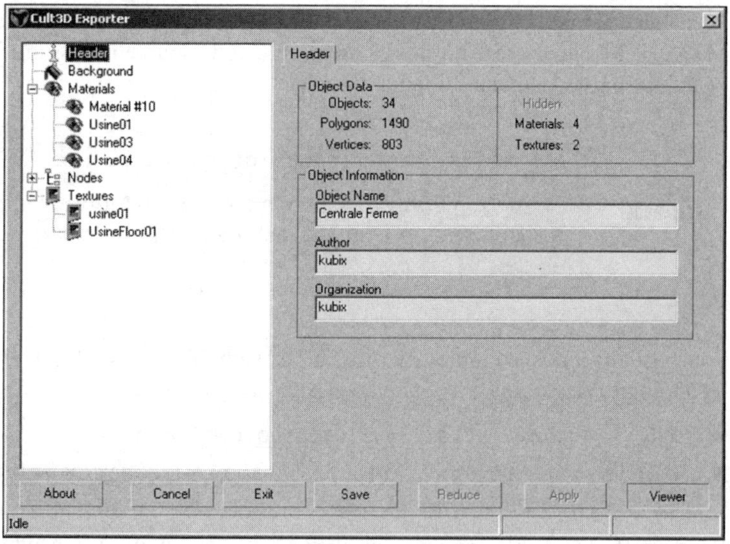

▲ Fig. 10.7 : *Boîte de dialogue Cult3D*

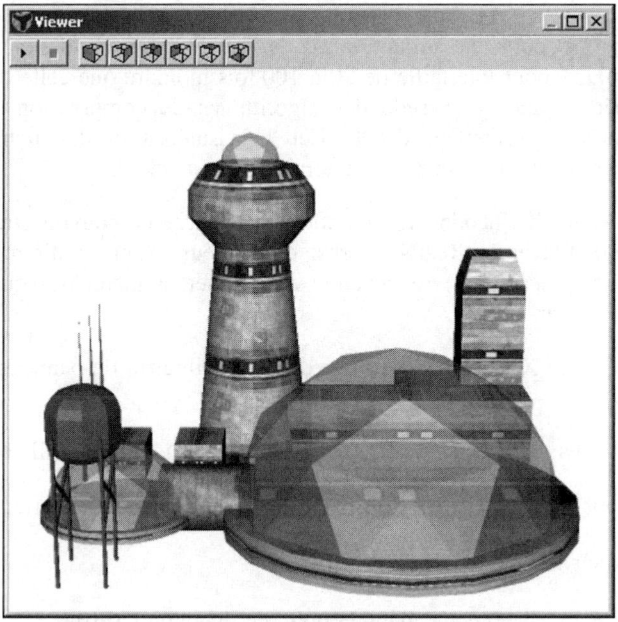

▲ Fig. 10.8 : *Fenêtre de prévisualisation Cult3D*

4. Choisissez les paramètres que vous voulez donner au fichier et cliquez sur OK.

5. Il faut maintenant importer le fichier *.c3d* généré dans le logiciel Cult3D Designer. Vous pouvez alors optimiser la scène pour une utilisation Internet.

Pour avoir plus d'informations sur Cult3D, vous pouvez consulter le site http://www.cult3D.com. Vous y trouverez tous les outils nécessaires à la création de scènes et d'objets 3D au format Cult3D.

Rich FX Encoder

Rich FX Encoder est un plug-in pour 3ds max qui génère des fichiers vidéo dans un format spécifique au Rich FX Encoder. Celui-ci nécessite, pour être visualisé sur Internet Explorer et Netscape, l'installation d'un diffuseur spécifique appelé VPEG Player.

Le format *.vpeg* se veut une version optimisée pour la 3D du format *.mpeg*. Il permet pour une animation 3D de visualiser des animations de qualité similaire pour une taille de 20 à 100 fois moindre que celle d'un fichier vidéo *.mpeg*. Il possède des algorithmes de compression très performants qui permettent d'optimiser la visualisation des fichiers générés et ce même avec une connexion Internet standard.

Le format Rich FX Encoder *.vpeg* a pour particularité de pouvoir être lu dans le Real Player de RealNetworks, qui a pour avantage d'être un diffuseur de média (*player*) très répandu sur Internet, au même titre que le QuickTime player.

Le plug-in Rich FX Encoder se trouve dans les utilitaires du panneau de commande.

Pour trouver les paramètres de Rich FX Encoder dans 3ds max, il faut :

1. Aller sous l'onglet **Utilities** du panneau de commande (le marteau) ;
2. Cliquer sur le bouton **More...** ;
3. Choisir *Rich FX Encoder* dans la boîte de dialogue **Utilities**.

La liste des paramètres de Rich FX Encoder apparaît alors dans le panneau de commande.

◄ Fig. 10.9 : *Paramètres d'export au format VPEG de Rich FX Encoder*

Pour découvrir un exemple des capacités du format *.vpeg* de Rich FX, vous pouvez visiter le site http://demo.richfx.com/neimanmarcus/.

Pour avoir plus d'informations sur le Rich FX Encoder, vous pouvez consulter les sites http://www.richFX.com et http://developers.richfx.com/.

Brilliant Digital B3D Exporter

Brilliant Digital crée des outils de génération d'objets web 3D comme B3D Studio, qui regroupe plusieurs outils dont le B3D Exporter pour 3ds max 6.

B3D Exporter est un outil d'export rapide et simple pour les animations 3ds max au format B3D. Le format B3D est prêt à être lu par le plug-in Internet gratuit B3D Projector.

En utilisant une boîte de dialogue d'export direct au format B3D, vous pouvez spécifier simplement quel objet et quelles caractéristiques de compression vous désirez. L'animation 3D générée est directement lisible sur le Web. C'est un moyen rapide de créer aussi bien des films autonomes que des bannières publicitaires 3D.

Pour avoir plus d'informations sur B3D, vous pouvez consulter le site http://www.brilliantdigital.com/.

Le VRML

Le VRML est un langage de programmation permettant d'afficher et de manipuler des objets 3D. Ce langage de programmation est plutôt ancien. C'est en fait le précurseur de la 3D *on-line* (en ligne). C'est d'ailleurs ce qui en fait son principal défaut. En effet, il s'avère très austère aussi bien lors de la création d'objets 3D que lors de leur visualisation en ligne.

Pour visualiser un fichier *.vrml* dans un navigateur Internet, il faut un plug-in spécifique. Le plug-in le plus connu pour visualiser les fichiers *.vrml* est certainement Cosmos, que vous pouvez télécharger sur le site http://cosmo.sgi.com/products/.

Pour avoir des informations sur le langage VRML, vous pouvez visiter le site http://www.vrml.org.

La nouvelle génération du VRML est appelée technologie X3D ou encore Web 3D. Vous trouverez sur le site http://www.vrml.org la philosophie de ce consortium. Celui-ci regroupe deux principales technologies : Shout 3D et Blaxxun 3D.

Le gros avantage des technologies X3D est qu'elles génèrent des codes en langage Java, implémenté dans la plupart des navigateurs Internet. Il n'y a donc pas besoin d'avoir un plug-in à télécharger. Tout ce dont les navigateurs ont besoin, il ira le chercher de lui-même de façon transparente sous la forme d'une petite applet Java très légère.

Eyematic Shout 3D

Shout 3D utilise la technologie Java pour fournir de l'interactivité 3D sur le Web. Quand un utilisateur visite une page avec du contenu Shout 3D, le diffuseur de média (player) qui diffuse le contenu ainsi que le contenu 3D lui-même sont téléchargés. Le player est un code Java inséré dans la page web qui fait appel à une applet, il fait partie intégrante du code HTML de la page visitée. Ce n'est pas un plug-in à télécharger séparément. C'est un très grand avantage car cela rend cette technologie 3D beaucoup plus facile à visualiser pour les utilisateurs ne connaissant pas bien Internet.

Son principal avantage réside donc dans le fait qu'il n'utilise pas de plug-in à installer pour les outils de navigation tels qu'Internet Explorer ou Netscape… Cela évite aux visiteurs du site d'avoir à télécharger le plug-in.

Shout 3D fait partie du consortium X3D.

Pour avoir plus d'informations sur Shout 3D, vous pouvez consulter le site `http://www.shout3D.com`.

Blaxxun 3D

Blaxxun 3D est une technologie similaire à Shout 3D et fait aussi partie du consortium X3D. Lorsque l'on ouvre une page Internet avec du contenu Blaxxun 3D, le code Java inséré dans le code HTML fait appel de façon totalement transparente à une petite applet Java de 50 Ko environ.

Pour avoir plus d'informations sur Blaxxun 3D, vous pouvez consulter le site `http://www.blaxxun.com`.

Illustrate!

Illustrate! est en fait un plug-in permettant de donner un aspect cartoon (dessin animé) à vos rendus. Il dessine les contours des objets d'un trait noir, à la manière des bandes dessinées et dessins animés. Il transforme aussi les dégradés en aplat.

Illustrate! possède aussi une option d'export des rendus au format Flash.

Après avoir installé Illustrate!, vous remarquerez que la barre des tâches contient un nouveau menu **Illustrate!** C'est à partir de ce menu que vous allez pouvoir générer un rendu avec effet cartoon. Une fois votre scène prête, voici ce qu'il vous reste à faire :

1. Dans le menu **Illustrate!**, activez **Options**.

   Laissez-vous alors guider par le Rendering Wizard qui vous aide à choisir vos paramètres basiques de rendu.

2. Choisissez *Shockwave Flash (SWF)* et cliquez sur **Next**.

3. Activez *Draft Renderer* et cliquez sur **Next**.

4. Définissez votre couleur de fond et cliquez sur **Next**.

5. Choisissez *Use this style* et le style que vous désirez. Par exemple *Both* puis cliquez sur **Next**.

   Vous remarquerez que cette boîte de dialogue contient l'option *Their existing style*. En effet, vous pouvez appliquer l'un des 3 styles (*surfaces only*, *lines only* ou *both*) à chacun des objets de la scène indépendamment des autres en passant par les Modifiers (tout en bas de la liste des Modifiers).

6. Choisissez alors votre format de rendu et la case correspondant à votre scène : non animée (*single frame*) ou animée (*sequence*). Choisissez enfin le nom et le chemin d'enregistrement de votre fichier. Puis cliquez sur **Next**.

7. Cliquez ensuite sur **Finish**.

La fenêtre des options détaillées de Illustrate! s'ouvre. Vous pouvez alors si vous le désirez modifier tous les paramètres. Fermez cette fenêtre puis passez au rendu final.

8. Allez dans le menu **Rendering/Render...** (ou l'icône *Rendering* ou utilisez [F10] ou [Maj]+[R]).

   La fenêtre **Render Scene** s'ouvre. Vous remarquez la présence d'une nouvelle liste de paramètres spécifiques à Illustrate! qui ont déjà été optimisés avec le Rendering Wizard d'Illustrate!

9. Vous n'avez plus qu'à cliquer sur **Render**.

Et voilà ! Vous pouvez admirer votre nouvelle animation 3D en Flash !

Il vous suffit de lancer le fichier Flash *.swf* généré.

Swift 3D

Swift 3D n'était pas jusqu'ici à proprement parler un plug-in pour 3ds max 3. C'était un logiciel à part entière qui pouvait importer les fichiers au format *.3ds* (un des formats d'enregistrement de fichiers de 3ds max) et en faire une animation Flash.

Malheureusement, le format de fichier *.3ds* est très limité car il est assez ancien. Mais Swift 3D pouvait gérer et animer les objets *.3ds* qu'il importait. Cela permettait de faire de petites animations simples et optimisées.

L'avantage de Swift 3D est qu'il proposait un large choix d'options de rendu pour optimiser la taille du fichier Flash généré.

Pour préparer une scène 3D sous 3ds max pour Swift 3D, il suffisait d'exporter la scène au format *.3ds* puis de l'importer dans Swift 3D.

Avec la sortie 3ds max 6, Swift 3D passe à la vitesse supérieure et sort un nouveau plug-in d'export en format vectoriel 2D (aussi pour Softimage XSI et Newtek Lightwave). Il permet de convertir vos scènes 3D aux formats natifs vectoriels suivants :

- Macromedia® Flash™ *.swf* ;
- Adobe Illustrator *.ai* ;

- Encapsulated PostScript *.eps* ;
- et maintenant le nouveau format *.svg* (un nouveau standard web vectoriel proche du Flash récemment approuvé par le W3C).

Le moteur de rendu de Swift 3D est le RAViX 2 de Electric Rain. Il possède certaines particularités de rendu vectoriel spécifiques aux optimisations de temps de rendu et de poids de fichiers pour Internet.

Pour plus d'informations sur Electric Rain, vous pouvez visiter le site `http://www.erain.com`.

Pour plus d'informations sur Swift 3D, vous pouvez visiter le site `http://www.swift3d.com`.

Adobe Atmosphere

Adobe travaille actuellement d'arrache-pied sur Atmosphere, un outil de création de mondes virtuels utilisant la technologie Viewpoint/Metastream.

Vous pouvez télécharger une version de démonstration sur le site FTP d'Adobe : `ftp://ftp.adobe.com/pub/adobe/atmosphere/win`.

Autres solutions

Il existe bien sûr d'autres solutions. Visitez les liens ci-dessous pour vous faire une idée.

- Kaon 3D

  Un autre moteur de rendu 3D sous forme de plug-in pour Internet.
  Lien : `http://www.kaon.com` (anglais).
- Anfy 3D

  Avec un utilitaire pratique qui génère des petits objets 3D animés en Java : Anfy3D.
  Lien : `http://www.anfyteam.com` (anglais et français).
- Virtools - "Games and 3D entertainement"

  Les logiciels de création et de développement Virtools permettent une interactivité en ligne pour la 3D temps réel.
  Lien : `http://www.virtools.com/products/index.asp` (anglais).

REMARQUE

Les images bitmap traditionnelles

Il existe d'autres possibilités avec 3ds max pour fabriquer du contenu pour Internet, comme les images panoramiques (rotation possible à 360°) ou tout simplement générer des images JPG et animations GIF afin de donner de la profondeur à vos sites HTML simples.

Chapitre > 11

Les plug-ins

11.1 L'installation des plug-ins 343

11.2 Les incontournables 345

11.3 Où trouver les plug-ins sur Internet ? 348

Les plug-ins sont des modules d'extension de 3ds max. Ils apportent des fonctionnalités nouvelles qui ne sont pas prises en charge par 3ds max lui-même. Ils fonctionnent comme un programme indépendant qu'on utilise à l'intérieur de 3ds max.

Comme vous le savez maintenant, 3ds max a la réputation d'avoir la plus grosse base de données de plug-ins, qui lui est uniquement dédiée. Il existe des plug-ins commerciaux et donc payants, et beaucoup de petits plug-ins gratuits. On les trouve tous sur Internet facilement, que ce soit les versions de démonstration des plug-ins commerciaux ou les petits freewares (logiciels gratuits).

Dans ce chapitre, nous allons découvrir les principaux plug-ins de 3ds max et leur apport à la version 5 de 3ds max.

Nous allons aussi apprendre à les installer, à les trouver dans l'interface de 3ds max, à les activer et à les désactiver.

ATTENTION

Incompatibilité entre les différentes versions de 3ds max

Les plug-ins conçus pour les versions 4 et 5 de 3ds max ne sont pas compatibles avec 3ds max 6 ! C'était le cas pour les plug-ins de 3ds max 3 avec 3ds max 4. En revanche, 90% des plug-ins pour 3ds max 4.2 sont compatible avec 3ds max 5. De manière générale, les plug-ins sont recompilés pour les nouvelles versions de 3ds max dans les 3 mois qui suivent leur sortie.

11.1 L'installation des plug-ins

L'installation des plug-ins commerciaux ne pose pas de problème particulier. En revanche, celle des plug-ins gratuits est plus complexe. En effet, ces derniers sont pour la plupart fournis sans documentation. Seul figure alors le fichier du plug-in.

Lorsque vous installez un plug-in commercial, l'installation se fait via une interface d'installation. Tout se fait donc facilement. De manière générale, lors de cette installation, les différents fichiers du plug-in sont installés automatiquement dans trois dossiers :

- le dossier *Plugins*, pour les fichiers du plug-in à proprement parler ;
- le dossier *Help*, pour les fichiers d'aide en ligne du plug-in ;
- le dossier *Scenes*, pour les scènes d'exemple ;
- et éventuellement un quatrième dossier spécifique au plug-in contenant des tutoriaux, des exemples et des aides.

Conseils

Si vous envisagez d'installer une multitude de plug-ins pour 3ds max 6, prenez plusieurs précautions :

- Installez un utilitaire tel que WinZip pour décompresser les fichiers téléchargés.

  Vous le trouverez dans n'importe quel site dédié aux sharewares ou sur `http://www.winzip.com`.
- Vérifiez bien, avant de télécharger sur Internet votre plug-in, qu'il est bien compatible avec 3ds max 6.

  Si vous téléchargez un plug-in compilé pour une version précédente de 3ds max, il ne fonctionnera pas sous 3ds max 6 et, pire encore, il risque de le rendre instable.
- Créez un dossier *Freeplugins* dans le dossier *Plugins* de 3ds max.

  Ajoutez le chemin du nouveau dossier via l'onglet *Plug-Ins* de la fenêtre **Configure Paths** du menu **Customize** > **Configure Paths...** Vous copierez dans ce dossier tous les fichiers des plug-ins gratuits. Cela vous permettra de faire plus facilement le nettoyage dans vos plug-ins.
- Enlevez les plug-ins inutiles !

  Car ils prennent des ressources système et sont souvent source de plantage. Surtout pour les versions gratuites qui sont souvent disponibles en version bêta (version de test avant sortie de la version finale).

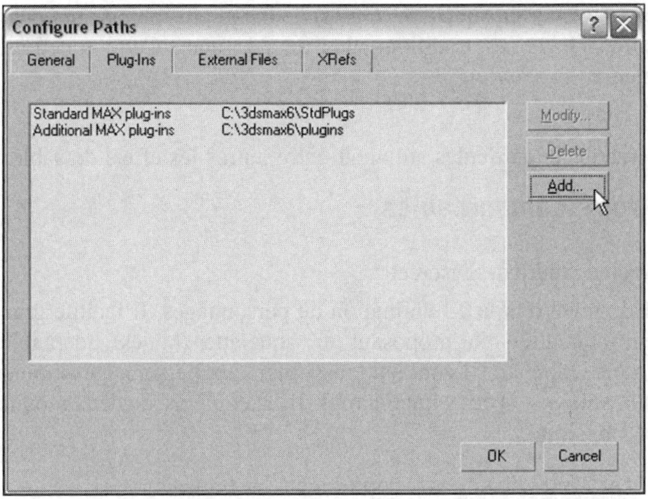

▲ Fig. 11.1 : *Ajout du chemin du nouveau dossier Freeplugins créé via l'onglet Plug-ins du menu Customize > Configure Paths...*

11.2 Les incontournables

Dans les innombrables plug-ins disponibles pour 3ds max, un groupe de plug-ins sort du lot de par sa qualité et sa puissance. Il s'agit des plug-ins commerciaux de Digimation.

Les incontournables payants

Les incontournables de Digimation

- Shag : Hair

  Simulation de volume et animation de cheveux.

- Shag : Fur

  Simulation de volume et d'animation de fourrure, de poils, d'herbe, etc. Shag:Hair contient Shag:Fur.

- Particle Studio

  Simulation de particules très performante.

- Bones Pro

Permet de créer un squelette (*bones*) de façon plus précise qu'avec les fonctions de bones traditionnelles de 3ds max. Cette fonction est appelée aussi *skinning*.

- Sand Blaster

Générateur de particules simulant entre autres les effets de sable.

Les autres incontournables

- Character Studio de Discreet

C'est LE logiciel d'aide à l'animation de personnages. Il facilite grandement leur animation en proposant un squelette (bones) adaptable et paramétrable à souhait. Il convient aussi bien aux personnages humanoïdes qu'aux animaux et êtres imaginaires. Il est composé de deux modules : **Biped** et **Physique**.

Lien : http://www.discreet.com (anglais et français).

RENVOI

Reportez-vous au chapitre *Animation* pour apprendre son fonctionnement.

- Mental Ray de Discreet

Mental Ray est un moteur de rendu très réaliste pour 3ds max 6. Développé par Mental Images, ce plug-in utilise des algorithmes de gestion des lumières (diffusion, réflexions, radiosité, *ray tracing*…) qui permettent des rendus hyper-réalistes. Les rendus de Mental Ray ont tendance à être très longs.

Il est maintenant complètement intégré à 3ds max 6.

Lien : http://www.discreet.com (anglais et français).

- Cebas Pro Optic Suite

Cebas Pro Optic Suite est une suite de plug-ins pour 3ds max appliquant des effets spéciaux visuels au niveau des effets de lumière tels que le *lens flare*. Ce sont des effets souvent utilisés pour les scènes qui se déroulent dans l'espace. Ils ont par exemple été utilisés pour les effets spéciaux des films *Lost In Space* et *Pitch Black*.

Lien : http://www.cebas.com (anglais).

- Cebas GhostPainter et PSD Manager

Toujours chez Cebas, ces plug-ins facilitent la gestion des textures et leur application en interaction plus forte avec Adobe Photoshop.

Lien : http://www.cebas.com (anglais).

Les incontournables gratuits

- Collector de Terralux SDG

Collector permet de collecter toutes les textures et maps utilisées dans une scène de 3ds max pour les regrouper dans un seul dossier. C'est très pratique pour les gens mal organisés n'ayant pas regroupé leurs maps dans un dosser *Maps*.

- Texporter de Cuneyt Ozdas & Sinan Vural

Texporter permet de mettre en aplat le filaire de l'objet sélectionné en fonction de ses coordonnées de mapping. Cela permet d'avoir un plan du filaire sous forme d'image que l'on peut utiliser dans Adobe Photoshop comme guide pour créer la texture adaptée au filaire de l'objet.

C'est une variante du modificateur **Unwrap UVW** qui a l'avantage par rapport à celui-ci de ne pas requérir l'ajout d'un modificateur à la pile de modificateurs de l'objet à texturer.

Pour plus d'informations, visitez le site http://www.cuneytozdas.com.

- Greeble de Tom Hudson

Greeble permet de générer facilement des faces et des extrusions aux objets auxquels il s'applique. Il est l'outil parfait pour générer en deux temps trois mouvements des structures de vaisseaux spatiaux à la *StarWars* !

Malheureusement, ce plug-in augmente considérablement le nombre de faces des objets. De plus, il a tendance à insérer des trous dans le mesh de l'objet, ce qui pose des problèmes avec certains modificateurs. Cela rend donc vite la scène non gérable en production.

11.3 Où trouver les plug-ins sur Internet ?

Pour trouver des plug-ins pour 3ds max sur Internet, la solution la plus pratique est de trouver un site Internet dédié à 3ds max. Il suffit donc de faire une recherche sur le mot-clé "3dsmax" dans les principaux moteurs de recherche pour trouver ce genre de site.

Les versions de démonstration des plug-ins commerciaux

Pour trouver les versions de démonstration ou les *patches* (mises à jour) des plug-ins commerciaux, il suffit tout simplement de visiter le site de l'entreprise qui a créé le plug-in. L'avantage est que l'on peut facilement acheter le plug-in par Internet.

Liste de plug-ins commerciaux

Voici une sélection des principaux plug-ins commerciaux.

- Digimation

Digimation est le plus gros développeur de plug-ins pour 3ds max.

Voici une liste des produits qu'il développe et distribue : Atomizer, B3D Minimize, Bones Pro, Chameleon, Clay Studio, Clay Studio Pro, Creature Creator, Darktree Textures, daVinci 3D, Deep Paint 3D, DigiPeople, Four Elements, Fractal Flow, Gamut-DXm, Glider, Grow, Hypermatter, Image Master, Instant UV, LenZFX, Lightning, Lucidity RT, MAXMatter, Multires, NeMo, Pandora, Particle Studio, Primatte, Quickdirt, RenderGL, Rodin, RubberMap, Sand Blaster, Schematic View, SeaScape, Shag Fur, Shag Hair, Splash!, Spray Master, Surface Suite, Surface Tools, Texture Lab Elemental Tools, Texture Lab Tiling Tools, The Essential Textures, The Incredible Comicshop, Tree Factory, Tree Storm, Tree Still, UltraShock, X-Ray, Boobtube, Gradient, Phoenix, Foley Studio, RayGun, Illustrate!...

Certains des plug-ins de 3D studio max étaient tellement pratiques qu'ils ont été directement implémentés dans les versions suivantes de 3ds max. C'est le cas entre autres des *Surface tools*.

Lien : http://www.digimation.com (anglais).

Les versions de démonstration des plug-ins de Digimation sont aussi disponibles sur le site Internet suivant : http://www.maxusers.com (anglais).

- Discreet (et Kinetix)

Les développeurs de 3ds max développent quelques plug-ins optionnels à 3ds max. On trouve aussi sur leur site les autres solutions broadcast de postproduction de Discreet comme les produits suivants : Inferno, Flame, Flint, Effects, Paint, Character Studio, Lightscape, Fire, Smoke, Edit, Frost, Sparks, Mental Ray…

Discreet (anciennement Kinetix) est l'unité indépendante d'activité multimédia du groupe Autodesk. Elle est principalement dédiée à la 3D avec des produits pour les environnements Microsoft Windows NT.

Vous trouverez sur le site des informations sur les plug-ins Character Studio 4 et Mental Ray.

Lien : http://www.discreet.com (anglais et français).

- Cebas

Les plug-ins Cebas sont surtout des plug-ins d'effets spéciaux visuels tels que les particules et les effets de lumière pour des simulations d'explosion de lumière solaire dans l'espace…

Leurs produits sont 3-D Vision, ArchitectureANTHROPOS, CharacterANTHROPOS, Bunch of Volumes, Camera Distort, FreePyro, LumaObject, MatterWaves, ProOpticSuite, maxVR.qt, PyroCluster, ScalpelMAX, Tables & Chairs, ViMAX700…

Lien : http://www.cebas.com (anglais).

- Right Hemisphere

Ils gèrent des produits comme 4Q Paint, un système de peinture directe sur objet 3D. Mais aussi Raygun, un très performant et surtout très rapide *raytracer* (lanceur de rayon) pour 3ds max.

Lien : http://www.us.righthemisphere.com/ (anglais).

- Sisyphus

Sisyphus Software développe des outils tels que des plug-ins pour augmenter les performances de 3ds max. L'objectif est de fournir des outils pas très chers et efficaces, dont le coût est vite amorti au bout de quelques utilisations, de façon à être le plus compétitif possible.

Leurs produits sont Digital Nature Tools, Special Purpose Particles, MAXTrax, Thor, Proteus, Druid, Shields Up…

Lien : http://www.sisyphus.com/nav/Products/products.htm (anglais).

- Areté

Leurs produits sont spécialisés dans les simulations d'environnements naturels comme les forêts.

Leurs produits sont Digital Nature Tools pour les paysages, Nature FX, RenderWorld, Psunami, Psyclone.

Lien : http://www.areteis.com/ (anglais).

- Blur (Beta)

C'est le site non officiel de Blur Studio du département de recherche et de développement. Ce site est encore dédié à 3d studio max 3 mais il devrait rapidement être mis à jour.

Leurs produits sont BlurLib, BlurNoise, BlurMatte, RayFX, Dirt, Blur-Fire, DinoSkin, Electric, Filmgrain, L-System Objects, Rain, Max Render, BlurPack et beaucoup d'autres…

Lien : http://www.blur.com/blurbeta/ (anglais).

- Rubberflex Software

RubberFlex développe des logiciels de modélisation et de simulation 2D et 3D, et d'effets spéciaux.

Leurs produits sont RubberWrap, RubberMap, AnimaFlex, Paper Eye…

Lien : http://www.rubberflex.com/ (anglais).

■ Itoo Software

Itoo Software est un studio de développement de plug-ins pour 3ds max. Son plug-in phare est le Forest Pack, qui génère des forêts.

Ses produits sont Forest Pack, Planes, Glue, Clone, OptMat…

Lien : `http://www.itoosoft.com/` (anglais).

■ Blackfeet

Les plug-ins Blackfeet sont des plug-ins bon marché pour 3ds max, mais aussi Lightwave et Amapi… Ce sont principalement des plug-ins gérant la profondeur de champ et la réduction du nombre de polygones des objets des scènes…

Leur produit principal est Defocus Dei, qui gère les flous de focales.

Lien : `http://www.blackfeet.com/plugins/fr/index.htm` (anglais).

■ Digital Elements

Digital Element a pour mission de créer la qualité optimale de graphisme sur ordinateur avec des logiciels pour les infographistes et des outils pour les développeurs.

Leurs produits sont World Builder, Plants library, Projects collection.

Lien : `http://www.digi-element.com/` (anglais).

■ Lightscape

Le système de visualisation de Lightscape (*Lightscape Visualization System*) est une application de visualisation et d'éclairage avancé pour créer des images réalistes telles qu'une scène 3D où un objet devrait apparaître s'il avait été réellement créé. Ce plug-in gère la radiosité.

Lien : `http://www.lightscape.com/main/` (anglais).

■ Mental Images (Allemagne)

Mental Image développe des logiciels pour les rendus de haute qualité. Il réalise aussi bien des logiciels autonomes que leur adaptation en plug-ins pour les logiciels de modélisation comme 3ds max.

Ses produits sont Mental Ray et Mental Matter.

Lien : http://www.mental.com/ (anglais).

Les plug-ins gratuits

Certains programmeurs très doués se sont fait une spécialité de créer des plug-ins pour 3ds max. Voici une liste des sites dans lesquels vous pouvez trouver ces plug-ins gratuits :

- HABWare free 3D Studio Max 4.0 Plug-Ins

Ce site allemand regroupe plus de 30 petits plug-ins inédits gratuits ainsi que quelques scripts pour 3ds max 3 et 4 créés par les auteurs du site (site en anglais). Certains de ces plug-ins sortent du lot, comme Panorama (pour créer une image panoramique), Water 2 (effets de gouttes d'eau sur des liquides), FASTPRTS (plus rapide que les super-particules en standard dans 3ds max 6), ou encore Tree Storm/Still (génération d'arbres).

Lien : http://www.habware.at/duck4.htm.

- John Burnett Max plugins

Quelques plug-ins et scripts créés par John Burnett.

Lien : http://www.johnburnett.com/web/plugins.html.

- MAX Plugins.de - the database for freeware 3D Studio MAX R1.x, R2.x, R3.x and R4.x plugins

C'est une base de données de tous les plug-ins gratuits pour toutes les versions de 3ds max. Tous les plug-ins sont décrits et commentés. Un moteur de recherche vous aide à trouver un plug-in spécifique. Ce site est mis à jour de façon très régulière voire quotidienne. Un MUST ! (site en anglais).

Lien : http://www.maxplugins.de/.

- Virtual Republic Boboland

Des scripts gratuits pour 3ds max. On y trouve tous les MaxScripts de Bobo, les outils de rendu de Bobo, des plug-ins et des comparatifs matériel pour 3ds max.

Vous y trouverez par exemple un script pour faire des effets de déformations d'espace de trajectoire de balles comme dans le film culte *Matrix*.

Lien : `http://www.gfxcentral.com/bobo/` (anglais).

- SnotMonster

Des plug-ins gratuits créés par SnotMonster. Vous y trouverez GhostTrails, Ztint, ZdeSat, Magpie Importer…

Lien : `http://www.snotmonster.com/` (anglais).

- Les plug-ins de Peter Watje

Toujours des plug-ins gratuits…

Lien : `http://www.max3dstuff.com/` (anglais).

REMARQUE

Plug-ins gratuits sur Internet

Vous trouverez aussi beaucoup de plug-ins gratuits dans les sites de ressources 3D.

RENVOI

Pour voir les sites de ressources 3D, reportez-vous au chapitre *Internet*.

Les plug-ins pour la 3D temps réel sur Internet

RENVOI

Pour voir la liste des plug-ins permettant l'export de scènes et d'objets 3D réalisés avec 3ds max 6 vers des formats compatibles et adaptés à l'affichage en ligne en temps réel sur Internet, reportez-vous au chapitre *Internet*.

Chapitre > 12

Les sites Internet intéressants

12.1 Les sites sur 3ds max 357

12.2 Les sites parlant de la 3D en général 358

12.3 Les 3D Rings 359

12.4 Les sites présentant des films réalisés avec 3ds max 360

12.5 Les écoles pour apprendre la 3D 361

12.6 Les festivals 362

12.7 Les grands de la 3D 363

Voici une sélection, bien sûr non exhaustive, de sites qui parlent de tout ce qui touche à la 3D.

12.1 Les sites sur 3ds max

- Max3D - 3DLuVr's 3D Studio MAX ressources

  Le site Max3D est un site de ressources pour 3ds max qui existe depuis 1996. Vous pourrez y trouver des informations sur 3ds max et ses plug-ins, des ressources, des tutoriaux (didacticiels) et aussi une base de données sur les plug-ins.
  Liens : http://max3d.3dluvr.com et http://www.max3d.com (anglais).

- Max Plugins

  Site allemand dédié aux plug-ins pour 3ds max avec une section spéciale 3ds max 5.
  Lien : **http://www.maxplugins.de** (anglais).

- Max Users

  Site officiel sur les plug-ins de 3ds max. Présente surtout les plug-ins Digimation.
  Lien : http://www.maxusers.com (anglais).

- The 3D Studio (anglais)

  Ce site propose un grand nombre d'objets, de textures et de tutoriaux pour 3ds max.
  Lien : http://www.the3dstudio.com (anglais).

- 3D Studio Max francophone

  Site francophone spécialisé dans les plug-ins freeware (gratuits) pour 3D Studio Max.
  Lien : http://www.chez.com/mourl/ (français).

- Cuneyt et Ozdas Homepage

  Site des créateurs du plug-in Texporter. Vous y trouverez aussi des tutoriaux et des astuces pour le plug-in QuickDirt.
  Lien : http://www.cuneytozdas.com/ (anglais).

- Max 3D Stuff

  Ce site est un site d'information sur 3ds max supervisé par Digimation, un des plus grands créateurs de plug-ins pour 3ds max. Il permet d'avoir des informations sur les plug-ins actuels et à venir, de connaître leur date de sortie et de télécharger les versions de démonstration et les mises à jour.
  Lien : http://www.max3dstuff.com (anglais).

- Max Underground

  Max Underground regroupe des informations à propos de 3ds max. Vous y trouverez des tutoriaux, des critiques, des nouvelles, des scripts, des plug-ins.
  Lien : http://www.maxunderground.com/mu/ (anglais).

- Conférences/ Forum Discreet

  Vous pourrez discuter à propos 3ds max et avoir des informations sur les dernières nouveautés Discreet..
  Lien : http://support.discreet.com/webboard/wbpx.dll/%7E3dsmax/guests (anglais)

- Tutoriels Discreet.

  Vous y trouverez des tutoriaux inédits de Discreet !
  Liens : http://www.discreet.com/education/tutorials_3dsmax.html (anglais)

12.2 Les sites parlant de la 3D en général

- 3DVF - La 3D en version française

  Le site de 3DVF permet d'avoir des nouvelles quotidiennes sur le monde de la 3D. Vous y trouverez des tutoriaux, des forums, des liens, des galeries d'images, etc.
  Lien : http://www.3dvf.com (français).

- La Grenouille Blue

  Nouveau site regroupant les œuvres d'artistes 3D francophones.
  Lien : **www.lagrenouilleblue.com** (français)

- Graphisto - Multimedia Search engine

  Le site de Graphisto est un moteur de recherche spécialisé dans le multimédia.
  Lien : http://www.graphisto.com (anglais).

- 3D Links

  Des liens sur la 3D.
  Liens : http://www.3dlinks.com/ (anglais).

- Computer Arts - le magazine

  C'est le site du magazine consacré aux arts de l'infographie.
  Lien : http://www.computerarts.co.uk/ (anglais).

- Pixelmag (France)

  Site officiel de *Pixel Magazine*, le magazine des nouvelles images. Retrouvez les rubriques *édito*, *actualités*, *banc d'essais*, *CAD*, *dossier*, *créativité*, *pratique*, *anciens numéros*, *abonnement*...
  Lien : http://www.pixelmag.com/ (français).

- Pixel Création (France)

  Magazine en ligne sur le multimédia et la 3D.
  Lien : http://www.pixelcreation.fr (français).

- 3D World - le magazine

  Site du magazine consacré à la 3D.
  Lien : http://www.3dworldmag.com/ (anglais).

- 3D café

  Site de ressources pour la 3D : objets, textures, tutoriaux...
  Lien : http://www.3dcafe.com (anglais)

- The 3D Studio

  Site de ressources pour la 3D : objets, textures, tutoriaux...
  Lien : http://www.the3dstudio.com (anglais)

12.3 Les 3D Rings

Les *rings* ("cercles") sont des groupes de site ayant un même sujet principal et étant liés les uns aux autres par une sorte de serveur regroupant tous les sites inscrits. Lorsque l'on accède à l'un des sites du cercle, on peut alors visiter les autres sites du même cercle facilement.

En vous inscrivant sur ces sites, cela vous permet d'augmenter facilement le nombre de visites sur votre site présentant par exemple vos rendus 3ds max.

- 3D Ring

  Cercle géré par 3D Ark Network. Vous y trouverez aussi des galeries. Lien : http://www.3d-ring.com/ (anglais).

- 3D Francophone

  Un des rares cercles français de sites traitant de la 3D. Lien : http://www.webring.org/cgi-bin/webring?ring=3dfr;home (français).

- 3D Studio Max Web Ring

  Un cercle espagnol sur 3ds max. Lien : http://usuarios.tripod.es/max3d/index-maxring.html (anglais et espagnol).

  3D Artists

  Ce site regroupe des artistes créateurs d'images 3D. Lien : http://raph.com/3dartists/ (anglais).

12.4 Les sites présentant des films réalisés avec 3ds max

- http://www.lucie.fr.fm (français et anglais)

Le site Lucie présente un court métrage en images de synthèse réalisé principalement avec 3ds max. Il a été réalisé par 3 étudiants de Supinfocom. Vous pourrez y voir des images du film mais aussi des versions téléchargeables du film en lui-même aux divers formats vidéo reconnus comme QuickTime, MPEG4 et même DivX. Ce film a été nominé et récompensé dans des festivals internationaux, dont le Siggraph, Imagina… et d'autres festivals en Suisse, au Japon…

- http://www.kubix.fr (français)

Le site professionnel d'un des réalisateurs de *Lucie*.

Réalisation d'animations 3D en tout genre et sites Internet. Rédaction de livres sur 3ds max ;-)

- `http://indigen.free.fr`

Cours métrage d'étudiant décapant ! Genre Ice Age…

12.5 Les écoles pour apprendre la 3D

- Supinfocom (Valenciennes et Arles)

Supinfocom est une école consulaire (qui dépend de la CCI) de Valenciennes (Nord) qui forme à l'image de synthèse. Cette école est très réputée en Europe. Elle permet d'obtenir un diplôme de "réalisateur numérique" reconnu par les professionnels tels BUF, DUBOI, Mac Guf, Kalisto, etc. On y apprend toutes les ficelles de réalisation de films en images de synthèse, de l'écriture du scénario à la réalisation en 3D. Et, bien sûr, on y découvre comment utiliser 3ds max au maximum de ses possibilités. On y apprend aussi à maîtriser d'autres logiciels comme Maya (grand concurrent de 3ds max), Combustion, Edit, Photoshop, etc. Il existe par ailleurs une section multimédia.

Lien : `http://www.supinfocom.fr` (français).

- Supinfogame (Valenciennes et Arles)

Supinfogame est la version orientée 100% jeux vidéo de Supinfocom. Tout ce que vous voudrez apprendre sur le jeu vidéo vous l'apprendrez là !

Lien : `http://www.supinfocom.fr` (français).

- Discreet Center (Hornu, Belgique)

Une école où on apprend toute l'infographie au sens général : de là prépresse à la 3D en passant par le Web. La plupart des professeurs de Supinfocom forment aussi au Site.

Lien : `http://www.discreetcenter.com` (français)

E-mail : `discreetcenter@hotmail.com` et `arboit@hotmail.com`.

- ENSAD (Paris)

École nationale supérieure des Arts décoratifs. En 5e année des "Arts déco", on peut accéder à une spécialisation infographie 3D.

Lien : http://www.ensad.fr (français).

- Supinfo'graph (groupe ESRA : Paris, Nice, Rennes)

Supinfo'graph, section de l'ESRA, forme aux métiers de l'image de synthèse 3D animée et du multimédia.

Lien : http://www.groupesra.com (français).

12.6 Les festivals

- ACM SIGGRAPH (USA)

C'est LE plus grand festival de l'image de synthèse au monde.

Lien : http://www.siggraph.org (anglais).

- Imagina (France)

Le plus grand festival européen de l'image de synthèse. Ce festival était autrefois organisé par l'INA qui l'a abandonné brutalement fin 2000. La session 2001 n'a donc pas eu lieu… Le festival a été repris par le Festival de télévision de Monte-Carlo et Imagina renaîtra de ses cendres pour la session 2002. Ce festival se déroule à Monaco et à Paris en début d'année.

Lien : http://www.imagina.mc/ (français et anglais).

- e-Magiciens (anciennement : Rencontres européennes de la jeune création numérique (YoungCreation)

Festival européen de l'infographie qui se veut le reflet de la création numérique émergeante en regroupant des étudiants de toute l'Europe. Des conférences, des exclusivités (Dreamworks) et des avant-premières. Et aussi des concours et des remises de prix (SCAM, etc.).

Lien : http://www.e-magiciens.com (français et anglais).

12.7 Les grands de la 3D

Voici une liste, non exhaustive, des liens vers les entreprises françaises et internationales travaillant dans le milieu de la 3D.

- Pixar (filiale de Disney)

  Ceux qui ont fait les célèbres dessins animés entièrement en 3D : Toy Story, Monstres et compagnie, Nemo entre autres.
  Lien : http://www.pixar.com (anglais).

- DreamWorks SKG et PDI

  DreamWorks est la boîte d'effets spéciaux créée en 1994 par Steven Spielberg, Jeffrey Katzenberg et David Geffen. PDI est la filiale 3D de Dreamworks. De ce studio sont sortis des films tels que : *le Prince d'Égypte*, *Fourmiz*, *Gladiator*, *la route d'El Dorado*, *Chicken run*, *Small Soldiers* et bientôt *Shrek*.
  Liens : http://www.dreamworks.com (anglais) et http://www.pdi.com (anglais).

- ILM - Industrial Light and Magic

  C'est la boîte d'effets spéciaux de George Lucas. Elle a commencé par faire les effets spéciaux de *Star Wars* avec des maquettes. Maintenant, les effets spéciaux des épisodes 1, 2 et 3 de *Star Wars* sont principalement en 3D.
  Lien : http://www.ilm.com (anglais)

- Digital Domain

  Ceux qui ont fait les effets spéciaux de *Titanic*.
  Lien : http://www.d2.com (anglais).

- Duboi (France)

  Ceux qui ont fait les effets spéciaux de *Astérix et Obélix le film*.
  Lien : http://www.duboi.com (français et anglais).

- BUF Compagnie (France)

  Ils ont commencé par faire des effets spéciaux dans *la Cité des enfants perdus* et *Batman*.
  Lien : http://www.buf.com (anglais).

- Mac Guff Ligne (France)

  Les publicités Evian, les effets spéciaux des films *Dobermann* et *les Visiteurs 2*, etc.
  Lien : http://www.macguff.fr (anglais).

- Pierre Coffin (France)

  Les Pings, les publicités La Française des jeux (Dédé le cochon), Moltonel et Pastilles Vichy, c'est lui…
  Lien : http://pyer.3dvf.net (anglais).

- Sparx (France)

  Animations et effets visuels numériques.
  Lien : http://www.sparx.com (français et anglais).

- Atari (France)

  En 2003, Atari la marque de jeux vidéo renaît de ses cendres. Enfin presque, en fait c'est Infogrames, boîte de jeu tout aussi célèbre, qui change de nom et s'appelle maintenant Atari.
  Lien : http://www.atari.fr (français et anglais).

- UbiSoft (France)

  Producteur, éditeur et diffuseur de logiciels de loisirs interactifs…
  Lien : http://www.ubisoft.fr/.

- Mikros Image (France)

  Société spécialisée en postproduction TV/Cinéma…
  Lien : http://www.mikrosimage.fr/.

Chapitre > 13

Raccourcis clavier par défaut

13.1 Interface utilisateur principale (User Interface) 370

13.2 Vue piste (Track View) 375

13.3 Editeur de matériaux (Material Editor) 377

13.4 Vue schématique (Schematic View) 378

13.5 Banc de montage (Video Post) 378

13.6 Nurbs 379

13.7 Déformations de formes libres (FFD) 380

13.8 Contrôleur Reactor (Reactor Contrôleur) 381

13.9 Unwrap UVW 381
13.10 ActiveShade 383
13.11 Edit Mesh 383
13.12 Edit Normals 384

Les tableaux de cette rubrique recensent les raccourcis clavier par défaut pour 3ds max 6. Vous pouvez également en créer vous-même ou modifier ces raccourcis par défaut.

3ds max 5 et 6 ont complètement changés leurs raccourcis clavier par rapport à 3ds max 4 ce qui est très déroutant dans un premier temps pour les habitué de 3ds max 4 et 3ds Viz 4. Néanmoins ces raccourcis se révèles plus judicieux et plus intuitifs pour peu que vous possédiez un clavier anglais / US QWERTY ! En effet, les raccourcis les plus utilisés de sélection, modification, rotation, redimensionnement sont regroupé sur les lettres Q, W, E, et R ce qui est pratique pour un clavier anglais mais pas pour les autres claviers.

Pour les possesseurs de clavier français AZERTY, il faudra vous adapter ou alors modifier les raccourcis pour avoir la même logique que le clavier QWERTY.

Pour personnaliser les raccourcis clavier, utilisez la commande **Customize/Customize User Interface** (Personnaliser/Personnalisation de l'interface utilisateur) et cliquez sur l'onglet **Keyboard** (clavier).

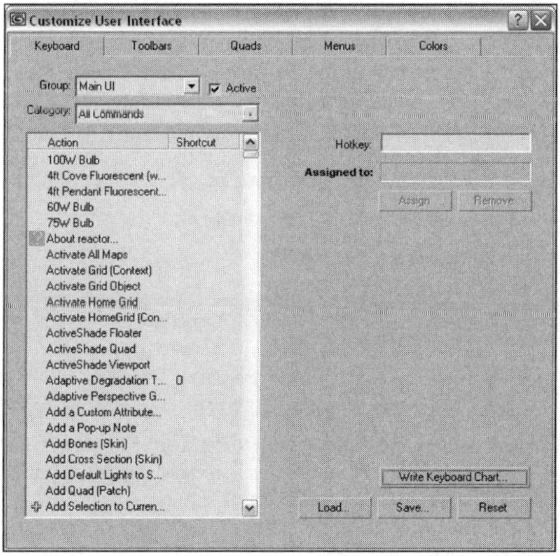

▲ Fig. 13.1 : *Fenêtre de paramètres Customize User Interface*

REMARQUE

Touche Shift et Del

La touche Shift est l'équivalent anglais de la touche Maj, et la touche Del celui de Suppr.

Raccourcis clavier les plus utilisés

Tab. 13.1 : Raccourcis clavier les plus utilisés

Touche	Fonction
N	Passer en mode animation automatique ou non.
Maj, Ctrl et Alt	Lors d'un clic de souris sur un ou des objets, pour respectivement cloner, ajouter et soustraire ces objets.
F5, F6, F7, F8	Pour imposer l'axe de modification (déplacement, rotation, taille…) des objets sélectionnés selon les X, Y et …
Suppr	Suppression de l'objet ou modificateur sélectionné.
A	Passer en mode angle dont le pas est imposé de 5° (Angle Snap Toggle)
S	Passer en mode attraction 3D (3D Snap Toggle)
P, C, F, L, T	Passer respectivement en mode de vue **Perspective**, **Caméra**, Face (**Front**), Gauche (**Left**), Dessus (**Top**), pour la fenêtre active.
) et ^	Zoom avant et arrière dans la fenêtre active.
M	Accès à l'éditeur de matériaux (Material Editor)
G	Afficher/masquer la grille dans la fenêtre active.
, et ;	Image suivante et précédente.
:	Lecture de l'animation.
Ctrl+Z	Annuler la dernière opération.
Maj+Z	Annuler la dernière modification au niveau de la fenêtre de vue (recadrage ou zoom par exemple).
' (Alt Gr+7)	Pour rafraîchir l'affichage de l'écran. En effet, il arrive fréquemment que l'affichage de la scène ne soit pas correctement rafraîchi dans les fenêtres de vues. (Ce raccourci est mal adapté au clavier français, il conviendra donc de le changer pour pouvoir en profiter)

REMARQUE

Raccourcis en Flash

Vous avez accès à une table des raccourcis interactive flash via le menu **Help** > **HotKey Map**. Vous pouvez y accéder aussi indépendamment de 3ds max 6 en ouvrant le fichier "hotkeyMap.html" ou "splash.swf" dans le dossier d'installation de 3ds max 6 (il vous faut le player Flash Macromedia).

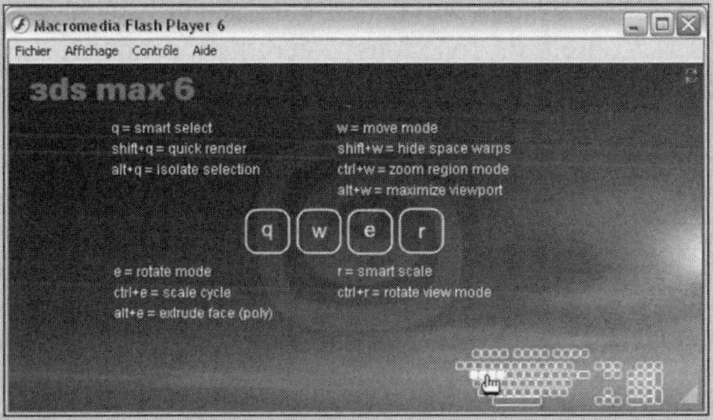

▲ Fig. 13.2 : *Table interactive Flash des raccourcis clavier de 3ds max 6*

ASTUCE

Modification de la table des raccourcis 3ds max 6

Il est tout à fait possible de modifier la table de raccourcis en éditant le fichier "splash.fla" avec le logiciel Macromedia Flash MX. Il se situe lui aussi dans le dossier d'installation de 3ds max 6.

Fonction Keyboard Shortcut Override Toggle

Cette fonction fait maintenant partie de la barre d'outils flottante **Extras**. Pour l'afficher, il vous suffit d'aller dans le menue **Customize** et de choisir la commande **Show UI / Show Floating Toolbars**.

Fig. 13.3 : *Boîte d'outils Extras.*

Le Keyboard Shortcut Override Toggle (activer/désactiver imposer raccourcis clavier) permet d'activer l'utilisation de :

- soit uniquement les raccourcis clavier de l'interface utilisateur principale;
- soit utiliser les raccourcis de l'interface utilisateur principale ainsi que les raccourcis de fonctions spécifiques comme celle de la vue piste (track view), les NURBS, etc.

Cliquer avec le bouton de droit de la souris sur cette même icône permet d'accéder aux paramètres des raccourcis.

13.1 Interface utilisateur principale (User Interface)

Voici donc les listes des raccourcis clavier par défaut qui existent pour les groupes de fonctionnalités 3ds max suivants :

Tab. 13.2 : Raccourcis de l'interface utilisateur principale

User Interface Function	Fonction Interface utilisateur	Raccourci clavier
Adaptive Degradation Toggle	Dégradation adaptative (bascule)	O (la lettre "o")
Align	Aligner	Alt+A
Angle Snap Toggle	Accrochage à l'angle (bascule)	A
Autokey Toggle	Mode animation clé automatique (bascule)	N
Background Lock Toggle	Verrouillage arrière-plan (bascule)	Ctrl+Alt+B
Backup Time One Unit	Reculer temps d'une unité	, (virgule)
Bottom View	Passer à vue de dessous	B
Camera View	Passer à vue caméra	C

Tab. 13.2 : Raccourcis de l'interface utilisateur principale

User Interface Function	Fonction Interface utilisateur	Raccourci clavier
Cycle Selection Method	Méthode de sélection de cycle	Ctrl+F
Default Lighting Toggle	Éclairage par défaut (bascule)	Ctrl+L
Delete Objects	Supprimer les objets sélectionnés	Del, Suppr
Disable Viewport	Désactiver la fenêtre active	D
Environment Dialog	Boîte de dialogue Environnement	8
Expert Mode Toggle	Mode Expert (bascule)	Ctrl+X
Fetch	Récupérer le Hold	Ctrl+Alt+F
Forward Time One Unit	Avancer temps d'une unité	. (point)
Freeze Selection	Geler sélection	6
Front View	Passer à vue frontale	F
Go to End Frame	Aller à la dernière image	End
Go to Start Frame	Aller à la première image	Home
Hide Cameras Toggle	Afficher caméras (bascule)	Maj+C
Hide Geometry Toggle	Afficher géométrie (bascule)	Maj+G
Hide Grids Toggle)	Afficher grilles (bascule)	G
Hide Helpers Toggle	Afficher assistants (bascule)	Maj+H
Hide Lights Toggle	Afficher lumières (bascule)	Maj+L
Hide Particle Systems Toggle	Afficher systèmes de particules (bascule)	Maj+P
Hide Space Warps Toggle	Afficher déformations spatiales (bascule)	Maj+W
Hold	Conserver	Ctrl+Alt+H
Isometric User View	Passer à vue utilisateur isométrique	U
Lock User Interface Toggle	Verrouiller interface utilisateur (bascule)	Alt+0 (chiffre zéro)

Tab. 13.2 : Raccourcis de l'interface utilisateur principale

User Interface Function	Fonction Interface utilisateur	Raccourci clavier
Match Camera To View	Associer caméra à vue	Ctrl+C
Material Editor	Éditeur de matériaux	M
Maximize Viewport Toggle	Agrandissement vue (bascule)	W
MAXScript Listener	Récepteur MAXScript	F11
New Scene	Nouvelle scène	Ctrl+N
Normal Align	Aligner normale	Alt+N
Offset Snap	Accrochage décalage	Ctrl+Alt+Barre d'espace
Open File	Ouvrir fichier	Ctrl+O (la lettre "o")
Pan View	Panoramique vue	Ctrl+P
Pan Viewport	Pan interactif	I (la lettre "i")
Perspective User View	Passer à vue utilisateur perspective	P
Place Highlight	Placer reflet	Ctrl+H
Play Animation	Jouer animation	/ (slash)
Quick Render	Rendu rapide	Maj+Q
Redo Scene Operation	Annuler l'annulation de l'opération sur scène	Ctrl+Y
Redo Viewport Operation	Annuler l'annulation de l'opération dans fenêtre	Maj+Y
Redraw All Views	Redessiner tout	'
Render Last	Dernier rendu	F9
Render Scene	Rendu scène	F10
Render To Texture	Rendu vers texture	0 (chiffre zéro)
Restrict Plane Cycle	Cycle plan contrainte	F8
Restrict to X	Contraindre à X	F5
Restrict to Y	Contraindre à Y	F6
Restrict to Z	Contraindre à Z	F7
Rotate View Mode	Mode rotation vue	E

Tab. 13.2 : Raccourcis de l'interface utilisateur principale

User Interface Function	Fonction Interface utilisateur	Raccourci clavier
Save File	Enregistrer fichier	Ctrl+S
See-Through Display Toggle	Mode d'affichage de transparence des objets (bascule)	Alt+X
Select Ancestor	Sélectionner ancêtre	Page up
Select Child	Sélectionner enfants	Page down
Select Invert	Sélectionner enfants	Ctrl+I (lettre "i")
Select-By-Name Dialog	Boîte de dialogue Sélectionner par nom	H
Selection Lock Toggle	Verrouillage sélection (bascule)	Barre d'espace
Set Key Mode	Mode clé (bascule)	' (simple guillemet)
Set Key	Créer une clé	K
Shade Selected Faces Toggle	Ombrer faces sélectionnées (bascule)	F2
Show Main Toolbar Toggle	Cacher la barre d'outils principale (bascule)	Alt+6
Show Safeframes Toggle	Afficher les zones de sécurité (bascule)	Maj+F
Show Tab Panel Toggle	Afficher le Panneau d'icônes Tab (bascule)	Y
Smart Scale	Redimensionnement rapide	R
Smart Select	Sélection Rapide	Q
Snap Percent Toggle	Accrochage en pourcentage (bascule)	Ctrl+Maj+P
Snap Toggle	Accrochage (bascule)	S
Snaps Cycle	Cycle via accrochages	Alt+S
Sound Toggle	Son (bascule)	\ (antislash)
Spacing Tool	Outil d'espacement	Maj+I (la lettre "i")

Tab. 13.2 : Raccourcis de l'interface utilisateur principale

User Interface Function	Fonction Interface utilisateur	Raccourci clavier
Spot/Directional Light View	Passer à la vue projecteur/Lumière directionnelle	Maj+4
Sub-object Level 1	Niveau cycle de sous-objet 1	1
Sub-object Level 1	Niveau cycle de sous-objet 2	2
Sub-object Level 1	Niveau cycle de sous-objet 3	3
Sub-object Level 1	Niveau cycle de sous-objet 4	4
Sub-object Level 1	Niveau cycle de sous-objet 5	5
Sub-object Level Cycle	Niveau cycle de sous-objet	Insert, Insère
Sub-object Selection Toggle	Sélection sous-objet (bascule)	Ctrl+B
Top View	Passer à vue de dessus	T
Transform Gizmo Size Down	Diminuer la taille du gizmo de transformation	= (signe égal)
Transform Gizmo Size Up	Augmenter la taille du gizmo de transformation	- (signe moins)
Transform Gizmo Toggle	Transformation Gizmo (bascule)	X
Transform Type-In Dialog	Saisie transformation	F12
Undo Scene Operation	Annuler opération scène	Ctrl+Z
Undo Viewport Operation	Annuler opération fenêtre	Maj+Z
Update Background Image	Mettre à jour image arrière-plan	Ctrl+ Alt+Maj+B
View Edged Faces Toggle	Affiche Faces délimitées (bascule)	F4
Viewport Background	Ouvre la fenêtre d'options fenêtre vue arrière-plan	Alt+B
Virtual Viewport Pan Down	Pan fenêtre virtuelle bas	2 (clavier numérique)
Virtual Viewport Pan Left	Pan fenêtre virtuelle gauche	4 (clavier numérique)
Virtual Viewport Pan Right	Pan fenêtre virtuelle droite	6 (clavier numérique)

Tab. 13.2 : Raccourcis de l'interface utilisateur principale		
User Interface Function	Fonction Interface utilisateur	Raccourci clavier
Virtual Viewport Pan Up	Pan fenêtre virtuelle haut	8 (clavier numérique)
Virtual Viewport Toggle	Fenêtre virtuelle (bascule)	/ (clavier numérique)
Virtual Viewport Zoom In	Zoom avant fenêtre virtuelle	+ (clavier numérique)
Virtual Viewport Zoom Out	Zoom arrière fenêtre virtuelle	- (clavier numérique)
Wireframe / Smooth+Highlights Toggle	Filaire / lissage + reflets (bascule)	F3
Zoom Extents	Cadrer	Ctrl+Alt+Z
Zoom Extents All	Cadrer tout	Ctrl+Maj+Z
Zoom Extents Selected All	Cadrer tout les objets sélectionnés	Z
Zoom Mode	Mode zoom	Alt+Z
Zoom Region Mode	Mode zoom région	Ctrl+W
Zoom Viewport In	Zoom avant interactif	[(Parenthèse carrée ouverte)
Zoom Viewport Out	Zoom arrière interactif	] (Parenthèse carrée fermée)
Left User View	Passer à vue de gauche	L

13.2 Vue piste (Track View)

Tab. 13.3 : Raccourcis de la Vue Piste		
Track View Function	Fonction Vue Piste	Raccourci clavier
Add Keys	Ajouter des clés	A
Delete Keys	Supprimer les clés sélectionnées	Del, Suppr
Apply Ease Curve	Appliquer la courbe d'animation souple	Ctrl+E
Apply Multiplier Curve	Appliquer la courbe d'animation multiple	Ctrl+M

Tab. 13.3 : Raccourcis de la Vue Piste

Track View Function	Fonction Vue Piste	Raccourci clavier
Assign Controller	Assigner un contrôleur	C
Copy Controller	Copier un contrôleur	Ctrl+C
Edit Keys Mode	Mode Éditer clés	E
Expand Object Toggle	Bascule Étendre objets	O (la lettre "o")
Expand Track Toggle	Bascule Étendre Pistes	Entrée, T
Filters	Filtres	Q
Function Curves Mode	Mode courbes fonctions	F5, F
Lock Selection	Verrouiller sélection	Barre d'espace
Lock Tangents Toggle	Bascule en mode verrouillage des tangentes	L
Make Controller Unique	Unifier les contrôleurs	U
Move Highlight Down	Déplacer reflet vers le bas	Flèche Bas
Move Highlight Up	Déplacer reflet vers le haut	Flèche Haut
Move Keys	Déplacer les clés	M
Nudge Keys Left	Pousser clés vers la gauche	Flèche Gauche
Nudge Keys Right	Pousser clés vers la droite	Flèche Droite
Pan	Panoramique	P
Paste Controller	Coller le contrôleur copié	Ctrl+V
Scroll Down	Faire défiler vers le bas	Ctrl+Flèche Bas
Scroll Up	Faire défiler vers le haut	Ctrl+Flèche Haut
Snap Frames	Mode d'accrochage en fonction des images (frames)	S
Zoom	Zoom	Z
Zoom Horizontal Extents	Zoom horizontal affichant toute la largeur	Alt+X

13.3 Editeur de matériaux (Material Editor)

Tab. 13.4 : Raccourcis de l'éditeur de matériaux

Material Editor Function	Fonction Éditeur de matériaux	Raccourci clavier
Background	Arrière plan	B
Backlight	Éclairage arrière	L
Cycle 3X2, 5X3, 6X4 Sample Slots	Matrice d'échantillons 3X2, 5X3 ou 6X4	X
Get Material	Prendre le matériau avec la pipette	G
Go Backward to Sibling	Aller au matériau précédent sur le même niveau	Flèche gauche
Go Forward to Sibling	Aller au matériau suivant sur le même niveau	Flèche droite
Go to Parent	Aller vers le matériau parent	Flèche haute
Make Preview	Faire une prévisualisation du matériau	P
Options	Options	O
Render Last	Refaire le dernier rendu	F9
Render Scene	Rendu de la scène	F10
Undo Scene Operation	Annuler l'opération dans la scène	Ctrl+Z

REMARQUE

Problème de raccourcis avec 3dsmax 5

Il semble qu'il y ait quelques problèmes au niveau de certains raccourcis dans la première mouture de 3ds max 5. Ceci notamment au niveau des raccourcis de l'éditeur de matériaux. Ce problème ne se pose pas pour 3ds max 6

13.4 Vue schématique (Schematic View)

Tab. 13.5 : Raccourcis de la Vue schématique

Schematic View Function	Fonction Vue schématique	Raccourci clavier
Zoom Selected Extents	Zoomer les objets sélectionnés	Z
Redo Scene Operation	Rétablir l'opération annulée sur scène	Ctrl+A
Undo Scene Operation	Annuler opération sur scène	Ctrl+Z
Delete objects	Supprimer objets	Suppr

13.5 Banc de montage (Video Post)

Tab. 13.6 : Raccourcis du banc de montage

Video Post Function	Fonction Banc de montage	Raccourci clavier
Add Image Filter Event	Ajouter événement image filtre	Ctrl+F
Add Image Input Event	Ajouter événement entrée image	Ctrl+I (lettre "i")
Add Image Layer Event	Ajouter événement couche image	Ctrl+L
Add Image Output Event	Ajouter événement sortie image	Ctrl+O (lettre "o")
Add New Event	Ajouter événement	Ctrl+A
Add Scene Event	Ajouter événement scène	Ctrl+S
Edit Current Event	Editer événement courant	Ctrl+E
Execute Sequence	Exécuter séquence	Ctrl+R
New Sequence	Nouvelle séquence	Ctrl+N
Undo Scene Operation	Annuler opération scène	Ctrl+Z

13.6 Nurbs

Tab. 13.7 : Raccourcis des Nurbs

Function for NURBS	Fonction NURBS	Raccourci clavier
Cycle Sub-Object Level	Niveau sous objet cycle	Insert, Insère
Delete Sub-Object	Supprimer sous objet	Del, Suppr
CV Constrained Normal Move	Mouvement normal contraint à CV	Alt+N
CV Constrained U Move	Mouvement U contraint à CV	Alt+U
CV Constrained V Move	Mouvement V contraint à CV	Alt+V
Display Curves	Afficher courbes	Maj+Ctrl+C
Display Dependents	Afficher dépendances	Ctrl+D
Display Lattices	Afficher treillis	Ctrl+L
Display Shaded Lattice	Afficher treillis ombré	Alt+L
Display Surfaces	Afficher surfaces	Maj+Ctrl+S
Display Toolbox	Afficher boîte à outils	Ctrl+T
Display Trims	Afficher ajustements	Maj+Ctrl+T
Local Select Sub-Object by Name (beneath mouse)	Sélection locale de sous objets par nom (sous le pointeur)	Ctrl+H
Lock 2D Selection	Verrouiller la sélection 2D	Barre d'espace
Select Next in U	Sélectionner suivant dans U	Ctrl+Flèche Droite
Select Next in V	Sélectionner suivant dans V	Ctrl+Flèche Haut
Select Previous in U	Sélectionner précédent dans U	Ctrl+Flèche Gauche
Select Previous in V	Sélectionner précédent dans V	Ctrl+Flèche Bas
Select Sub-Object by Name	Sélection de sous objets par nom	H
Set Custom Tessellation	Définir polygonisation personnalisée	Alt+4
Set Tessellation Preset 1	Définir valeur prédéfinie de polygonisation 1	Alt+1

Tab. 13.7 : Raccourcis des Nurbs		
Function for NURBS	Fonction NURBS	Raccourci clavier
Set Tessellation Preset 2	Définir valeur prédéfinie de polygonisation 2	Alt+2
Set Tessellation Preset 3	Définir valeur prédéfinie de polygonisation 3	Alt+3
Soft Selection	Sélection souple	Ctrl+S
Switch to Curve CV Level	Passer au niveau de CV de courbe	Alt+Maj+Z
Switch to Curve Level	Passer au niveau de courbe	Alt+Maj+C
Switch to Imports Level	Passer au niveau d'importation	Alt+Maj+I
Switch to Point Level	Passer au niveau point	Alt+Maj+P
Switch to Surface CV Level	Passer au niveau de CV de surface	Alt+Maj+V
Switch to Surface Level	Passer au niveau de surface	Alt+Maj+S
Switch to Top (Object) Level	Passer au niveau (objet) supérieur	Alt+Maj+T
Transform Degrade	Transformation dégradation	Ctrl+X

13.7 Déformations de formes libres (FFD)

Tab. 13.8 : Raccourcis des Free Form Deformations (FFD)		
Free-Form Deformations Function	Fonction Déformations de formes libres	Raccourcis clavier
Switch To Control Point Level	Passer au niveau du point de contrôle	Alt+Maj+C
Switch To Lattice Level	Passer au niveau treillis	Alt+Maj+L
Switch To Set Volume Level	Passer au niveau volume défini	Alt+Maj+S
Switch To Top Level	Passer au niveau Dessus	Alt+Maj+T

13.8 Contrôleur Reactor (Reactor Contrôleur)

Tab. 13.9 : Raccourcis des contrôleurs du plug-in Reactor

Reactor Controllers Function	Fonction Contrôleur Réacteur	Raccourcis clavier
Create Reaction	Créer réaction	Ctrl+Alt+C, C
Delete Reaction	Supprimer réaction	Ctrl+Alt+D, D
Edit State Toggle	Bascule Editer état	Ctrl+Alt+S, E
Set Max Influence	Définir influence maximale	Ctrl+I (la lettre "i")
Set Min Influence	Définir influence minimale	Alt+I (la lettre "i")
Set Reaction Value	Définir valeur de réaction	Ctrl+Alt+V, S

13.9 Unwrap UVW

Tab. 13.10 : Raccourcis du Unwrap UVW

Unwrap UVW Function	Fonction Unwrap UVW	Raccourci clavier
Break Selected Vertices	Rompre les vertex sélectionnés	Ctrl+B
Detach Edge Vertices	Détache les vertex de bordure	Ctrl+D, D
Edit UVWs	Éditer les UVW	Ctrl+E
Filter Selected Faces	Filtre les faces sélectionnées	Alt+F
Freeze Selected	Gèle la sélection	Ctrl+F
Get Face Selection From Stack	Récupérer la sélection de face depuis la pile	Ctrl+Alt+Maj+F
Get Selection From Faces	Récupérer la sélection depuis les faces	Ctrl+Alt+Maj+P
Hide Selected	Masque la sélection	Ctrl+H
Load UVW	Charges les UVW	Ctrl+Alt+Maj+L
Lock Selected Vertices	Verrouille les vertex sélectionnés	Barre d'espace

Tab. 13.10 : Raccourcis du Unwrap UVW

Unwrap UVW Function	Fonction Unwrap UVW	Raccourci clavier
Mirror Horizontal	Symétrie horizontale	Ctrl+Alt+Maj+N
Mirror Vertical	Symétrie verticale	Ctrl+Alt+Maj+M
Move Horizontal	Déplacement horizontal	Ctrl+Alt+Maj+J
Move Vertical	Déplacement vertical	Ctrl+Alt+Maj+K
Pan	Panorama	Ctrl+P
Planar Map Faces/Patches	Map planaire faces/patches	Entrée
Snap	Attraction des pixels	Ctrl+S
Texture Vertex Contract Selection	Rétrécir la sélection des vertex de la texture	- (signe moins)
Texture Vertex Expand Selection	Élargir la sélection des vertex de la texture	+ (signe plus)
Texture Vertex Move Mode	Déplacer le vertex de texture	Q
Texture Vertex Rotate Mode	Mode rotation des vertex de la texture	Ctrl+R
Texture Vertex Target Weld Selected	Sélectionne les soudures des vertex de la texture	Ctrl+W
Texture Vertex Target Weld	Souder les vertex cibles de la texture	Ctrl+T
Unwrap Options	Options de Unwrap	Ctrl+O (la lettre "o")
Update Map	Mettre à jour la Map	Ctrl+U
Zoom	Zoom	Z
Zoom Extents	Zoom étendu	X
Zoom Extents Selected	Zoom étendu	Ctrl+Alt+Z
Zoom Region	Zoomer la région	Ctrl+X
Zoom to Gizmo	Zoomer le gizmo	Maj+Barre d'espace
Flip Horizontal	Projection horizontale	Ctrl+Alt+Maj+B
Flip Vertical	Projection verticale	Ctrl+Alt+Maj+V
Reset UVWs	Remettre à zéro les UVW	Ctrl+Alt+Maj+R
Save UVW	Sauvegarder les UVW	Ctrl+Alt+Maj+S

Tab. 13.10 : Raccourcis du Unwrap UVW		
Unwrap UVW Function	Fonction Unwrap UVW	Raccourci clavier
Scale Horizontal	Taille horizontale	Ctrl+Alt+Maj+I (la lettre "i")
Scale Vertical	Taille vertical	Ctrl+Alt+Maj+O (la lettre "o")
Texture Vertex Scale Mode	Mode de taille des vertex de la texture	E
Unfreeze All	Dégèle tout	Alt+F
Unhide All	Affiche tout	Alt+H

13.10 ActiveShade

Tab. 13.11 : Raccourcis de l'ActiveShade		
ActiveShade Function	Fonction Ombre Active	Raccourci clavier
Close	Fermer	Q
Draw Region	Dessine la région	D
Render	Rendu	R
Select Object	Sélectionner des objets	S
Toggle Toolbar (Docked)	Activer/désactiver la barre d'outil	Barre d'espace

13.11 Edit Mesh

Tab. 13.12 : Raccourcis Edit Mesh		
Edit/Editable Mesh Function	Fonction d'édition de maillage	Keyboard Shortcut
Bevel Mode	Mode pente	Ctrl+V, Ctrl+B
Chamfer Mode	Mode cannelure, chanfrein	Ctrl+C
Cut Mode	Mode coupe	Alt+C

Tab. 13.12 : Raccourcis Edit Mesh

Edit/Editable Mesh Function	Fonction d'édition de maillage	Keyboard Shortcut
Detach	Détacher	Ctrl+D
Edge Invisible	Bord invisible	Ctrl+I (lettre "i")
Edge Level	Mise à niveau des bords	2
Edge Turn	Rotation des bords	Ctrl+T
Element Level	Mise à niveau des éléments	5
Extrude Mode	Mode d'extrusion	Ctrl+E
Face Level	Mise à niveau des faces	3
Polygon Level	Mise à niveau des polygones	4
Vertex Level	Mise à niveau des sommets	1
Weld Selected	Soude les éléments sélectionnés	Ctrl+W
Weld Target Mode	Mode de soudure des cibles	Alt+W

13.12 Edit Normals

Tab. 13.13 : Raccourcis Edit Normals

Edit Normals Function	Fonction d'édition des normales	Keyboard Shortcut
Break Normals	Rompre les normales	B
Copy Normal	Copier les normales	Ctrl+C
Edge Level	Mise à niveau des côtes	Ctrl+3
Face Level	Mise à niveau des faces	Ctrl+4
Make Explicit	Rendre explicite	E
Normal Level	Mise à niveau des normales	Ctrl+1
Object Level	Mise à niveau des objets	Ctrl+0 (chiffre zéro)
Paste Normal	Colle les normales	Ctrl+V
Reset Normals	Ré-initialise les normales	R

Tab. 13.13 : Raccourcis Edit Normals		
Edit Normals Function	Fonction d'édition des normales	Keyboard Shortcut
Specify Normals	Spécifier les normales	S
Unify Normals	Unifier les normales	U
Vertex Level	Mise à niveau des sommets	Ctrl+2

Chapitre > 14

Glossaire

A

Anti-aliasing (Anticrénelage)

Procédé réduisant l'effet de pixellisation qu'on observe sur les arêtes des objets d'un rendu d'une scène 3D. Ce problème résulte de la nature même des images numériques. En effet, celles-ci sont codées en pixels (voir **Pixel**). Les effets de l'aliasing sont le plus souvent les effets d'escalier sur les droites, ou bien les effets de pixellisation. La correction de l'anti-aliasing est le plus souvent une interpolation de pixels.

Alpha

Couche 8 bits en niveaux de gris, gérant le niveau de transparence d'une image. Elle est incluse dans certains formats d'images pour pouvoir incruster un objet (TGA, RLA…).

Applet

C'est un petit programme dans votre page web, souvent écrit en Java, qui s'exécute au niveau de votre navigateur.

B

Bezier curve (courbe de Bézier)

Du nom de l'inventeur français le mathématicien Pierre Bézier. Courbe lisse contrôlée par au moins trois sommets. La différence avec la courbe cardinale se trouve dans le fait que chaque point de contrôle donne la direction de la courbe. Chaque point de contrôle définit un segment de droite représentant la tangente de la courbe à ce point.

Blob

Voir Metaballs.

Blur

Flou. Voir Motion Blur.

Bones

Objet non rendu qui, dans un logiciel 3D, sert d'armature à un objet ou à un personnage. L'orientation et la déformation d'un bone permettent de déformer le maillage de l'objet ou du personnage.

Broadcast

Standard professionnel de télédiffusion. (format TV PAL / SECAM : 768x576)

Bump Mapping

Méthode d'enveloppement de textures d'objet 3D pour donner l'effet de bosses et de creux. Les parties claires de la texture appliquée qui modifient la normale des polygones affectés. C'est un pseudo-effet, car uniquement visible après le rendu.

C

Caméra

La caméra est, comme dans la réalité, un objet qui est utilisé comme point de vue pour afficher la scène. Elle peut présenter un aspect différent, selon les logiciels 3D. Comme les véritables caméras, elles possèdent des propriétés de point focal, de champ de vision, etc.

CAD (CAO)

Computer Aided Design, Conception Assisté par Ordinateur. L'utilisation des ordinateurs pour dessiner des plans le plus souvent électriques et mécaniques.

Caustiques (Caustics)

Les caustiques sont en fait les phénomènes de concentration de lumière dus à la réflexion et à la réfraction dans un système optique (loupe, verre, vitre) ou dans un objet réfléchissant qui, par sa courbure, concentre les rayons lumineux émis par une lampe. Cela est très visible, par exemple, dans l'ombre d'un verre. Il apparaît généralement, dans cette ombre, une zone plus éclairée que la lumière ambiante de la pièce.

CG (GI)

Computer Graphics, Graphisme Informatisé. Utilisation de l'informatique pour produire tout type d'images numériques. Tout particulièrement les documents visualisables sur écran.

CGI (IGO)

Computer Generated Imagery, ou Imagerie Générée par Ordinateur. Un large terme regroupant tout rendu numérique d'image.

Codec (contraction de codeur-décodeur)

Logiciel et/ou plug-in permettant à une application graphique ou audiovisuelle de coder dans ce format, et évidemment de le décoder ; ou plus simplement de sauvegarder et de relire.

Color Key

Méthode d'incrustation fondée sur la suppression d'une couleur donnée dans une image, une autre image venant remplacer cette couleur. Parfois appelée Incrustation en chrominance.

Cinématique

Contrairement aux scènes du jeu, les scènes cinématiques sont des sortes de vidéos non interactives servant en général à expliquer le scénario. Elles sont réalisées en images de synthèse ou utilisent le moteur 3D du jeu.

Cinématique Inverse (IK – Invert kinematic)

Technique employée en animation de synthèse, qui spécifie directement les positions des composants finaux d'une structure arborescente. Ce système calcule automatiquement, et en sens inverse, les positions des divers autres composants, pour aboutir à un mouvement coordonné.

Combustion

Logiciel de compositing développé par Discreet. C'est une version allégée du Flame.

Compositing

Assemblage ou superposition de plusieurs vidéos ou images différentes pour n'en former qu'une seule.

D

Défragmenter

Modifier l'agencement des données d'un disque de manière à en réorganiser les fichiers de façon contiguë.

Déflecteurs

Les déflecteurs sont des objets virtuels 3D non affichés lors des rendus, qui permettent d'influencer selon leur forme et leur position les animations d'objets comme les particules.

Depth of Field (profondeur de champ)

Fonction qui permet de gérer la profondeur de champ au niveau de la caméra. Elle permet de simuler les flous de profondeur que provoque une mise au point de caméra sur un objet particulier, à une distance précise. Cette mise au point rend l'objet visé parfaitement net, alors que les objets situés en arrière-plan et en avant-plan seront flous. Cela permet en outre de mieux simuler la profondeur et de réaliser des scènes d'arrière-plan moins détaillées, puisqu'elles seront floues. Cela permet par ailleurs de mettre en évidence un objet bien précis.

La profondeur de champ est généralement gérée en postproduction avec un logiciel tel que Combustion ou Adobe After Effects Pro sur des fichiers 3D calculés au format RLA ou RPF.

On parlera de focus en photographie.

Digimation

Éditeur proposant le plus grand catalogue de plug-ins pour 3ds max. Ces plug-ins sont réputés pour leur qualité.

DivX

La vidéo DivX est du MPEG-4, norme de compression définie par le Motion Picture Expert Group. La norme MPEG-4 est destinée aux applications multimédias pour de la diffusion sur réseau type Internet haut débit, réseau local... Cet algorithme de compression/décompression a été fabriqué à partir d'une version piratée du codec (algorithme de codage/ décodage) MPEG-4 de Microsoft. Son succès vient de sa capacité à permettre la diffusion de films issus de DVD Vidéo piratés sur Internet. Le Divx;-) est un algorithme de compression vidéo MPEG-4, qui permet d'obtenir une qualité quasi-DVD avec 10 fois moins de place : un DVD de 4,3 GO peut ainsi tenir sur un simple CD-Rom.

Discreet

Éditeur des solutions 3ds max pour l'imagerie de synthèse, *Combustion* pour la postproduction et le compositing, *Edit* pour le montage, et les solutions professionnelles comme *Frost*, *Flame*, etc.

DirectX

Programme mis au point par Microsoft, qui permet aux interfaces d'utiliser des fonctions de matériel évoluées, sans qu'elles aient été spécifiquement écrites pour chaque équipement. DirectShow (auparavant ActiveMovie) fait partie de DirectX.

DualScreen (écran double)

Affichage de l'interface des logiciels sur deux écrans, de manière à mieux afficher et à rendre plus facilement accessibles les innombrables options des logiciels de 3D, compositing et montage.

Très pratique en condition de production.

Dummy (Dummies)

Objet 3D virtuel assistant qui ne sera pas affiché lors des rendus. Cet objet permet de spécifier simuler un objet invisible servant d'assistant pour les animation... Apparenté à un Gizmo.

Dynamic HTML (ou HTML 4.0)

Dernière version du langage hypertexte d'Internet. Cette version donne aux développeurs Web la possibilité de créer des pages interactives formatées avec précision, et organisées dynamiquement, via un système de couches invisibles à l'écran, gérées en JavaScript 1.2. Les développeurs peuvent intégrer des jeux interactifs sophistiqués et des effets visuels très intéressants. Seuls les navigateurs de versions 4 (Communicator et Internet Explorer) exploitent ces possibilités.

DV

Standard numérique de format d'image concurrent du VHS, Video8… Contrairement à ses concurrents, il est spécialement adapté à l'imagerie numérique, et donc à l'importation et à l'exportation sur ordinateur sans perte de qualité. Son format est de 720x576 en Europe (système PAL ou SECAM), avec des pixels rectangulaires. Ce format est compatible avec les systèmes de compression comme le MPEG-2 pour les DVD.

E

Ease in

Contrôle pour une décélération de l'animation avant un keyframe.

Ease out

Contrôle pour une accélération de l'animation après un keyframe.

Échantillonnage

Mesure périodique de la valeur d'un signal analogique principalement en vue de sa conversion en numérique.

Edge (bord, côté)

Ligne droite reliant deux sommets. Une surface en polygones ne peut se plier qu'au niveau de ses arêtes.

Entrelacement

Forme d'affichage vidéo, dans laquelle une image est affichée en deux balayages de demi-images (cas de la télévision).

F

Facette

Si le pixel est l'unité de base d'une image, une facette est l'unité de base d'un objet 3D. De façon native, une facette est de forme triangulaire, chacun des sommets recevant des coordonnées (x, y, z). Cette facette peut également posséder plus de sommets, mais cela pose parfois des problèmes, lors de l'application des textures ou lors de l'animation des personnages. L'ensemble des facettes d'un objet forme un maillage qui fait apparaître les objets en fil de fer.

Falloff

Zone de pénombre visible dans le cas d'une lumière dirigée émettant un cône de lumière (cas du spot ou d'un projecteur). Cette zone se situe entre le cône de la lumière émise et le cône du faisceau lumineux principal. Dans 3ds max, le falloff permet au niveau des maps de rendre plus lumineuses les arrêtes d'un objet 3D. C'est effet est pratique pour donner un effet velours à un objet, ou encore un effet de radioscopie avec un microscope électronique.

Filmstrip

Format de fichier vidéo. Un fichier vidéo exporté en Filmstrip se compose d'une suite d'images, et se présente un peu comme une pellicule cinéma. Les formats FLI et FLC de 3ds max 4 sont des FilmStrips.

Flame

Solution professionnelle logiciel et matérielle de compositing de Discreet. Combustion est une version simplifiée de Flame. Flame exécutera en temps réel les modifications de composition, alors que Combustion devra les calculer en rendu pour les visualiser.

Fractales

Formes irrégulières et fragmentées issues de formulations mathématiques qui incluent les phénomènes aléatoires et/ou répétitifs à l'infini. Elles facilitent la représentation des paysages, comme les montagnes, ainsi que des formes naturelles, comme l'écorce d'un arbre.

Frame (image)

Image d'une animation. En mode PAL, la fréquence d'affichage est cadencée à 25 images par seconde contre 30 i/s pour le mode NTSC. Pour les films la fréquence est en revanche de 24 i/s.

G

Gizmo

Objet 3D virtuel assistant qui ne sera pas affiché lors des rendus. Cet objet permet de spécifier les zones d'application d'effets tels que les brouillards volumétriques… Un peu comme les Dummies.

GIF animés

Séquences d'images au format GIF, inventé par Compuserve, aujourd'hui un standard d'Internet. Elles se superposent dynamiquement et forment des animations, selon un procédé similaire au dessin animé. L'intérêt est de créer de véritables séquences dans un format léger et facilement intégrable dans les pages.

Global illumination

Voir *Illumination Globale*.

G-Buffer

Zone de mémoire stockant les informations de numéros d'identificateurs des objets et matériaux de la scène ou de l'image calculée.

H

Helper

Les helpers, comme les Gizmo, sont des objets 3D virtuels, qui ne seront pas affichés lors des rendus. Ils permettent par exemple de faciliter la gestion des déplacements de bones en cinématique inverse, lorsqu'ils sont liés à l'extrémité de l'un de ceux-ci.

Hertz

Unité de mesure de fréquence, nombre de cycles (répétition) par seconde, dont l'abréviation Hz.

HTML (pour Hyper Text Markup Language)

Mode de programmation particulier à Internet où des mots peuvent renvoyer d'une page à l'autre dès qu'ils sont transformés en liens hypertextes.

I

Illumination globale (Global illumination - GI)

L'illumination globale est le phénomène de transmission d'énergie (et donc de lumière) des rayons lumineux émis par une source, et la restitution de cette énergie par tous les objets de la scène absorbant et en réémettant une certaine quantité. C'est par ce procédé qu'une lampe dans une pièce peut éclairer une pièce voisine séparée d'elle par une porte ouverte.

Instance

C'est une copie conforme d'un objet dépendant toujours des paramètres de l'objet dont il est origine et vis versa. De ce fait, si vous modifiez les paramètres de l'instance ou de l'original, les paramètres de l'autres changeront aussi. On créer une instance d'un objet en utilisant la fonction "clone".

Interpolation

Méthode qu'emploie un logiciel pour calculer l'aspect des images séparant deux keyframes, en déterminant les positions intermédiaires des objets ainsi animés.

Interlacing (Entrelacement)

Méthode de rendu pour améliorer la rapidité d'animation. Une frame d'une animation est représentée par deux images dont la taille en hauteur est la moitié de la taille d'origine. Une ligne sur deux étant affichée, la qualité de l'image n'est pas trop perdue et la cadence d'affichage est doublée.

Invert Kinematic

Voir *Cinématique inverse*.

J

Java

Langage de programmation inventé par Sun Microsystem, permettant la création de tout type d'applications pouvant être exécutées à partir de la plupart des navigateurs ou d'une simple console Java. Il est possible de créer des effets de bannières et des animations sonores sans avoir besoin de plug-ins dans le logiciel navigateur, ou encore de gérer des feuilles de calculs dynamiques et des bases de données, tout cela directement en ligne.

JavaScript

Langage de développement de script en Java. C'est un langage orienté objet, qui autorise aussi bien la gestion de bases de données qu'interactivité visuelle et hypertexte. Le DHTML est une déclinaison du JavaScript v1.2 .

JPEG

Norme de compression particulièrement adaptée aux images de grandes tailles (supérieures à 150x150 pixels). Les illustrations et les fonds d'écran sont le plus souvent dans ce format sur le Net. Pour les boutons de petites tailles, le GIF reste mieux adapté et moins lourd. Pour les grandes tailles, le JPEG est économique en taille de fichier.

K

Kbps

Kilobits/seconde. Millier de bits par seconde.

Key (clé)

Image de référence à partir de laquelle sont appliqués les paramètres d'interpolation d'animation en mode Keyframe.

Keyframe (mode point clé)

Littéralement image clé. C'est un repère dans le temps où l'on fixe des paramètres à un logiciel. Le logiciel se charge alors de calculer les étapes intermédiaires entre deux keyframes.

Keying

Gestion de la transparence d'une image. Elle peut se faire en fonction du canal alpha d'une image ou d'une couleur définie. C'est la technique qui permet de gérer les célèbres fonds bleus et fonds verts dans les scènes à effets spéciaux des films au cinéma. La couleur est choisie en fonction de la teinte la moins présente dans le plan qui est filmé… Étant donné que les vert et le bleu sont peu présents sur les êtres vivants, dont les humains, on choisira donc en fonction des couleurs présentes dans le reste du décor la couleur bleue ou la couleur verte, pour définir les zones qui seront transparentes, de façon à y insérer une image compositée.

Kinetix

Ancien éditeur de 3ds max.

L

Lancer de rayons

Raytracing en traduction anglaise.

Layer

Couche.

Lightwave

Logiciel 3D concurrent de 3ds max. Il a l'avantage d'être assez abordable par rapport 3ds max et encore plus par rapport à Maya.

Lip sync

Synchronisation du mouvement des lèvres avec la bande son des paroles du personnage.

Lens Flare

Le lens flare est une aberration de la lumière : sous certaines conditions d'éclairage, les rayons lumineux semblent porter des disques lumineux. Les logiciels d'images de synthèse permettent de façon native, ou par le biais de plug-ins, de simuler ce phénomène.

Lumière

En 3D, il est quasi indispensable de définir des sources lumineuses pour éclairer une scène – ce qui semble logique. Tout le monde a déjà fait l'expérience d'une scène pour laquelle on a longtemps travaillé sur un objet, mais dans laquelle on a oublié d'ajouter une lumière pour l'éclairer au moment du rendu. Résultat : le noir complet. Il existe plusieurs types de lumières : les spots sont des lampes directionnelles qui n'éclairent qu'une partie de la scène, comme un spot dans la réalité ; les ampoules sont des lumières omnidirectionnelles, ce qui signifie qu'elles éclairent dans toutes les directions à partir de la lampe ; il existe enfin des lumières ambiantes ou distantes qui simulent l'éclairage naturel du soleil. La caractéristique de ces dernières lampes est que les rayons lumineux qu'elles produisent sont parallèles.

Lumière volumétrique (Volume Light)

À la différence des sources lumineuses ponctuelles (sans épaisseur), une source volumétrique peut être considérée comme un volume tridimensionnel émettant de la lumière. En agissant sur les caractéristiques de ce volume, on obtient des effets impossibles à réaliser avec un éclairage classique (caméra qui passe dans un nuage de fumée).

Low Polygon

Technique de modélisation d'objets 3D ou de personnage en peu de faces… Cette technique est très utilisée dans le milieu du jeu vidéo. L'utilisation de modificateurs de lissage permet d'affiner ces modélisations.

M

Maillage (Mesh)

Le maillage d'un objet 3D est l'ensemble des facettes d'un objet. L'objet maillé apparaît en fil de fer.

Matte painting

Vient du trucage cinéma ; fait référence à un cache de verre, interposé devant la caméra, où était peint un décor.

Metabal, Meta-clay, blob

Surface basée sur la densité. Champ de matière comprenant un cœur solide et visible, ainsi qu'une aire semi-solide influençant le cœur suivant la distance les séparant. Lorsque que deux aires d'influence de plusieurs metaballs se rejoignent, leurs densités fusionnent, formant une surface plus complexe. Idéale pour la création de formes organiques.

Motion blur

Le motion blur, ou flou de mouvement, consiste à donner l'impression qu'un objet ou la caméra se déplace. Cette technique est relativement lente à calculer. Certains logiciels de montage vidéo permettent de simuler ce flou de rendu : il est donc possible de calculer une animation, puis de la retraiter, pour donner cette impression de flou de mouvement.

MPEG

Moving Pictures Expert Group. Nom du comité international qui a développé, sous l'égide d'organisations internationales (ISO/IEC), les techniques de compression vidéo et audio du même nom. Norme développée pour la télévision numérique par satellite (MPEG-2), déjà très utilisée aux USA et en Europe. C'est un procédé de compression très efficace de fichiers vidéo. Sur Internet, elle nécessite le plug-in QuickTime dans sa version MPEG-1, pour une visualisation dans le logiciel de navigation.

Map

Image à appliquer sur un objet 3D comme composante d'une texture.

Maya

Logiciel concurrent de 3ds max. Très performant, mais plus lent en rendu. Il est souvent utilisé dans les effets spéciaux au cinéma (Vidocq)

Mesh (maille)

Surface ou objet formé par l'assemblage de polygones. Généralement la description d'un tel objet inclut une liste de sommets et une liste de polygones.

Matériau

Texture composée de maps procédurales ou non.

Morph

Utilisation de la technique du morphing, version vectorielle, principalement utilisée dans l'animation faciale de personnages.

Morphing

Transformation et déformation d'une image en une autre. Cette technique spectaculaire a été notamment employée dans un des clips vidéo de Michael Jackson (Black or White).

Motion Capture

Procédé consistant à enregistrer les mouvements d'un personnage réel à l'aide de capteurs, afin de plaquer ces mouvements sur un personnage en 3D. Ainsi, le personnage 3D réalisera les mêmes mouvements que le personnage réel, donnant une animation très réussie. Ce procédé se développe de plus en plus dans le monde de l'animation.

Motion Blur

Mouvement flou généré le plus souvent en calculant la première image, puis la seconde, pour juxtaposer les deux. Les objets en mouvement présentent alors un mouvement flou. Il existe plusieurs manières de créer un motion blur plus ou moins appuyé selon le logiciel employé.

Motion Path

Trajectoire que suit une couche ou un effet.

N

Normale

Direction perpendiculaire à une face (polygone) d'un objet.

NTSC

National Television Systems Committee. Nom du comité qui a développé la télévision aux États-Unis et, au-delà, nom du système de télévision couleur utilisé entre autre aux États-Unis, au Canada et au Japon. Fondé sur un système de 525 lignes de balayage et 59.94 trames par secondes.

Nurbs

De Non-Uniform Rational B-Spline. Sorte de courbes très souples, dont les points de contrôle autres que ceux des extrémités possèdent un poids. Plus le poids est élevé plus la courbe se rapproche de ce point. Permet de créer des objets organiques et complexes sans grande difficulté.

O

Ombrage

Méthode de calcul permettant d'utiliser des lumières sur une scène pour obtenir une intensité de lumière en chaque point.

Ombres douces (Soft Shadows)

Technique d'ombrage qui consiste à rendre les bords des ombres fous. Cela permet de rendre beaucoup plus réaliste une ombre.

Ombres portées

Zones d'ombre engendrées par les différents objets d'une scène, en dehors des faces à l'ombre des objets eux-mêmes.

OpenGL

Initiales de OPEN Graphics Language. Un langage graphique développé par Silicon Graphics, devenu de ce fait un standard pour tous les constructeurs. Une majeure partie des cartes accélératrices 3D, comme les Voodoo ou autres, prennent en charge l'OpenGL. En fait, l'OpenGL est considéré comme une extension d'un système qui est reconnu par MacOS, Unix et autres standards.

Opération Booléenne

Opération mathématique de type *Union*, *Intersection* et *Différence*, utilisée dans le cadre de la modélisation solide. Elles sont utilisées très souvent conjointement aux polygones, mais certains logiciels permettent également de les effectuer sur des Nurbs.

P

PAL

Phase Alternate Line. Standard vidéo utilisé principalement en Europe, permettant la restitution de l'image sur 625 lignes avec un taux de balayage de 50 Hz. C'est donc un système vidéo européen pour la diffusion d'images sur nos télévisions. Très proche du système SECAM français. Son format correspond à du 768 par 576 pixels, en 25 images par secondes.

Particles (particules)

Pixels sans surface, placés dans un espace tridimensionnel, ne formant pourtant pas un volume. Utilisé pour voir les effets physiques et les phénomènes naturels tels que la fumée, la neige, la pluie, l'herbe ou bien les cheveux. Généralement les particules sont ajoutées à la fin d'une réalisation 3D.

Patch, surface (Pièce, surface)

Surface généralement déterminée par une équation mathématique, ou bien générée par l'association de multiples courbes. La formation d'une telle surface avec des courbes de Bézier se nomme donc Surface de Bézier (ou pièce de Bézier). Ce type d'objet est généralement transformé en multiples polygones pour les calculs. Ces surfaces ne sont pas des objets solides ; elles sont vides (leur épaisseur est nulle).

Pixel

Le pixel est l'unité d'affichage d'une image. Il est de taille variable selon la résolution de l'image ou de l'écran. Il s'agit de points colorés, dont la juxtaposition donne une image.

Polygon (polygone)

Région délimitée par au moins trois arêtes et autant de sommets. Les polygones forment ensembles un objet maillé.

Postproduction (après production)

Toutes activités suivant le tournage ; le montage, le montage de la musique, des voix off, des bruitages, la création des titres et des effets spéciaux. Le résultat de la post production est le produit fini.

Profondeur de champ

Voir *Depth of Field.*

Q

QuickTime

Application audiovisuelle, multi-plates-formes, sur laquelle reposent toutes les opérations multimédias : création, intégration, compression, interface, possibilités d'édition, de conversion, de mixage de données multimédias complexes et hétérogènes. C'est un standard de facto qui fédère tous les formats existants, car il les lit tous via son plug-in.

QuickTime VR

Logiciel pour Macintosh et Windows permettant des vues panoramiques sur les décors, des rotations d'objets, des zooms, des vues interactives omnidirectionnelles et la navigation d'une scène à l'autre. Ce logiciel s'affiche comme l'un des outils de réalité virtuelle les plus utilisés en multimédia.

R

RealVideo

Programme téléchargeable gracieusement sur Internet qui permet la lecture de séquences vidéo en mode streaming (la séquence joue alors qu'elle n'est pas complètement téléchargée).

Reflection Mapping

Méthode utilisée pour réduire les temps de rendu. Donne l'effet de réflexion sur l'objet texturé.

Radiosité

La radiosité est une méthode de rendu d'une scène 3D. Elle est fondée sur le fait que les lampes envoient des rayons lumineux (rays) dans des directions précises qui se réfléchissent sur les objets, mais tenant également compte du fait que chaque facette renvoie de la lumière de façon locale, ce qui s'approche plus de la réalité. Cette lumière renvoyée prend par la même occasion la teinte dominante de la surface qui la réfléchit. Le temps de calcul d'une scène en radiosité est très important, davantage encore dans le cas d'un raytracing. L'autre inconvénient de cette technique est qu'elle ne permet pas de rendre les transparences des objets. Il est plus simple et judicieux de simuler cette radiosité par des éclairages colorés spécifiques.

Raytracing (lancé de rayon)

Le raytracing est une méthode de rendu d'une scène 3D. Elle est fondée sur le fait que les lampes envoient des rayons lumineux (rays) dans des directions précises, qui se réfléchissent ou se réfractent sur les facettes des objets en fonction de la texture appliquée. Ces rayons sont donc renvoyés vers la caméra. Le pixel qui résulte du croisement entre le rayon lumineux et le plan de la caméra reçoit ainsi une couleur qui contribuera à la création de l'image calculée. Cette méthode est lente, car elle nécessite la prise en compte de tous les rayons de toutes les lampes de la scène. Elle permet de donner des images de qualité photo-réaliste, et de rendre les effets de transparence et de réfraction. Le raytracing est donc en conclusion une réflexion sur l'objet de l'environnement qui l'entoure. Il est possible de simuler plus rapidement le raytracing en le remplaçant par une image représentant un environnement ressemblant à celui de la scène, voire en le remplaçant par un rendu de l'image elle-même. Vous gagnerez énormément en temps de rendu, tout en ayant une réflexion plausible et donc qui ne choque pas l'œil du spectateur.

Rendu

Le calcul du rendu, ou rendering, consiste à calculer à partir des informations de la scène (nombre, position et forme des objets, lumières, etc.) une image qui apparaît dans le champ de vision de la caméra. Les techniques de calcul du rendu sont le raytracing et la radiosité. Les techniques les plus avancées de rendu utilisent un hybride de ces deux techniques. Il existe d'autres méthodes de rendus, qui permettent d'afficher les objets durant le processus de création d'une scène : le flat shading, le rendu Phong et le rendu de Gouraud. Ces méthodes permettent de donner un aperçu de la scène avant le calcul final.

Résolution

La résolution d'une image est le nombre de pixels (ou dots) par unité de mesure (le cm ou le pouce – ou inch). Plus la résolution est importante, plus le nombre de détails visibles est important : ainsi, tout le monde s'est rendu compte que l'agrandissement d'une image de petite taille se traduit par une pixellisation importante. Le nombre d'informations de cette petite image est donc faible. Pour donner un ordre d'idée, une image affichée sur un écran d'ordinateur est en moyenne de 72 dpi (dots per inch ou pixels par pouce), alors qu'une image imprimée dans un magazine est au minimum a une résolution de 300 dpi. Cette résolution influe également sur les dimensions de l'image : ainsi, une image scannée de 5 x 5 cm en 72 dpi occupera 360x360 pixels. En revanche, cette image de 5 x 5 cm occupera 1500 x 1500 pixels si sa résolution est de 300 dpi ! Concrètement, sachant que la résolution moyenne d'un écran est de 72 dpi, l'image en 72 dpi s'affichera complètement sur votre écran, alors que celle en 300 dpi va largement dépasser ses dimensions, à moins d'avoir demandé une résolution d'affichage élevée. Il est donc nécessaire de faire cette petite gymnastique arithmétique lorsque vous voulez produire un document présentant des images de bonne qualité, ou bien lorsque vous voulez les afficher sur le Net.

Rotoscopie (Rotoscoping)

Trucage ou retouche, image par image. En 3D : calage et animation d'un objet 3D en fonction d'un objet réel filmé et utilisé comme background (arrière-plan) lors de la création des points clés de l'animation de cet objet 3D. Cela permet de réaliser des animations très réalistes car copiées sur la réalité.

S

Scène

Rassemblement de tous les objets, les lumières, caméras, disposés de manière à créer l'image ou l'animation voulue.

Script

Sorte de listing contenant les lignes de langage indispensables à la description des scènes dans certains logiciels d'images de synthèse tels que POV, Polyray, Luxart…

SECAM

Séquentiel couleur avec mémoire. Système de diffusion d'images proche du PAL utilisé principalement en France.

Voir *PAL.*

ShockWave

Technologie multi-plates-formes développée par Macromedia offrant la diffusion en ligne de séquences comportant sons, dessins, images et films, interactifs. Il s'agit d'un format de compression permettant de créer des animations de qualité avec un encombrement réduit. Shockwave nécessite un plug-in Macromedia ShockWave. Les fichiers portent le suffixe *.dcr*. Cette technologie passe à la troisième dimension avec l'arrivée de Shockwave 3D.

Sorenson

Codec vidéo de compression apparu en 98 qui permet d'obtenir des fichiers jusqu'à 10 fois plus compacts que la norme Cinepak jusqu'alors utilisée en multimédia, à qualité égale, et sous QuickTime 3.0 et en mode streaming (possibilité de lecture au fur et à mesure du téléchargement). Les développeurs multimédias l'ont d'ores et déjà adopté, notamment pour le CD-Rom, dont la richesse audiovisuelle dépend avant tout de la place disponible sur le disque (640 Mo).

Spline (courbe, cannelure)

Courbe créée à partir de points de contrôle (sommets de contrôle). Une courbe possède au minimum deux points de contrôle. Chaque point supplémentaire affecte une déformation à la courbe.

Storyboard

Suite de dessins correspondant chacun à un plan et permettant, lors de la préparation d'un film, de visualiser le découpage.

Streaming

Technique de répartition des données qui optimise le téléchargement de fichiers, notamment la vidéo et l'audio. Cela signifie simplement que le fichier commence à être visualisé et entendu alors qu'il n'est pas encore complètement téléchargé. Ce chargement s'opère en tâche de fond, de façon transparente.

Skinning

Simulation et gestion des mouvements de la peau en fonction du squelette d'une créature vivante.

Swap

Mémoire stockée sur le disque dur de façon à libérer la mémoire vive. Son inconvénient et que les informations stockées dedans sont accessibles beaucoup plus lentement que si elle était encore en mémoire vive. Cela implique un délai lors de son traitement.

T

Taux de rafraîchissement d'affichage

Le nombre de fois par seconde que l'image est affichée. En mode progressif (cinéma, ordinateur), l'image est affichée en une seule fois. En mode entrelacé, l'image est affichée en deux fois (deux trames dans chaque image). Les films sont diffusés à 24 images complètes par seconde, mais chaque image est affichée deux fois pour la qualité de l'affichage. Le système de télévision européen 625 lignes sur 50 Hz à un taux de rafraîchissement de 25 images par seconde en 50 trames. Le système américain 525 lignes sur 60 Hz (NTSC) à un taux de 29.97 (environ 30) images par seconde (59.94 trames).

Temps réel (Real Time)

Calcul rapide interprétant les données immédiatement après leur création. C'est employé en 3D ou l'on parle de 3D temps réel. C'est surtout utile pour l'animation des scènes, des Nurbs et autres objets, de même que pour la modélisation.

Texture

À l'origine, une texture désigne un papier peint. Imaginez que sur un mur vos deviez appliquer un papier peint : le principe est le même en imagerie de synthèse, mais également en traitement d'image 2D. Les textures sont, au fil des progrès de l'image numérique, devenues plus complexes, engrangeant de nouvelles informations. Chacune de ces informations est appelée canal. L'information principale que possède une texture est la couleur. On peut donc donner une couleur verte à un objet 3D, en lui appliquant une texture possédant une information verte dans le canal couleur. Une autre information intégrée à la texture est le canal *Bosses* ; dans ce canal bosses, une image en niveaux de gris est incorporée, les zones claires de cette image donnent un aspect de relief positif, alors que les zones sombres donnent l'impression de creux. L'autre canal important est le canal *Transparence* : encore une fois, une image en niveaux de gris est chargée et plus les zones sont claires, plus la transparence est importante, alors que les zones sombres sont opaques.

Il existe d'autres textures appelées *textures procédurales* ou *shaders* (ombrages) qui sont des textures mathématiques : couleur et bosses sont définies mathématiquement et non à l'aide d'images fixes en niveau de gris. Ces textures permettent de donner des textures plus organiques ou bien des textures idéales pour les terrains naturels.

Time Code (TC = code temporel)

Signal de repérage temporel destiné à synchroniser des éléments lors de la postproduction car il permet l'identification des images.

Timeline

Fenêtre représentant l'échelle de temps d'un projet. Elle permet de voir l'évolution du projet dans le temps.

Trame

Ensemble de lignes vidéo affichées en un balayage dans un affichage entrelacé. Une image entrelacée est affichée en deux trames : 1 fois par des trames impaires (lignes 1, 3, 5…) suivie par les lignes paires (lignes 2, 4…).

U

UVW Map

Modificateur permettant d'appliquer des coordonnées de mapping à un objet de façon à optimiser l'application d'un matériau (texture) sur cet objet. Ce modificateur est indispensable pour tout objet n'étant plus considéré comme une primitive pour 3ds max.

V

Vertex, vertices (sommet)

Point d'accroche aux polygones. Sans volume, et caractérisé par sa position dans l'espace.

VRML

Format de fichiers en 3D, à bas débits, conçu pour permettre la navigation dans des décors virtuels en trois dimensions.

W

Warping

Déformation d'une image.

Wireframe

Affichage d'une forme libre en fil de fer où seules les arêtes sont affichées.

Z

Z-Buffer

Zone de mémoire conservant les coordonnées des pixels le long de l'axe Z (profondeur), afin de résoudre le problème de l'élimination des parties cachées pendant le rendu.

Chapitre > 15

Index

!

.rla 69
.rpf 69
3DVF 358

A

Advanced
  Effects 244
  Lighting 299
AEC 39
  Extended 144
Afficher résultat final 151
After Effects 302
  Production Bundle 75
Alignement 214
Alignment 214
Alpha 389
Ambiant Color 207
Amortisseur 145
Anfy 3D 339
Anisotropic 201
Anisotropy 207
Anti-aliasing 206, 308, 389
Anti-crénelage 206, 308, 389
Applet 389
Architectural 41
Assembly Heads 253
Assign Material to Selection 196
Assistants 55, 248
Atmosphere 317, 339
  & Effects 244
Atmospheric Apparatus 250

Attacher pile 151
Auto Reflect/Refract Maps 311
Auto-illumination 207

B

B3D
  Exporter 335
  Projector 335
Background 196
Backlight 196
Banc de montage 318
Basé sur modificateur 257
Bend 257
Bezier curve 389
Biped 259, 281
Blaxxun 3D 336
Blinn 202
Blizzard 141
Blob 389, 401
Blobmesh 39, 138
Blur 316, 389
BoîteGizmo 250
Bomb 256
Bones 259, 390
  Pro 346
Booléan 139
Booléenne 139, 182
Boussole 249
Box Gizmo 250
Brightness and Contrast 316
Brilliant Digital 335
Broadcast 390
Brouillard 318
  volumétrique 318

Bruit 257
Bump 207
Mapping 390

C

CAD 390
Caméra 390
cible 246
libre 246
CameraMatch 251
Canal 213
Canaux standard 70
CAO 390
Cebas Pro Optic Suite 346, 349
CG 391
CGI 391
Channel 213
Character 36
Studio 259, 279, 346
Studio 4 349
Chemin 172
Cinématique 274, 391
Inverse 391
Clé 267, 398
Codec 391
Collapse
All 153
To 153
Collector 347
Color
Balance 316
Key 391
Range Limiting 309

Combustion 68, 302, 317, 391
Common Parameters 295
Compass 249
Compositing 392
Compound Objects 137
Computer Arts 359
Cone Angle 55, 251
Configuration des jeux de modificateurs 151
Configure Modifier Sets 151
Conform 138, 256
Conformer 138
Connect 138
Connecter 138
Coordonnées de mapping 211
Couleur
ambiante 207
diffuse 207
Courbe 408
de Bézier 389
Courbure 257
CrossSection 176
Crowd 249
Cult3D 332
Current Renderers 305
Curve Editor 37, 270
CV
Curves 149
Surf 144
CylGizmo 250

D

Damper 145
Déflecteurs 255, 392

Deflector 255
Défragmenter 392
Delegate 249
Délégué 249
Déplacer 256
Depth of Field 316, 392
Descriptives Informations 70
Diffuse
  Color 207
  level 207
  Roughness 207
Digimation 345, 348, 392
Digital Nature Tools 350
Director 326
DirectX 393
  9 44
  Manager 210
Discreet 349, 393
  Center 361
Displace 256
Displacement 207
DivX 393
Doors 146
DualScreen 393
Dummy 249
DV 297, 394
DynaFlect 255
Dynamic HTML 394
Dynamics
  Objects 145
  Properties 209

E

E-Magiciens 362
Ease in 394
Ease out 394
Échantillonnage 394
Éclairage
  omnidirectionnel 242
  volumétrique 318
Écraser la pile 153
Edge 394
Edit 349
Éditeur de matériaux 195
Effects 316
Effets
  atmosphériques 317
  d'environnement 317
  d'objectifs 316
  de rendu 316
Effiler 257
Email Notification 305
Émetteurs de particules 140
ENSAD 362
Entrelacement 394, 397
Environnement 317
Etirement 257
Extended
  Parameters 205
  Primitives 137

F

Facette 395
Factice 249

Falloff 395
Fenêtre de vues 120
FFD 256
Fil de fer 206
File Output 316
Film Grain 316
Filmstrip 395
Filter Color 207
Fire Effect 317
Flame 349, 395
Flash 323
Flou de mouvement d'image 311
Fog 318
Fonds bleus 68
Forces 254
Formes 147
Foule 249
Fractales 395
Frame 396
Free 246
  Direct 242
  Spot 242
Fumée 140

G

G-Buffer 396
Gaz 140
Geometric/Deformable 256
Géométries 133
Gestion de mémoire 312
Get
  Material 196
  Path 174

Shape 174
GhostPainter 347
GIFS animés 396
Gizmo 396
Global
illumination 396-397
lighting 317
SuperSampling 309
Glossiness 207
Go
Forward to Sibling 196
to Parent 196
Graphisto 359
Greeble 347
Grid 249
Grille 249
surfacique 142

H

Havok 327
HDRI 43
Helpers 55, 248, 396
Hertz 396
Hierarchical SubDivision Surfaces 57
HSDS 57
Modifier 57
HTML 397

I

IK 275, 391
Illumination globale 397

Illustrate ! 337
Illustrator 78
Image Motion Blur 311
Imagina 362
Incliner 257
Informations de description 70
Instance 397
Intensity/Color/Attenuation 243
Interface 85
Interlacing 397
Internet 323
Interpolation 397
Inverse Kinematics 275
Invert Kinematic 391, 397
Isoline 38

J

Java 336, 398
Javascript 398
JPEG 398

K

Kaon 3D 339
Kbps 398
Key 398
Keyboard Shortcut Override Toggle 370
Keyer 68
Keyframe 398
Keying 68, 399
Kinetix 349, 399
Kubix 360

L

Lancé de rayon 207, 399, 406
Layer 399
Lens
  Effects 316
  Flare 399
Limitation intervalle de couleurs 309
Lip sync 399
Liquide 140
Liste des modificateurs 154
Loft 139, 172
Low Polygon 168, 400
Lucie 360
Lumière 400
  directionnelle 242
  volumétrique 400
Luminaire 253

M

Macromedia 326
Maillage 400
Maille 401
Make
  Material Copy 196
  Preview 196
  Unique 151, 196
Manipulateurs 55, 251
Manipulators 55, 251
Map 401
Mapping 195
Maps 206
Material
  Editor 195

Effects Channel ... 196
Map Navigator ... 196
Matériau ... 402
Matte painting ... 400
MAX Defaut Scanline A-Buffer ... 306
Maya ... 401
Mémoire virtuelle ... 21
Memory Management ... 312
Mental Ray ... 43, 349
Connection ... 210
Indirect Illumination ... 245
Light Shader ... 245
Mesh ... 400-401
Select ... 154
Mesher ... 140
MeshSmooth ... 57
Meta-clay ... 401
Metabal ... 401
Métal ... 202
Metalness ... 207
MetaStream ... 331
Mètre Ruban ... 249
Modélisation ... 125
Modificateurs ... 93, 149
de sélection ... 154
Modifier
Based ... 257
List ... 154
Stack ... 150
Modifiers ... 93, 149
Modify ... 149
Modules d'extension ... 343
Morph ... 138, 402
Morphing ... 138, 402

Motion 268
blur 401-402
capture 279, 402
Path 402
Mouvement flou d'objet 309
MPEG 401
MPEG-2 297
Multi-couches 203, 302
Multi/Sub-Object 228
Muti-layers 302

N

Neige 141
Net Render 301
Noise 257
Normale 402
NTSC 402
Nuage 142
Nurbs 143, 403
Curves 148

O

Object Motion Blur 309
Objets
composés 137
dynamiques 145
Ombrage 403
Ombres
douces 403
portées 403
Omni 242

OmniFlect 255
Onde 256
Opacity 207
OpenGL 403
Opérandes 186
Opération booléenne 182, 403
Options 196
Oren-Nayar-Blinn 203
Orientation 207
Output
  Size 296
  to Combustion 304

P

PAL 297, 404
Panneau de commande 105
Panorama Exporter 44
PArray 141
Particle 404
  Flow 40
  Studio 345
  Systems 140
Particule emitter 140
Particules 404
Patch 404
  Grids 142
  Select 154
PCloud 142
PF Source 141
Phong 204
Photoshop 67
Physique 285
Pick Material from Object 196

Pile des modificateurs 150
Pin Stack 151
Pixel 404
Création 359
Magazine 359
Plane Angle 55, 251
Plug-in 343
Plug-ins 343
Pluie 140
Point 249
Curves 149
Surf 144
Poly Select 154
Polygon 404
Select 154
Polygone 404
Post-production 316, 404
Poussière 140
Primitives étendues 137
Profondeur de champ 316, 392, 405
Projecteur
cible 242
libre 242
Projector Map 244
Protractor 249
PSD Manager 347
Pulse 3D 329
Put
Material to Scene 196
to Library 196

Q

Quad
Menus ... 56
Patch ... 142
QuickTime ... 405

R

Raccourcis claviers ... 34
Radiosité ... 405
Rafraîchissement ... 409
Rapporteur ... 249
Raygun ... 349
Raytracing ... 207, 406
Real Player ... 334
RealVideo ... 405
Reflection Mapping ... 405
Reflexion ... 207
Refraction ... 207
Remove Modifier from the Stack ... 151
Rencontres européennes de la jeune création numérique ... 362
Render
Elements ... 302
Output ... 300
Scene ... 293
Renderable ... 147
Rendered Frame Window ... 301
Rendre unique ... 151
Rendu ... 406
Réseau Anneau ... 259
Reset Map ... 196
Résolution ... 406
Ressort ... 145

Rich FX Encoder 333
Ride 256
Ring Array 259
Ripple 256
Rotoscopie 407

S

Sample
  Type 196
  UV Tiling 196
Sand Blaster 346
Scanline 306
  Renderer 305
Scatter 138
Scène 407
Schematic View 41
Script 407
SECAM 297, 408
Select by Material 196
Selected Element Parameters 304
Selection Modifier 154
Self-illumination 207
Shadow
  Map Params 244
  Parameters 244
Shag
  Fur 345
  Hair 345
ShapeMerge 139
Shapes 147
Shell 39
Shininess 207
  Strenght 207

Shockwave 326, 408
3D 328
Shout 3D 336
Show End Result 196
on/off toggle 151
Shwo Map in Viewport 196
SIGGRAPH 362
Skew 257
Skinning 409
Skylight 242
Slider 55, 251
Snap 176
Snow 141
Soft Shadows 403
Sommet 411
Sorenson 408
Specular
Color 207
Level 207
Sphere Gizmo 250
Spline 408
Select 154
Splines 147
Spray 141
Spring 145
Stairs 146
Standard 249
Channels 70
Primitives 133
Story-board 408
Strauss 205
Streaming 408
Stretch 257
Subdivision hiérarchique des surfaces 57
Sunlight 259

Super Spray 142
Super-échantillonnage global 309
SuperSampling 206
Supinfo'graph 362
Supinfocom 361
Supinfogame 361
Supprimer le modificateur de la pile 151
Surface 176, 404
  CV 144
  de points 144
  NURBS 143
  Tools 176
Swap 409
Swift 3D 338
Systèmes 259
  de particules 140
Systems 259

T

Tape 249
Taper 257
Target 246
  Direct 242
  Spot 242
Temps réel 409
Terminateurs 275
Terminators 275
Terrain 139
Texporter 347
Texture 409
  procédurale 217
Time
  Code 410

Output 295
Timeline 410
Torsion 257
Track view 37, 270
Trame 410
Tri Patch 142
Twist 257

U

UVW Map 211, 410

V

Vecta3D 324
Vertex 411
Ticks 177
Video
Color Check 196
Post 318
Viewpoint 330
Virtools 339
Vol. Select 154
Volume
Fog 318
Light 318, 400
Select 154
VPEG Player 333
VRML 335, 411
VUE 305
Vue Piste 270

W

Warping 411
Wave 256
Web 3D 335
Windows 146
Wire 206
Wireframe 411
Wiring 55
World Space Modifiers 155
WSM 155

X

X3D 335

Y

YoungCreation 362

Z

Z-Buffer 411

Notes

Notes

Notes

Notes

Notes

Notes

Notes

Notes

Notes

Notes

Notes

Notes

Notes

Composé en France par Jouve

11, bd de Sébastopol - 75001 Paris

Achevé d'imprimer en ALLEMAGNE
Par l'imprimerie Clausen & Bosse
25917 Leck, Janvier 2004